2018 Fuzhou Statistical Yearbook

福州统计年鉴

福 州 市 统 计 局
国家统计局福州调查队 编

中国统计出版社
China Statistics Press

图书在版编目（C I P）数据

福州统计年鉴. 2018 / 福州市统计局, 国家统计局福州调查队编. -- 北京 : 中国统计出版社, 2018.9
ISBN 978-7-5037-8684-6

Ⅰ. ①福… Ⅱ. ①福… ②国… Ⅲ. ①统计资料－福州－2018－年鉴 Ⅳ. ①C832.571-54

中国版本图书馆 CIP 数据核字(2018)第 215009 号

福州统计年鉴-2018

作　　者/ 福州市统计局　国家统计局福州调查队
责任编辑/ 陈越月
装帧设计/ 游闽洪
出版发行/ 中国统计出版社
地　　址/ 北京市丰台区西三环南路甲 6 号　邮政编码/100073
电　　话/ 邮购（010）63376909　书店（010）68783171
网　　址/ http://csp.stats.gov.cn
印　　刷/ 福州统济印务有限公司
经　　销/ 新华书店
开　　本/ 890mm×1240mm　1/16
字　　数/ 910 千字
印　　张/ 25.5 印张
版　　别/ 2018 年 9 月第 1 版
版　　次/ 2018 年 9 月第 1 次印刷
定　　价/ 300.00 元

如有印装差错，由本社发行部调换。

《福州统计年鉴—2018》编委会和编辑人员

编 委 会

编 辑 部

编 者 说 明

一、《福州统计年鉴—2018》是一部全面反映福州市国民经济和社会发展情况的资料性年刊。全书收录了2017年福州市及所辖各县（市）区、各部门经济和社会发展等方面的统计数据，以及历史重要年份福州市国民经济主要指标的统计数据。

二、全书内容分为17个篇目：（一）综合；（二）国民经济核算；（三）人口；（四）就业与职工工资；（五）农林牧渔业；（六）工业与交通；（七）固定资产投资；（八）建筑业；（九）批发零售、住宿餐饮与旅游业；（十）对外经济；（十一）价格指数；（十二）财政金融；（十三）人民生活；（十四）科技、教育与文化；（十五）卫生、体育与其他；（十六）城市比较；（十七）附录。在城市比较部分，收集了福建省各设区市、全国省会城市及副省级城市主要经济指标对比资料，各篇末均附有《主要统计指标解释》。

三、本年鉴重要统计数据的资料来源、计算口径等均在各篇另有注明。

四、本年鉴使用的度量衡单位均采用国家统一标准计量单位。

五、本年鉴表中的符号使用如下：

"空格"表示该项指标无数据、未掌握该指标数据或不足小数位的数据；"#"表示其中项。

六、本年鉴"规模以上"工业企业系指年主营业务收入2000万及以上的工业企业；"限额以上"批发零售和住宿餐饮业分别指年主营业务收入2000万元及以上的批发企业、年主营业务收入500万元及以上的零售企业和主营业务收入200万元及以上的住宿餐饮企业。

七、本年鉴中地区生产总值、农林牧渔业总产值、工业总产值等总量指标按当年价格计算，增长速度和产值指数按可比价格计算。

八、本年鉴根据年报制度的变化对某些篇章的统计指标进行了规范和调整。

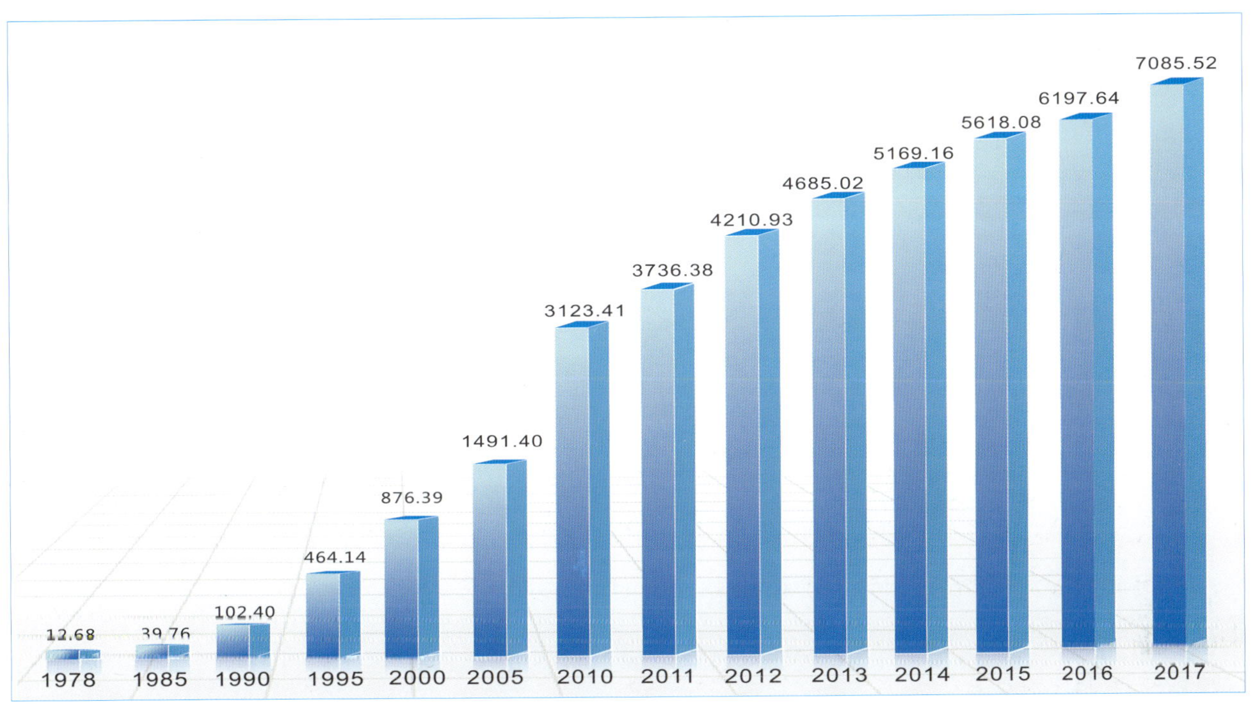

生产总值（亿元）

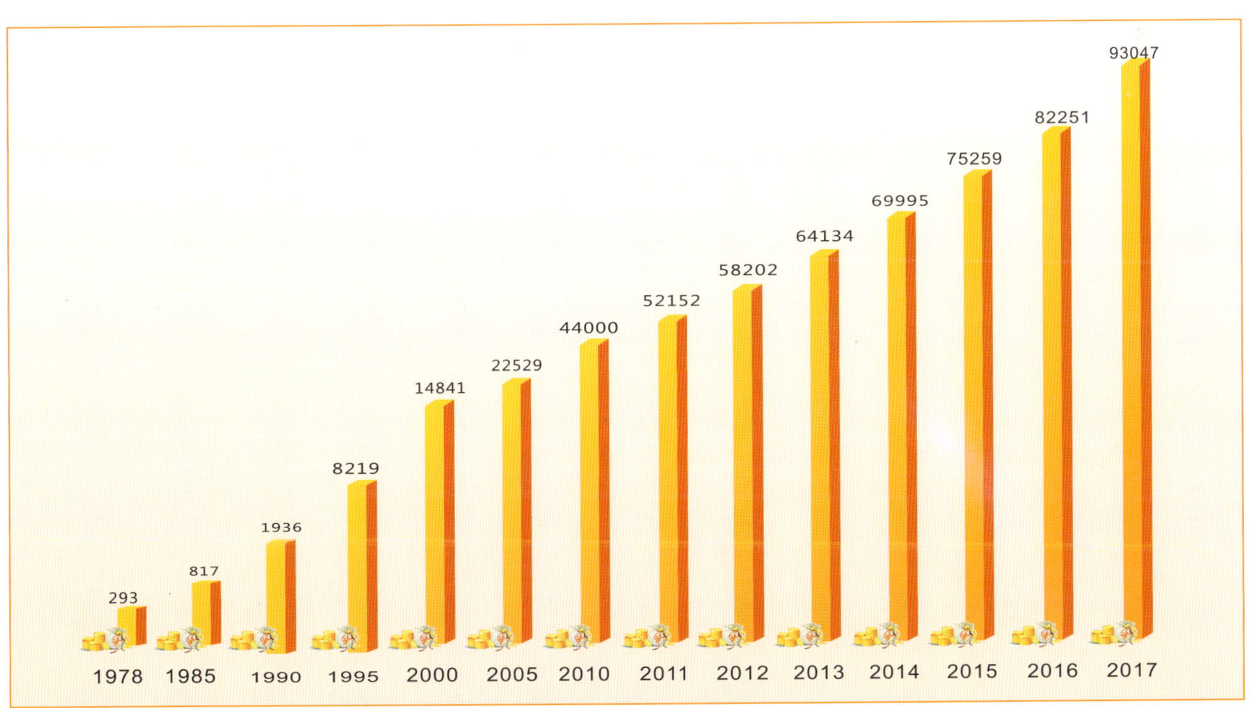

人均生产总值（元）

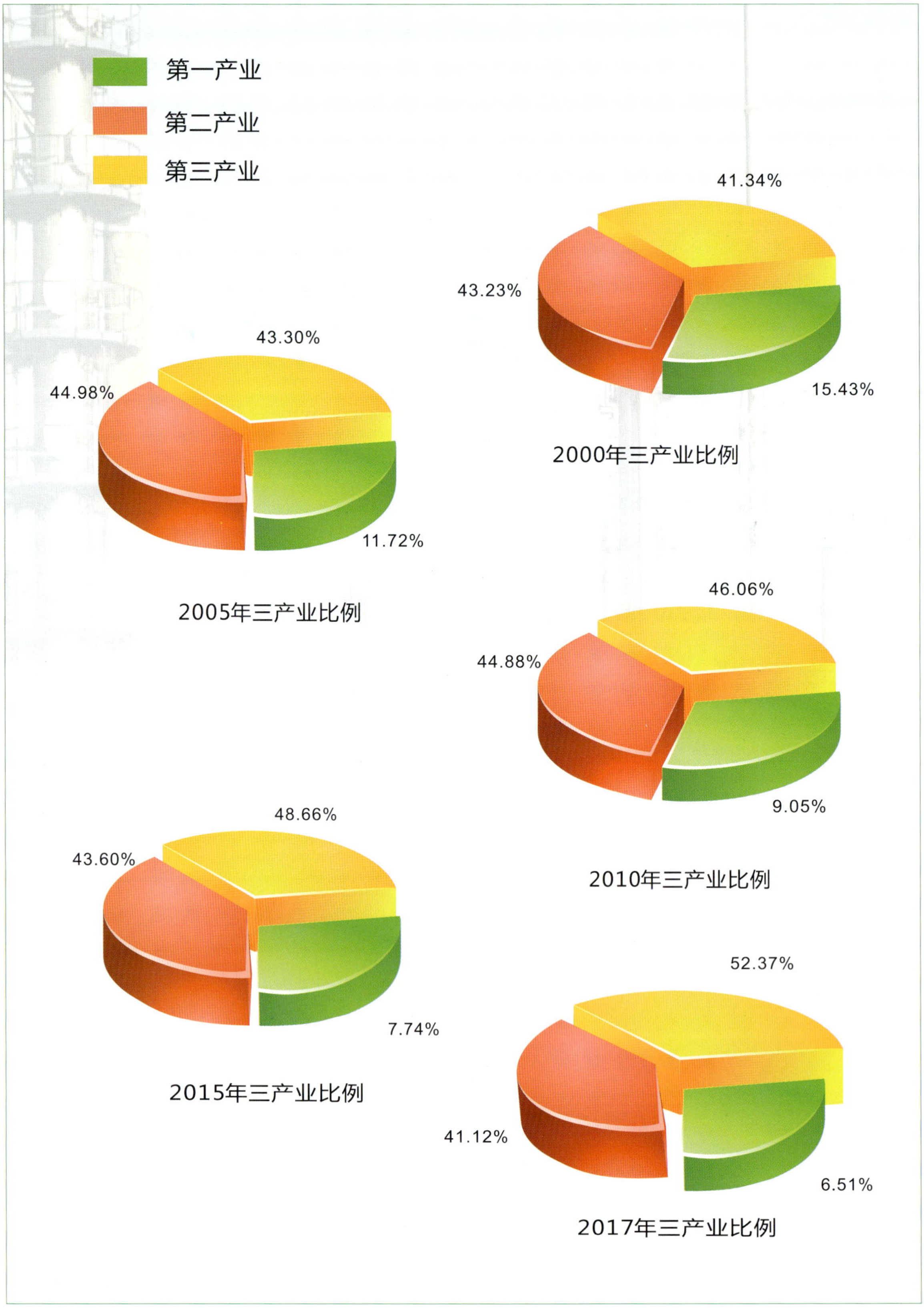

第一产业
第二产业
第三产业

41.34%
43.23%
15.43%

2000年三产业比例

43.30%
44.98%
11.72%

2005年三产业比例

46.06%
44.88%
9.05%

2010年三产业比例

48.66%
43.60%
7.74%

2015年三产业比例

52.37%
41.12%
6.51%

2017年三产业比例

三次产业比例（%）

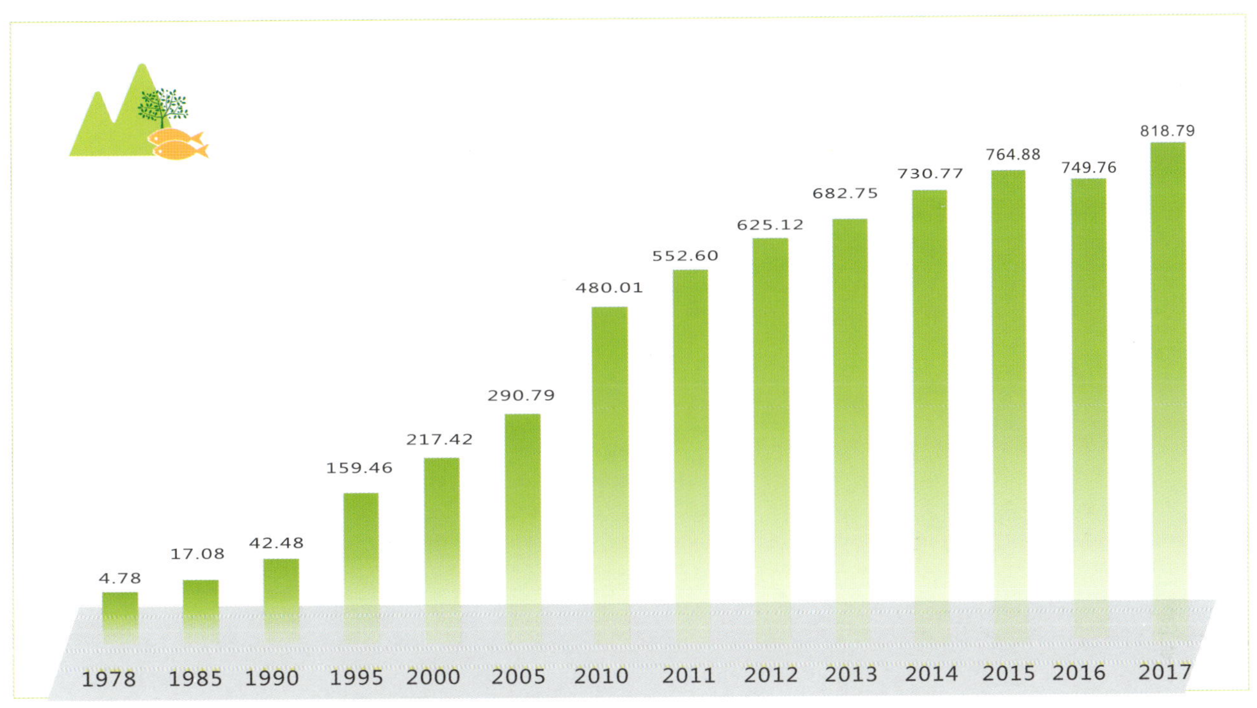

农林牧渔业总产值（亿元）

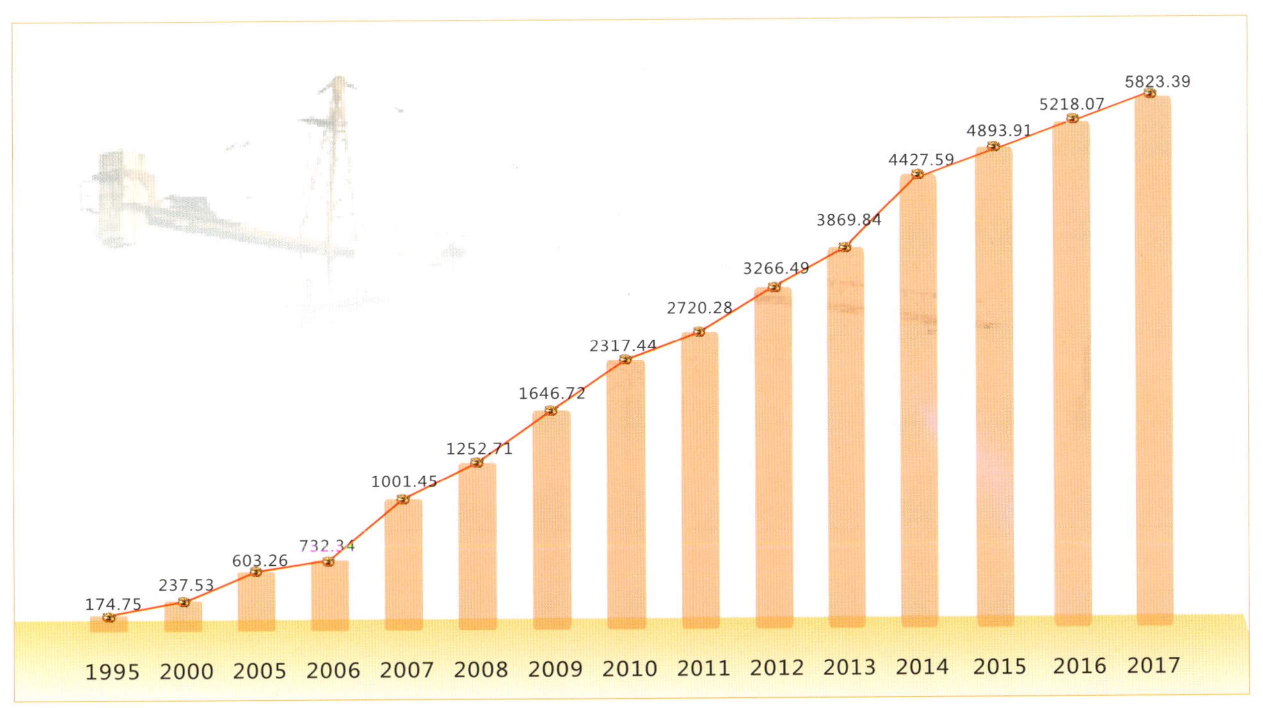

全社会固定资产投资（亿元）

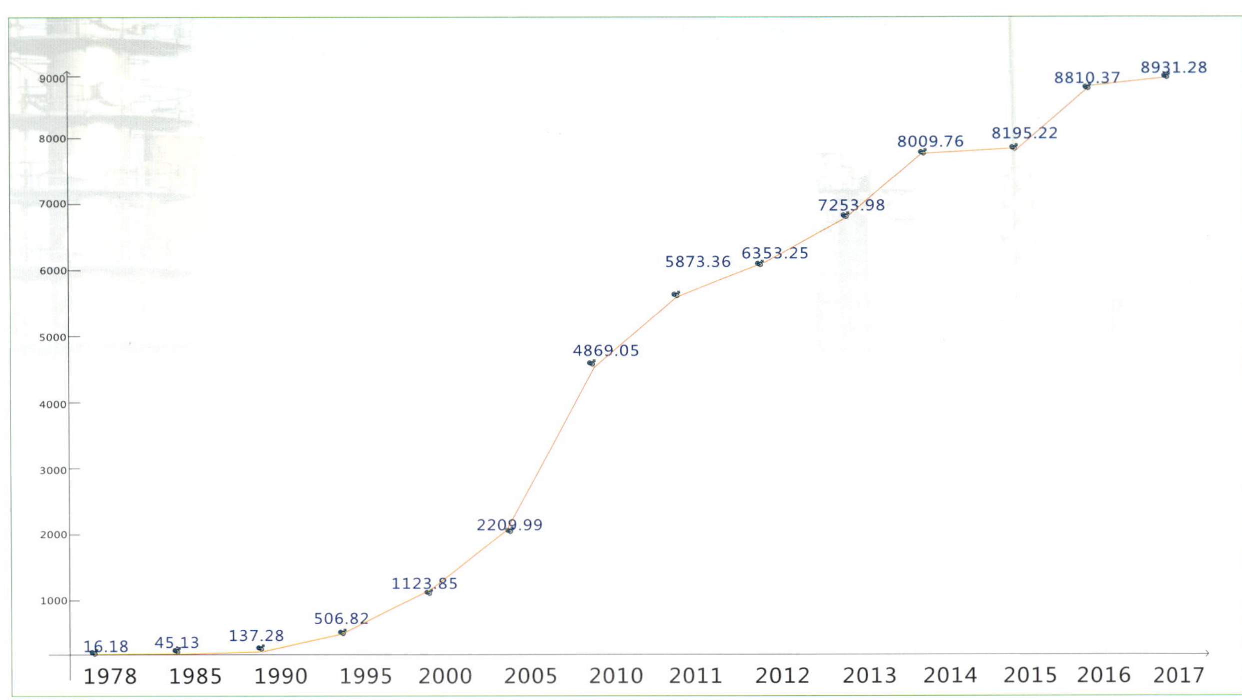

工业总产值（亿元）

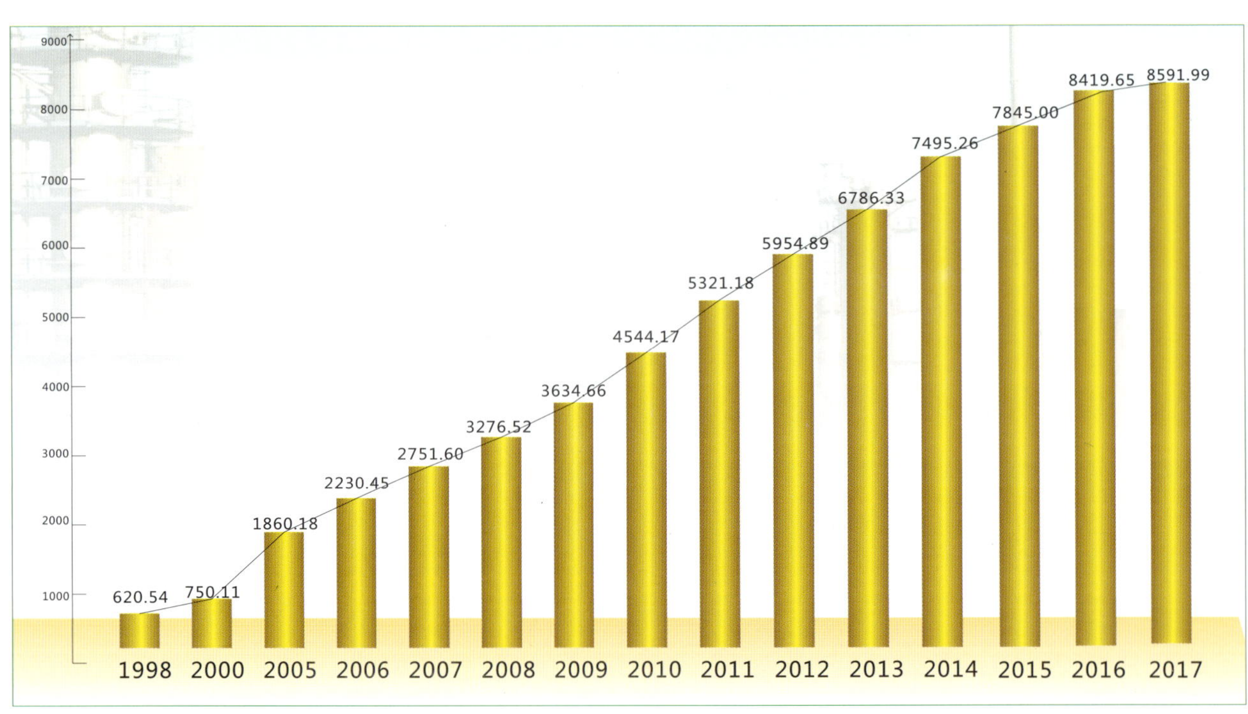

规模以上工业总产值（亿元）

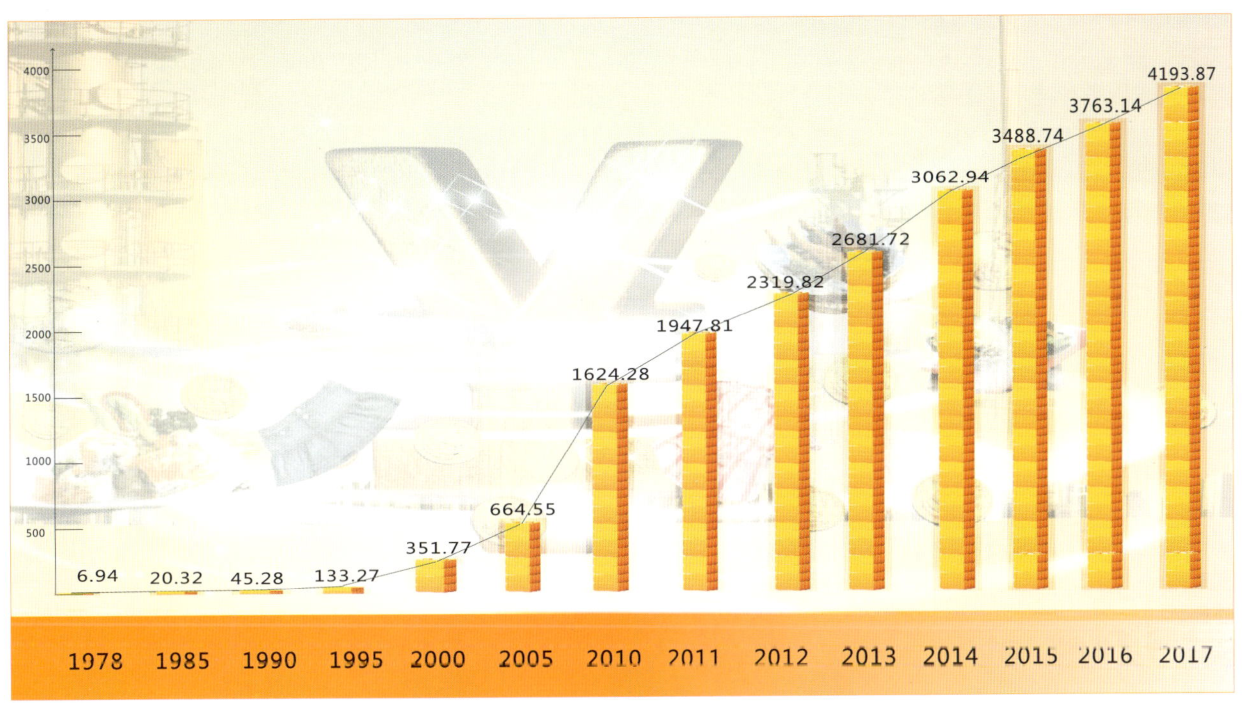

社会消费品零售总额（亿元）

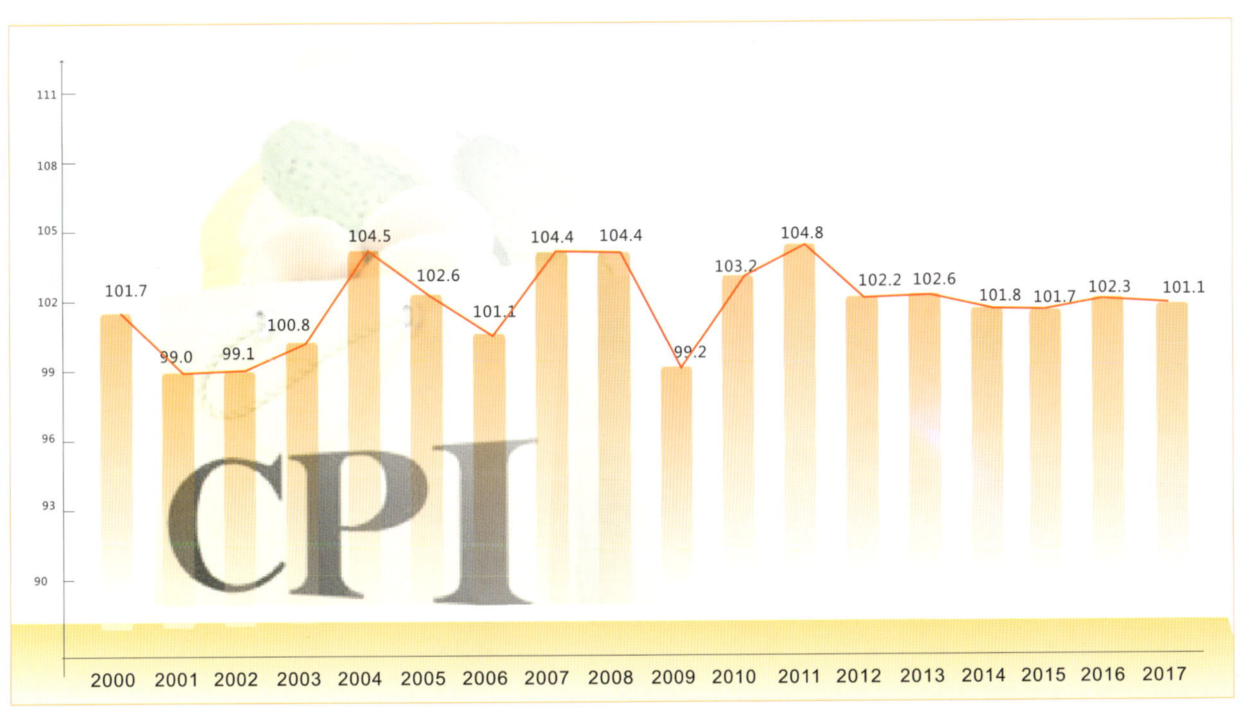

居民消费价格指数（以上年价格为100）

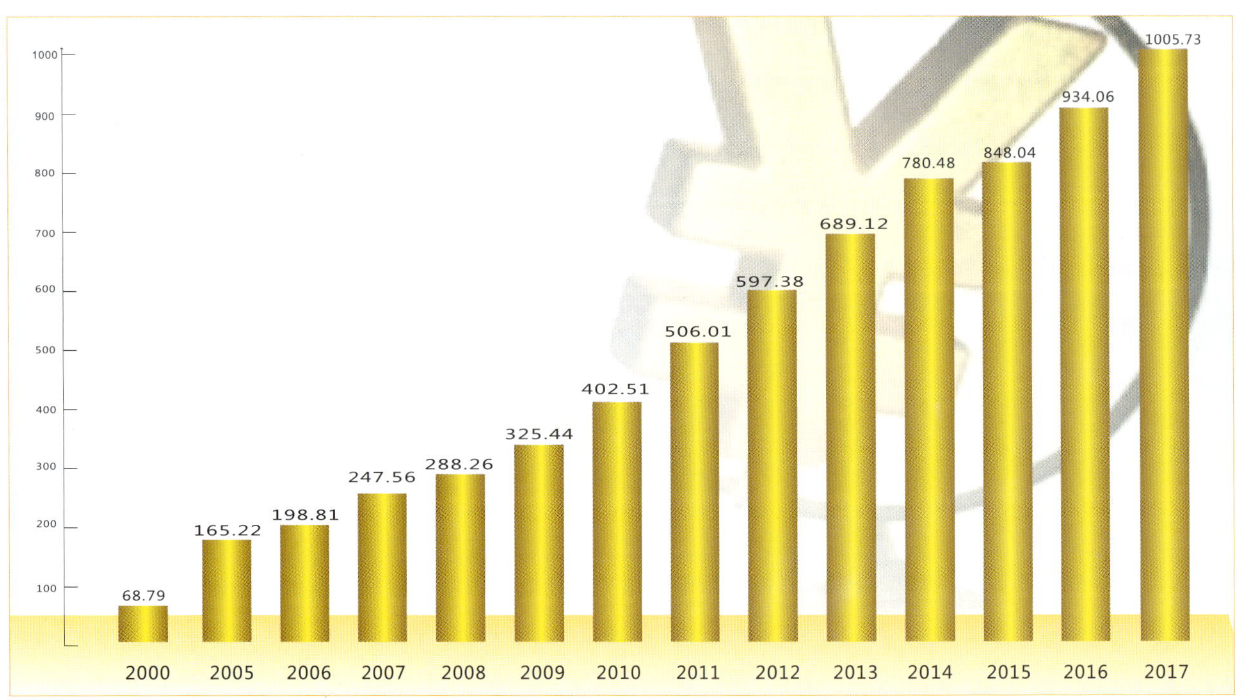

一般公共预算总收入（亿元）

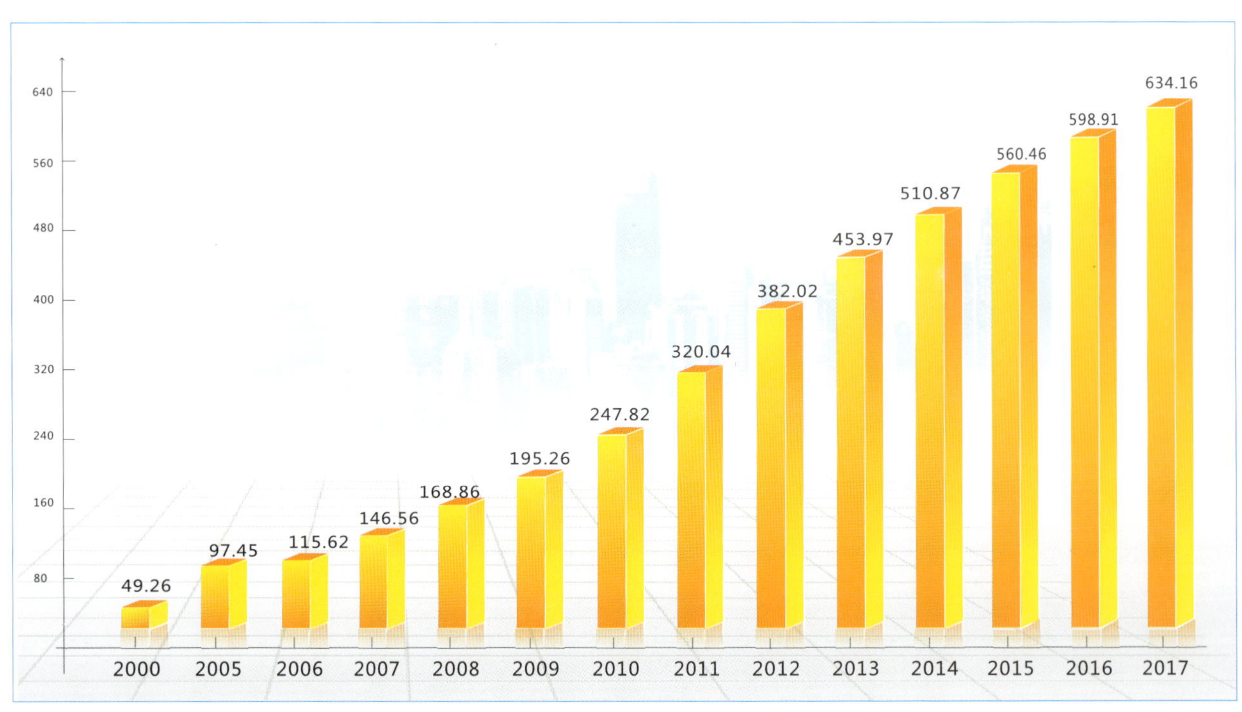

一般公共预算收入（亿元）

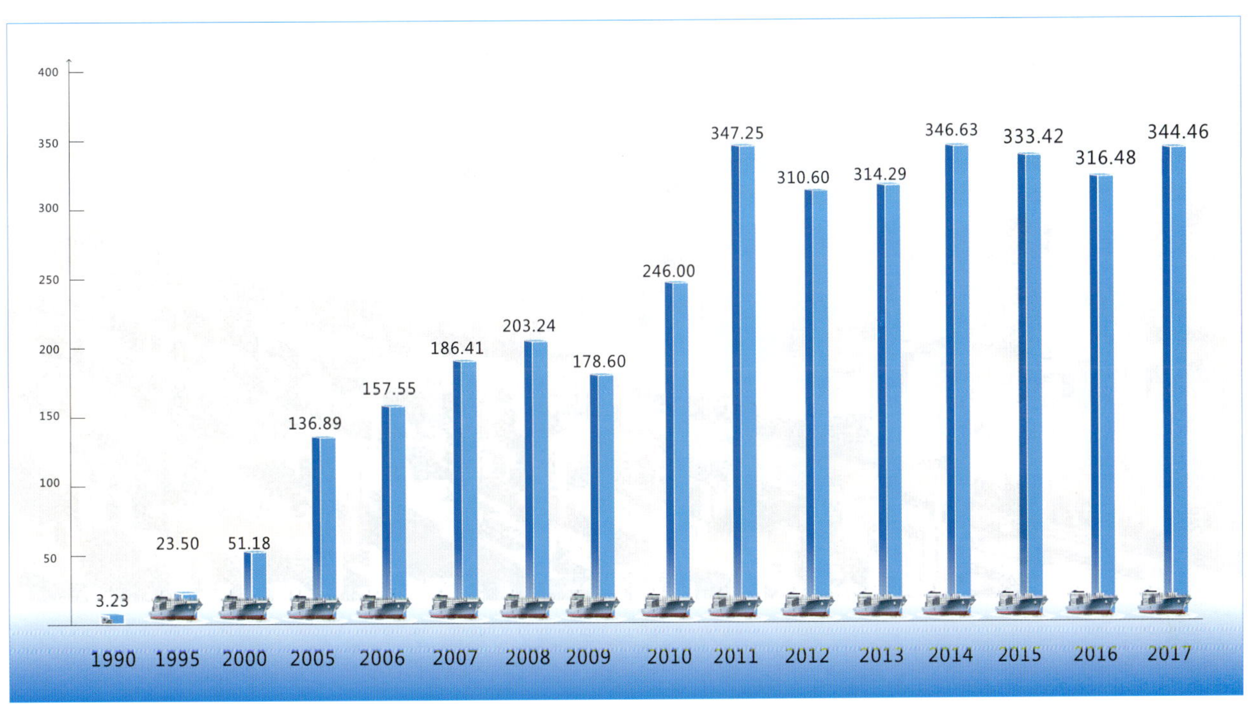

进出口总值（亿美元）

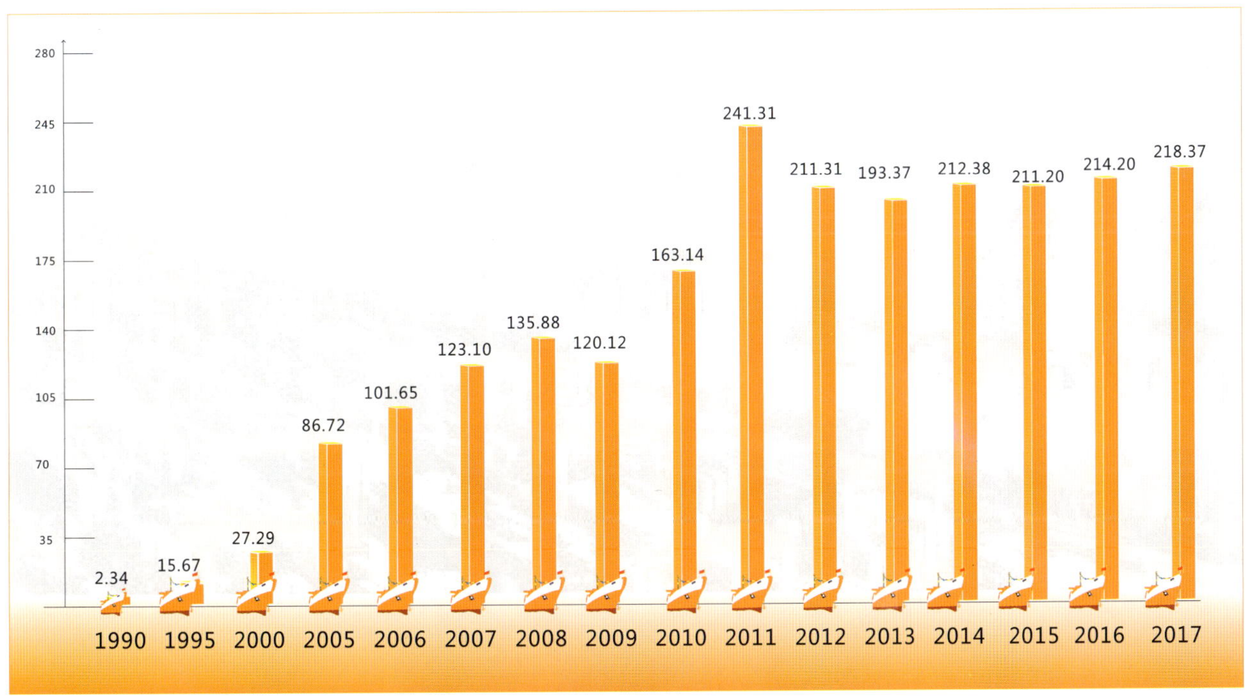

出口总值（亿美元）

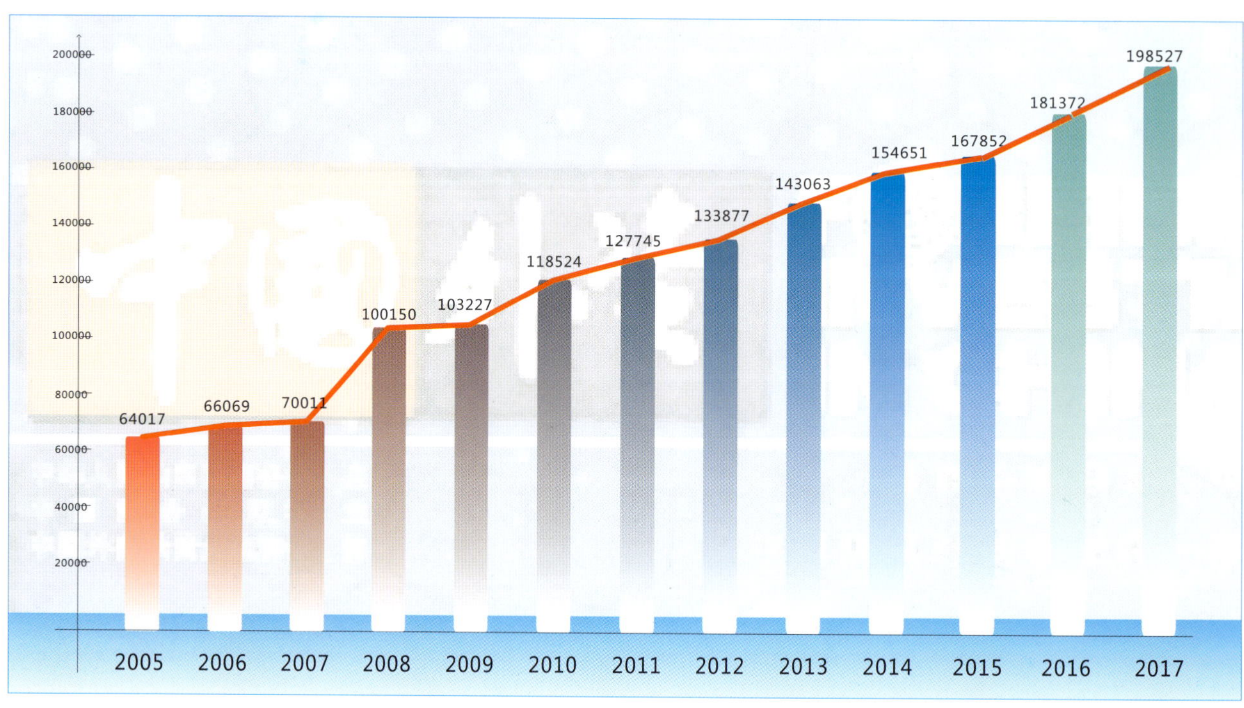

实际利用外资（验资口径，万美元）

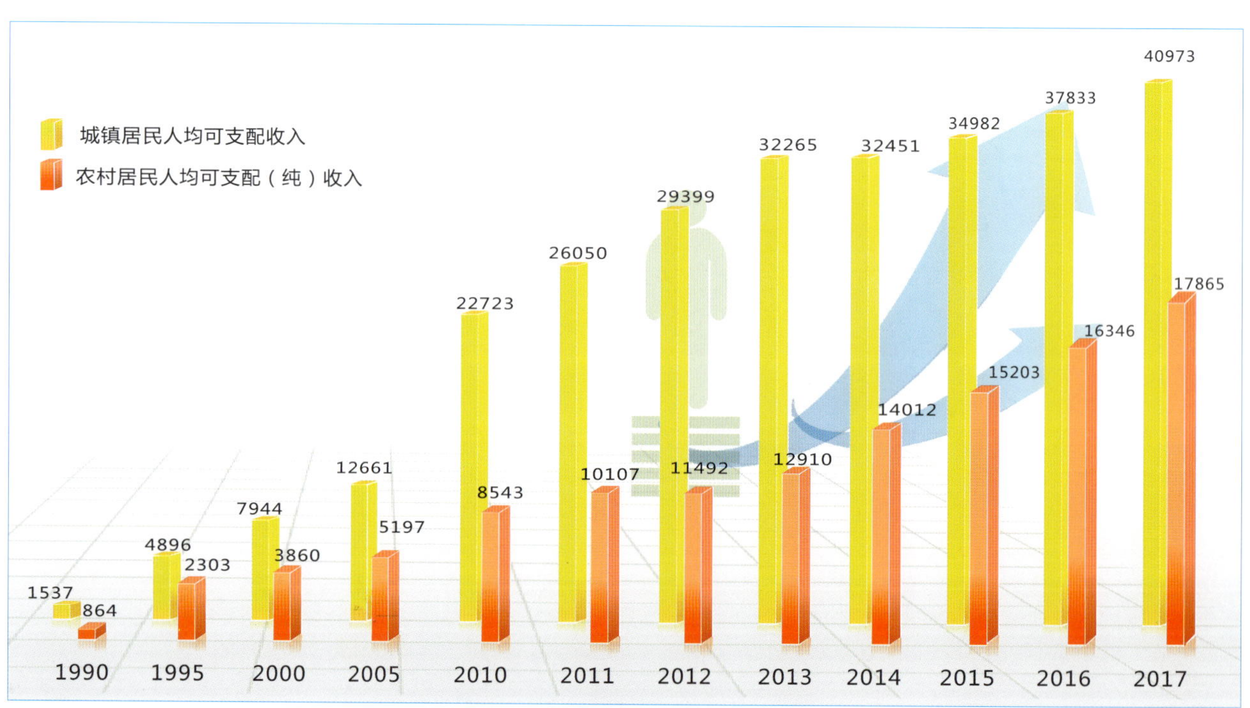

城乡居民收入（元）

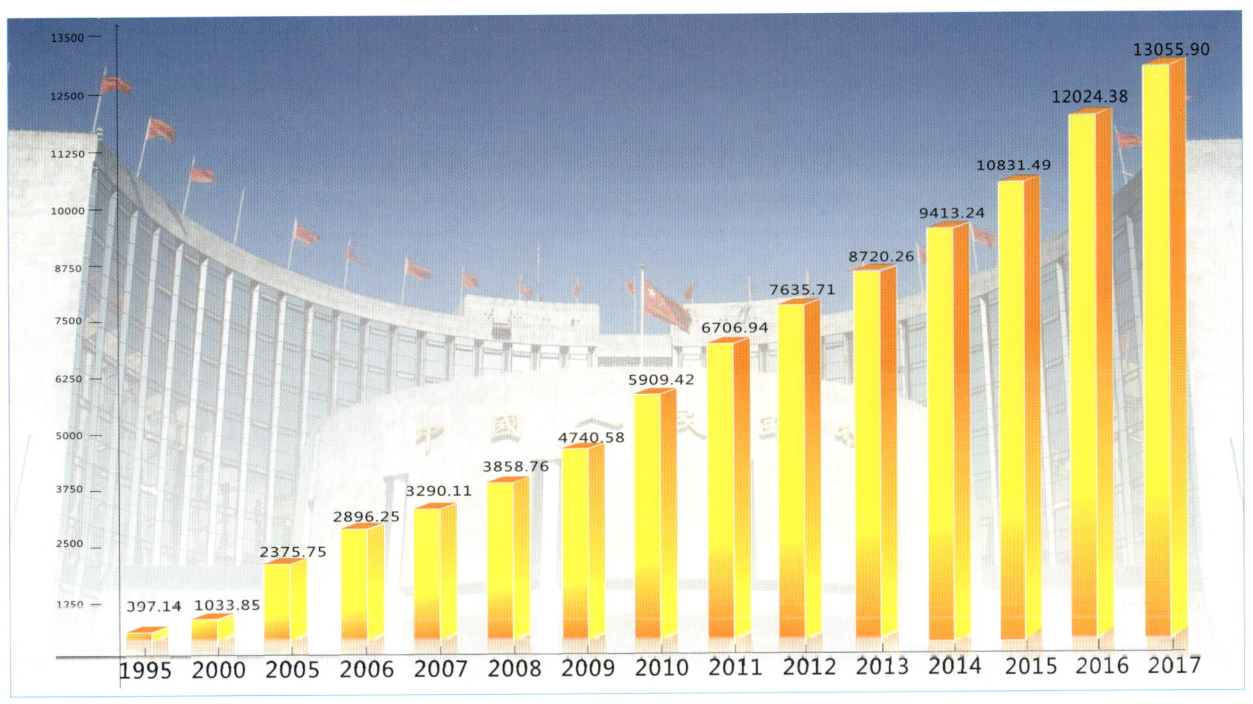

金融机构人民币存款余额（亿元）

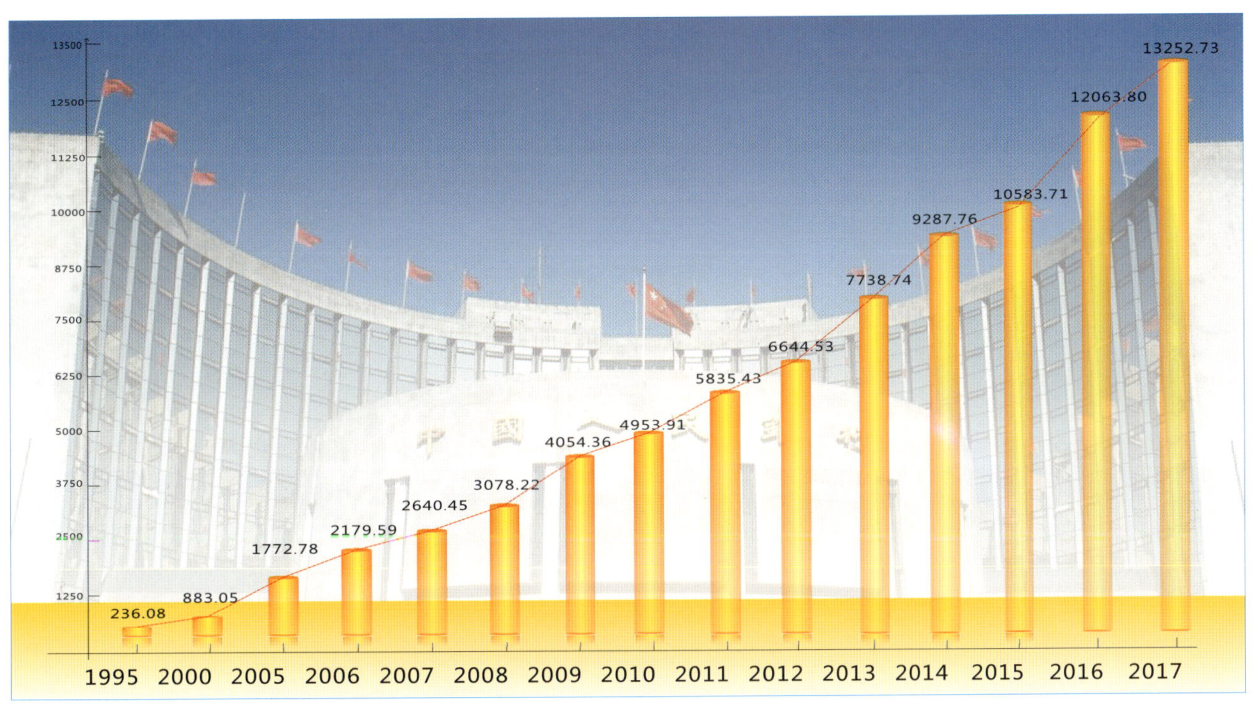

金融机构人民币贷款余额（亿元）

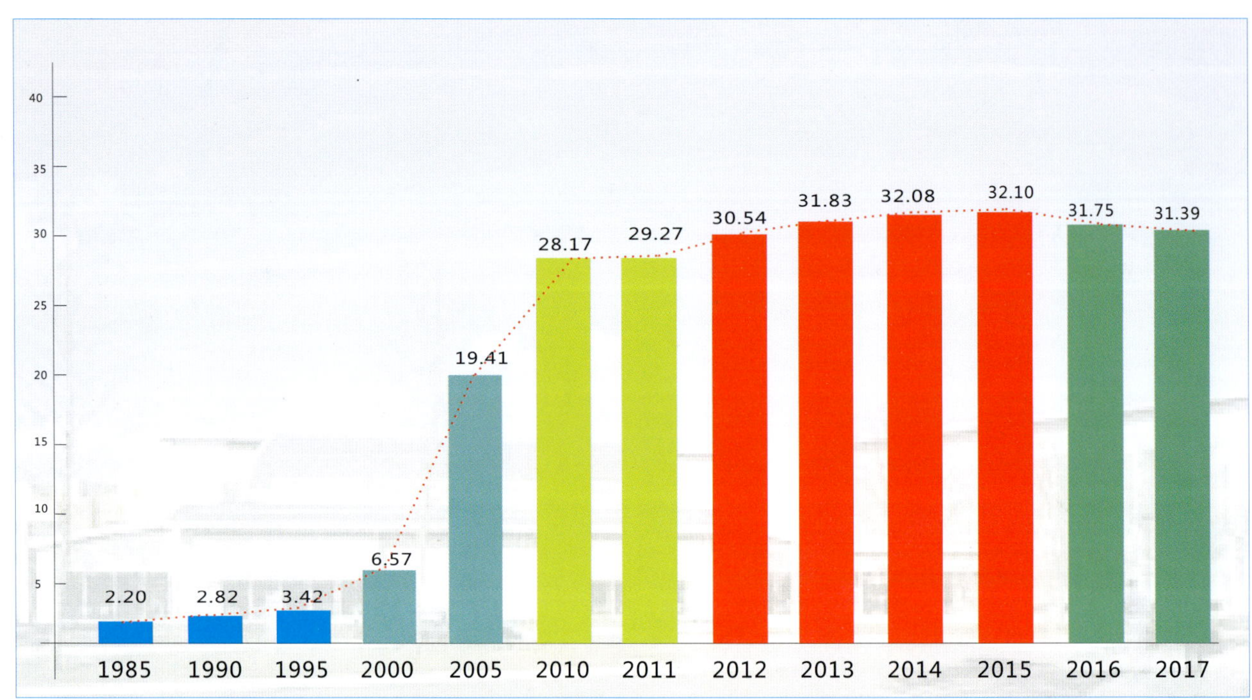

普通高校在校学生（万人）

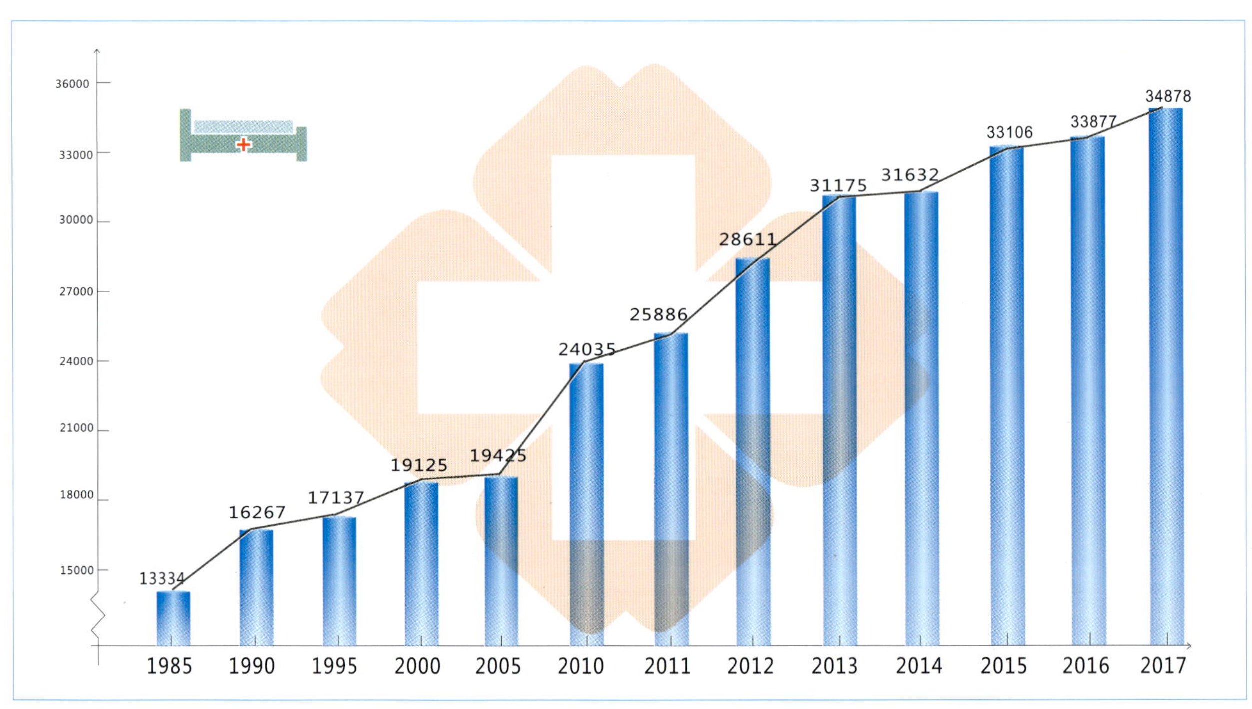

卫生机构医疗床位（张）

目　　录

综　　合

国民经济核算

人　口

就业与职工工资

农林牧渔业

工业与交通

固定资产投资

建筑业

批发零售、住宿餐饮与旅游业

对外经济

价格指数

财政金融

人民生活

科技、教育与文化

卫生、体育与其他

城市比较

附 录

1 综　合

1－1　行　政　区　划

（2017 年末）　　单位：个

县(市)区	街道、乡(镇)数				村(居)委会数		
	合　计	街　道	镇	乡	合　计	社区居委会	村委会
总　计	**189**	**43**	**99**	**47**	**2878**	**495**	**2383**
市　区	**64**	**35**	**25**	**4**	**815**	**312**	**503**
鼓楼区	10	9	1		69	69	
台江区	10	10			52	52	
仓山区	13	8	5		174	72	102
晋安区	9	3	4	2	188	75	113
马尾区	4	1	3		76	14	62
长乐区	18	4	12	2	256	30	226
七县(市)	**125**	**8**	**74**	**43**	**2063**	**183**	**1880**
福清市	24	7	17		491	53	438
闽侯县	15	1	8	6	321	29	292
连江县	23		16	7	278	35	243
罗源县	11		6	5	202	13	189
闽清县	16		11	5	292	21	271
永泰县	21		9	12	267	12	255
平潭县	15		7	8	212	20	192

注：2017 年起市区含长乐，下同。

1－2　国民经济和社会发展总量和速度指标

项　　目	单　位	总量指标					
		1990 年	1995 年	2000 年	2005 年	2010 年	2015 年
人口与就业							
年末户籍总人口	万人	535.30	562.27	589.23	614.84	645.90	678.37
#市区人口	万人	129.24	137.52	148.49	176.11	188.59	199.96
社会从业人员	万人	245.83	280.45	293.62	330.00	389.24	511.77
#城镇单位职工人数	万人	75.79	82.40	68.42	80.95	105.48	156.28
城镇私营个体从业人员	万人	6.19	9.67	21.30	37.19	65.35	122.83
国民经济核算							
地区生产总值	亿元	102.40	464.14	876.39	1491.40	3123.41	5618.08
第一产业	亿元	29.41	98.52	135.18	174.78	282.73	434.69
第二产业	亿元	41.21	167.19	378.89	670.80	1401.92	2449.55
第三产业	亿元	31.78	198.44	362.32	645.82	1438.76	2733.83
工　业	亿元	34.50	130.01	321.15	564.20	1127.59	1875.26
建筑业	亿元	6.71	37.18	57.74	106.60	274.33	580.40
工农业							
农林牧渔业总产值	亿元	42.48	159.46	217.42	290.79	480.01	764.88
规模以上工业总产值	亿元			750.11	1860.18	4544.17	7845.00
固定资产投资							
固定资产投资	亿元		174.75	237.53	603.26	2317.44	4893.91
#房地产开发投资	亿元		55.00	75.85	222.03	670.69	1381.12
贸易与价格							
社会消费品零售总额	亿元	45.28	133.27	351.77	664.55	1624.28	3488.74
居民消费价格指数(以上年为100)	%	100.1	118.2	101.7	102.6	103.2	101.7
对外经济							
进出口总额	亿美元	3.23	23.50	51.18	136.89	246.00	333.42
出口总额	亿美元	2.34	15.67	27.29	86.72	163.14	211.20
进口总额	亿美元	0.89	7.82	23.89	50.17	82.86	122.23
新批外资项目	项	233	678	295	326	186	339
合同外资金额	亿美元	2.74	32.27	9.55	11.66	16.73	31.75
实际利用外资(历史可比口径)	亿美元	1.02	11.25	8.01	16.00	24.82	
(验资口径)	亿美元				6.40	11.85	16.79

注:1. 2017 年起固定资产为不含农户数据,下同。

2. 2016 年、2017 年农林牧渔业产值等数据,以第三次全国农业普查数据为基础进行了核定和修订,下同。

		平均增长速度(%)				
2016 年	2017 年	1991－2017 年	1996－2017 年	2001－2017 年	2006－2017 年	2011－2017 年
687.06	693.35	0.96	0.96	0.96	1.01	1.02
203.06	279.23	2.89	3.27	3.78	3.92	5.77
536.24	561.83	3.11	3.21	3.89	4.53	5.38
156.83	158.80	2.78	3.03	5.08	5.78	6.02
146.58	169.01	13.03	13.89	12.96	13.45	14.54
6197.64	7085.52	14.40	12.40	11.66	11.86	10.48
492.25	461.22	5.43	4.54	3.45	3.72	4.26
2590.43	2913.41	16.08	13.91	12.37	12.14	10.85
3114.96	3710.89	15.57	12.56	12.77	13.09	11.03
1978.83	2227.15	16.39	14.14	12.25	11.87	10.72
621.46	698.20	13.95	12.06	13.06	13.60	11.69
749.76	818.79	6.35	4.97	4.08	4.41	4.07
8419.65	8591.99				15.51	12.38
5218.07	5823.39		17.28	20.71	20.80	14.07
1679.44	1694.18		16.86	20.05	18.45	14.15
3763.14	4193.87	18.26	16.97	15.70	16.59	14.51
102.3	101.1					
316.48	344.46	18.88	12.98	11.87	7.99	4.93
214.20	218.37	18.30	12.72	13.01	8.00	4.25
102.28	126.08	20.13	13.47	10.28	7.98	6.18
483	362	1.65	－2.81	1.21	0.88	9.98
16.31	58.63	12.02	2.75	11.27	14.41	19.62
18.14	19.85				9.89	7.65

1-2 续表

项目	单位	总量指标					
		1990年	1995年	2000年	2005年	2010年	2015年
财政金融							
一般公共预算总收入	亿元		37.84	68.79	165.22	402.51	848.04
一般公共预算收入	亿元	10.94	25.82	55.35	127.68	247.82	560.46
一般公共预算支出	亿元	8.28	27.45	54.04	118.99	262.42	725.93
金融机构存款年末余额	亿元	85.41	397.14	1033.85	2375.75	5909.42	10831.49
金融机构贷款年末余额	亿元	67.72	236.08	883.05	1772.78	4953.91	10583.71
人民生活							
城镇非私营单位在岗职工平均工资	元	2128	5827	11199	18314	34806	62478
城镇居民人均可支配收入	元	1537	4896	7944	12661	22723	34982
城镇居民人均消费支出	元	1381	4021	6009	8382	15778	24825
农村居民人均可支配(纯)收入	元	864	2303	3860	5197	8543	15203
农村居民人均消费支出	元	765	1818	2921	3503	6071	13152
教育卫生							
普通高等学校数	所	12	12	13	36	31	32
普通高等学校在校学生数	人	28188	34162	65737	194073	281680	320965
普通高等学校专任教师数	人	4329	4047	4754	12698	17209	19982
普通中学学校数	所	247	327	364	467	326	322
普通中学在校学生数	人	213767	285031	378207	417772	327105	300024
普通中学专任教师数	人	13140	16461	20305	25158	24390	24091
卫生机构数	个	1208	1067	1633	1675	1837	2020
#医院、卫生院	个	198	199	242	240	202	232
卫生技术人员数	人	23953	24180	23034	25203	34366	49934
#医　生	人	9330	10275	10639	11056	13813	18307
卫生机构床位数	张	16267	17137	19125	19425	24035	33106

2016年	2017年	平均增长速度(%) 1991－2017年	1996－2017年	2001－2017年	2006－2017年	2011－2017年
934.06	1005.73		16.08	17.10	16.25	13.98
598.91	634.16	16.41	15.88	16.50	17.29	14.37
829.93	938.86	19.15	17.41	18.29	18.78	19.97
12024.38	13055.90	20.48	17.21	16.09	15.26	11.99
12063.80	13252.73	21.58	20.09	17.27	18.25	15.09
67630	75133	14.11	12.32	11.85	12.48	11.62
37833	40973	13.44	10.75	10.92	11.41	10.11
26392	27427	11.86	9.31	9.58	10.73	8.45
16346	17865	11.97	9.88	9.59	11.06	11.50
14033	15283	11.06	9.35	9.18	11.54	11.49
32	35	4.04	4.99	6.00	－0.23	1.75
317477	313857	9.34	10.61	9.63	4.09	1.56
19822	20191	5.87	7.58	8.88	3.94	2.31
319	315	0.90	－0.17	－0.85	－3.23	－0.49
307509	321763	1.53	0.55	－0.95	－2.15	－0.23
24243	24466	2.33	1.82	1.10	－0.23	0.04
1995	1839	1.57	2.51	0.70	0.78	0.02
230	232	0.59	0.70	－0.25	－0.28	2.00
51703	53412	3.01	3.67	5.07	6.46	6.50
18841	19803	2.83	3.03	3.72	4.98	5.28
33877	34878	2.87	3.28	3.60	5.00	5.46

1-3 各个计划时期主要经济指标总量

项　　目	单位	"一五"时期	"二五"时期	1963~1965年	"三五"时期	"四五"时期	"五五"时期	"六五"时期
地区生产总值	亿元	16.73	26.69	16.59	30.74	42.87	65.26	143.43
第一产业	亿元	6.70	7.46	5.94	10.82	13.11	17.91	44.84
第二产业	亿元	3.32	9.38	4.12	9.16	18.33	29.83	63.49
第三产业	亿元	6.71	9.86	6.53	10.80	11.43	17.52	35.10
农林牧渔业总产值	亿元	7.74	10.51	8.60	16.56	19.33	26.17	63.94
工业总产值	亿元	6.76	18.95	10.88	26.59	38.50	79.54	161.99
一般公共预算总收入	亿元	2.23	4.79	1.95	4.20	7.67	10.54	16.98
一般公共预算收入	亿元	2.23	4.79	1.95	4.20	7.67	10.54	16.98
一般公共预算支出	亿元	1.08	2.17	1.26	2.42	3.98	6.21	11.81
金融机构存款年末余额	亿元	1.42	3.93	3.45	3.92	5.85	15.12	28.98
金融机构贷款年末余额	亿元	1.23	4.14	2.94	4.82	7.39	13.81	30.29
社会消费品零售总额	亿元	12.23	18.56	12.05	20.70	24.70	37.81	72.27
出口总额	亿美元						0.02	0.56
实际利用外资(验资口径)	亿美元							

1-3　续表

项　　目	单 位	"七五"时期	"八五"时期	"九五"时期	"十五"时期	"十一五"时期	"十二五"时期	"十三五"前两年
地区生产总值	亿元	372.02	1327.78	3743.34	5943.67	11799.33	23419.57	13283.16
第一产业	亿元	108.68	295.78	630.45	750.31	1141.59	1931.05	953.47
第二产业	亿元	156.69	501.83	1532.21	2717.48	5055.87	10553.22	5503.84
第三产业	亿元	106.66	530.17	1581.68	2475.88	5601.87	10935.31	6825.85
农林牧渔业总产值	亿元	157.60	460.37	1009.35	1230.61	1952.59	3356.13	1568.55
工业总产值	亿元	485.13	1686.96	4578.07	8334.73	18045.87	35685.57	17741.65
一般公共预算总收入	亿元	42.06	94.22	298.15	708.20	1462.53	3421.03	1939.79
一般公共预算收入	亿元	42.06	94.22	213.19	457.44	911.02	2227.36	1233.07
一般公共预算支出	亿元	32.88	87.05	215.72	428.17	931.10	2608.61	1768.79
金融机构存款年末余额	亿元	85.41	351.44	1033.85	2375.75	5909.42	10831.49	13055.90
金融机构贷款年末余额	亿元	67.72	203.21	883.05	1772.78	4953.91	10583.71	13252.73
社会消费品零售总额	亿元	180.29	427.13	1365.78	2552.88	5833.97	13501.03	7957.01
出口总额	亿美元	5.21	45.72	103.39	272.92	643.89	1069.57	432.57
实际利用外资(验资口径)	亿美元					45.80	72.72	37.99

1－4 各个计划时期主要经济指标年均发展速度

单位:%

项　　目	"恢复"时期(1950~1952)	"一五"时期(1953~1957)	"二五"时期	1963~1965年	"三五"时期	"四五"时期	"五五"时期
年末户籍总人口	103.01	102.71	102.46	102.41	101.75	102.69	101.93
#市区人口	103.61	103.72	102.95	101.31	98.81	102.08	102.14
地区生产总值	119.71	111.20	97.81	112.37	101.10	105.41	112.35
第一产业	116.58	106.85	92.96	116.75	100.15	98.57	111.59
第二产业	133.76	113.94	104.98	115.10	106.37	112.39	113.38
第三产业	121.74	109.89	108.52	105.66	97.79	105.67	111.54
农林牧渔业总产值	114.41	107.15	97.05	114.45	101.15	99.34	107.80
全部工业总产值	126.76	116.38	108.03	119.24	108.39	112.01	111.10
规上工业总产值							
一般公共预算收入	393.50	114.20	111.06	101.67	105.39	104.74	109.92
一般公共预算支出		113.47	101.20	107.15	110.05	105.27	110.36
金融机构存款年末余额	162.05	122.45	122.52	95.72	102.60	108.31	120.93
金融机构贷款年末余额	132.57	158.86	127.47	89.22	110.39	108.91	113.33
社会消费品零售总额	124.29	114.30	107.83	98.80	100.45	106.18	113.64
出口总额							
实际利用外资额(历史可比口径)							
实际利用外资额(验资口径)							
城镇非私营单位在岗职工平均工资			98.31	103.76	98.67	101.72	102.49
城镇居民人均可支配收入	111.02	107.89	102.02	105.45	103.15	103.11	103.22
农村居民人均可支配(纯)收入	105.38	102.42	104.43	108.00	104.86	95.56	106.62

1-4　续表　　　　单位:%

项　目	"六五"时期	"七五"时期	"八五"时期	"九五"时期	"十五"时期	"十一五"时期	"十二五"时期	"十三五"前两年
年末户籍总人口	101.68	101.83	100.99	100.94	100.85	100.99	100.99	101.10
#市区人口	102.04	101.67	101.25	101.55	103.47	101.38	101.18	118.17
地区生产总值	114.04	111.07	123.62	114.98	110.99	113.84	111.23	108.60
第一产业	108.06	116.53	109.43	108.32	102.81	102.98	104.38	103.95
第二产业	116.72	106.53	126.16	119.27	113.72	113.98	112.55	106.70
第三产业	115.22	113.65	129.77	111.84	110.67	116.05	111.09	110.90
农林牧渔业总产值	109.39	108.63	112.66	108.06	103.29	104.88	104.44	103.15
全部工业总产值	117.18	119.88	127.68	121.99	116.28	118.78	113.40	
规上工业总产值								109.30
一般公共预算收入	114.25	116.32	118.73	118.73	118.20	114.18	117.73	106.37
一般公共预算支出	122.04	116.16	127.08	114.51	117.07	117.14	122.57	113.72
金融机构存款年末余额	113.90	124.13	132.69	128.91	118.11	119.99	112.88	109.79
金融机构贷款年末余额	117.02	117.45	124.58	141.61	114.96	122.82	116.40	111.90
社会消费品零售总额	113.97	117.38	124.10	121.42	113.50	119.57	116.52	109.64
出口总额	176.85	175.98	146.33	121.42	126.01	113.47	105.30	101.69
实际利用外资额(历史可比口径)	155.92	146.03	161.56	93.43	114.84	109.18		
实际利用外资额(验资口径)						113.11	107.22	108.73
城镇非私营单位在岗职工平均工资	108.86	115.00	122.32	113.96	110.34	113.70	112.41	109.66
城镇居民人均可支配收入	116.64	117.78	126.08	110.16	109.77	112.41	110.86	108.25
农村居民人均可支配(纯)收入	125.66	115.35	121.66	110.88	106.13	110.45	112.75	108.40

1－5　国民经济主要比例关系

单位:%

项　　目	1995 年	2000 年	2005 年	2006 年	2007 年	2008 年	2009 年
三次产业结构							
第一产业	21.23	15.43	11.72	10.44	10.06	10.04	9.29
第二产业	36.02	43.23	44.98	42.74	41.76	41.49	42.56
第三产业	42.75	41.34	43.30	46.82	48.18	48.47	48.15
工农业总产值结构							
农林牧渔业	23.93	16.21	11.63	10.96	10.10	10.09	9.39
工　业	76.07	83.79	88.37	89.04	89.90	89.91	90.61
农林牧渔业总产值结构							
#农　业	31.53	28.44	27.78	28.22	26.55	21.97	26.61
林　业	3.45	3.19	2.19	2.21	2.21	1.72	2.48
牧　业	17.25	18.15	17.56	16.11	15.38	12.54	14.17
渔　业	47.77	50.22	51.94	52.92	51.68	41.21	52.76
工业总产值轻重工业结构							
轻工业	58.41	43.88	38.93	39.70	40.14	39.84	40.48
重工业	41.59	56.12	61.07	60.30	59.86	60.16	59.52
固定资产投资额结构							
#房地产开发投资	21.47	31.93	36.80	41.13	34.60	24.81	21.97
进出口总额结构							
出口总额	66.71	53.39	63.35	64.52	66.04	66.79	67.26
进口总额	33.29	46.61	36.65	36.65	33.96	33.21	32.74

注:工业总产值中主要比例关系2000年起为规模以上工业的比例。

1－5　续表　　单位：%

项　　目	2010 年	2011 年	2012 年	2013 年	2014 年	2015 年	2016 年	2017 年
三次产业结构								
第一产业	9.05	8.70	8.73	8.60	8.00	7.74	7.94	6.51
第二产业	44.88	45.80	45.25	45.60	45.50	43.60	41.80	41.12
第三产业	46.06	45.50	46.02	45.80	46.50	48.66	50.26	52.37
工农业总产值结构								
农林牧渔业	8.97	8.60	8.96	8.60	8.36	8.54	7.84	8.40
工　业	91.03	91.40	91.04	91.40	91.64	91.46	92.16	91.60
农林牧渔业总产值结构								
#农　业	27.06	26.17	25.93	25.80	27.43	28.06	29.52	30.47
林　业	2.77	2.86	2.72	2.76	3.14	2.93	3.37	3.03
牧　业	12.73	13.44	11.79	10.81	9.95	9.92	9.96	8.41
渔　业	53.79	54.14	56.41	57.56	56.44	56.00	53.79	54.85
工业总产值轻重工业结构								
轻工业	40.04	41.17	44.77	45.88	47.39	49.86	51.43	53.69
重工业	59.96	58.83	55.23	54.12	52.61	50.14	48.57	46.31
固定资产投资额结构								
#房地产开发投资	28.94	35.16	29.76	32.68	32.86	28.22	32.18	29.09
进出口总额结构								
出口总额	66.32	69.49	68.03	61.53	61.27	63.34	67.68	63.40
进口总额	33.68	30.51	31.97	38.47	38.73	36.66	32.32	36.60

1－6 主要经济指标人均值

项　　目	单位	1995年	2000年	2005年	2006年	2007年	2008年	2009年
地区生产总值	元	8219	14841	20292	25216	30130	34668	38015
农林牧渔业总产值	元	2853	3709	4750	5063	5524	6354	6449
工业总产值	元	8280	18360	36104	41144	49170	56260	62241
固定资产投资额	元	3127	4052	9855	11835	15984	19726	25845
社会消费品零售总额	元	2385	5998	10857	12590	15121	18079	21010
进出口总额	美元	420	874	2236	2546	2975	3214	2803
出口总额	美元	280	466	1417	1643	1965	2146	1885
进口总额	美元	140	408	820	903	1011	1067	918
实际利用外资额（验资口径）	美元			97	99	104	147	151
一般公共预算总收入	元	677	1278	3193	3809	3951	4552	5108
一般公共预算收入	元	462	944	2086	2465	2339	2667	3065
一般公共预算支出	元	491	922	1941	2300	2284	2779	3219
城镇非私营单位在岗职工平均工资	元	5827	11199	18314	20666	23950	27521	30704
城镇居民人均可支配收入	元	4896	7944	12661	14206	16642	19009	20289
城镇居民人均消费支出	元	4021	6009	8382	9595	11790	13541	14105
农村居民人均可支配(纯)收入	元	2303	3860	5197	5592	6286	7142	7669

1－6　续表

项　目	单　位	2010年	2011年	2012年	2013年	2014年	2015年	2016年	2017年
地区生产总值	元	44000	52152	58202	64134	69995	75259	82251	93047
农林牧渔业总产值	元	7476	7720	8640	9346	9895	10246	9950	10752
工业总产值	元	75829	82057	87813	99302	108460	109782	116926	117285
固定资产投资额	元	36091	38005	45148	52975	59954	65558	69251	76473
社会消费品零售总额	元	25296	27213	32064	36711	41475	46735	49942	55074
进出口总额	美元	3831	4851	4293	4302	4694	4466	4200	4523
出口总额	美元	2541	3371	2921	2647	2876	2829	2843	2868
进口总额	美元	1284	1480	1372	1655	1818	1637	1357	1656
实际利用外资额（验资口径）	美元	169	178	185	196	209	225	241	261
一般公共预算总收入	元	6269	7069	8257	9434	10568	11360	12396	13207
一般公共预算收入	元	3859	4471	5280	6214	6918	7508	7948	8328
一般公共预算支出	元	4087	5076	5677	7308	7783	9725	11014	12329
城镇非私营单位在岗职工平均工资	元	34806	41725	48089	53333	58839	62478	67630	75133
城镇居民人均可支配收入	元	22723	26050	29399	32265	32451	34982	37833	40973
城镇居民人均消费支出	元	15778	17847	20040	21695	23330	24825	26392	27427
农村居民人均可支配(纯)收入	元	8543	10107	11492	12910	14012	15203	16346	17865

1-7 平均每天主要社会经济活动

项目	单位	1995年	2000年	2005年	2006年	2007年	2008年	2009年
地区生产总值	万元	12716	24011	40860	46217	55597	64539	71344
工业总产值	万元	13885	30790	60548	69752	84401	98208	108648
农林牧渔业总产值	万元	4369	5957	7967	8583	9483	11022	11257
固定资产投资	万元	4788	6508	16528	20064	27437	34216	45116
社会消费品零售总额	万元	3651	9637	18207	21343	25955	31360	36675
进出口总额	万美元	644	1402	3750	4316	5107	5575	4893
出口总额	万美元	429	748	2376	2785	3373	3723	3291
进口总额	万美元	215	654	1375	1532	1735	1846	1602
实际利用外资额（验资口径）	万美元			175	181	192	274	283
一般公共预算总收入	万元	1037	2052	5355	6458	6783	7896	8916
一般公共预算收入	万元	707	1517	3498	4179	4015	4626	5350
一般公共预算支出	万元	752	1481	3256	3899	3921	4821	5619
沿海港口货物吞吐量	吨	30110	66438	203918	242400	176247	183633	221756
出生人数	人	262	338	151	175	191	295	164
死亡人数	人	72	111	59	73	79	102	58

1－7　续表

项　　目	单　位	2010 年	2011 年	2012 年	2013 年	2014 年	2015 年	2016 年	2017 年
地区生产总值	万元	85573	102367	115368	128357	141621	153920	169334	194124
工业总产值	万元	133399	160914	174062	198739	219446	224527	240721	244693
农林牧渔业总产值	万元	13151	15140	17127	18705	20021	20956	20485	22433
固定资产投资	万元	63492	74528	89493	106023	121304	134080	142570	159545
社会消费品零售总额	万元	44501	53365	63557	73472	83916	95582	102818	114901
进出口总额	万美元	6740	9514	8510	8611	9497	9135	8647	9437
出口总额	万美元	4470	6611	5789	5298	5819	5786	5852	5983
进口总额	万美元	2270	2903	2720	3313	3678	3349	2795	3454
实际利用外资额(验资口径)	万美元	325	350	367	392	424	460	496	544
一般公共预算总收入	万元	11028	13863	16367	18880	21383	23234	25521	27554
一般公共预算收入	万元	6790	8768	10466	12438	13996	15355	16364	17374
一般公共预算支出	万元	7190	9953	11253	14626	15748	19889	22676	25722
沿海港口货物吞吐量	吨	195200	225158	256802	287805	327195	311263	322735	328339
出生人数	人	399	235	228	322	323	282	282	339
死亡人数	人	142	108	79	70	84	84	82	228

1－8 主要年份工农林牧渔业总产值

单位:万元

年份	工农林牧渔业			工农林牧渔业比重(%)	
		农林牧渔业	工业	农林牧渔业	工业
1952	2.07	1.23	0.84	59.58	40.42
1957	3.65	1.85	1.80	50.71	49.29
1962	5.12	2.45	2.67	47.83	52.17
1965	7.80	3.21	4.59	41.18	58.82
1970	10.69	3.98	6.71	37.25	62.75
1975	15.84	3.69	12.14	23.33	76.67
1978	20.96	4.78	16.18	22.80	77.20
1979	24.34	6.28	18.06	25.80	74.20
1980	27.36	7.43	19.94	27.14	72.86
1981	31.29	9.50	21.80	30.35	69.65
1982	35.17	11.39	23.78	32.39	67.61
1983	42.71	11.90	30.81	27.86	72.14
1984	54.56	14.08	40.48	25.81	74.19
1985	62.21	17.08	45.13	27.45	72.55
1986	70.97	19.38	51.59	27.31	72.69
1987	90.50	23.54	66.95	26.02	73.98
1988	135.33	33.72	101.61	24.92	75.08
1989	166.17	38.48	127.70	23.16	76.84
1990	179.76	42.48	137.28	23.63	76.37
1991	214.50	45.59	168.91	21.25	78.75
1992	278.93	57.48	221.45	20.61	79.39
1993	416.55	79.82	336.74	19.16	80.84
1994	571.06	118.02	453.04	20.67	79.33
1995	666.28	159.46	506.82	23.93	76.07
1996	838.88	177.52	661.36	21.16	78.84
1997	997.15	194.31	802.84	19.49	80.51
1998	1143.86	204.87	938.99	17.91	82.09
1999	1266.26	215.23	1051.04	17.00	83.00
2000	1341.27	217.42	1123.85	16.21	83.79
2001	1378.03	215.39	1162.64	15.63	84.37
2002	1563.99	221.08	1342.91	14.14	85.86
2003	1861.93	234.84	1627.09	12.61	87.39
2004	2260.62	268.50	1992.10	11.88	88.12
2005	2500.78	290.79	2209.99	11.63	88.37
2006	2859.22	313.26	2545.96	10.96	89.04
2007	3426.75	346.12	3080.63	10.10	89.90
2008	3986.89	402.31	3584.58	10.09	89.91
2009	4376.53	410.88	3965.65	9.39	90.61
2010	5349.07	480.01	4869.05	8.97	91.03
2011	6425.96	552.60	5873.36	8.60	91.40
2012	6978.37	625.12	6353.25	8.96	91.04
2013	7936.74	682.75	7253.98	8.60	91.40
2014	8740.54	730.77	8009.76	8.36	91.64
2015	8960.10	764.88	8195.22	8.54	91.46
2016	9560.13	749.76	8810.37	7.84	92.16
2017	9750.07	818.79	8931.28	8.40	91.60

主要统计指标解释

当年价格　指报告期的实际价格，如工厂的出厂价格，农产品的收购价格，商业的零售价格等。按当年价格计算，是指一些以货币表现的物量指标如工农业总产值、国内生产总值等，按照当年的实际价格来计算总量。使用当年价格计算的数字，是为了使国民经济各项指标相互衔接，便于考察当年经济效益，便于对生产和流通、生产和分配、生产和消费进行经济核算的综合平衡。

按当年价格计算的价值指标，在不同年份之间进行对比时，因为包含有各年间价格变动因素，不能确切反映实物量的增减变动。必须消除价格变动因素后，才能真实反映经济发展动态。因此，在计算增长速度时都使用按可比价格计算的数字。

可比价格　指在不同时期的价值指标对比时，扣除了价格变动的因素，以确切反映物量的变化。按可比价格计算有两种方法：一种是直接用产品产量乘某一年的不变价格计算；另一种是用价格指数换算。

不变价格　指用同类产品的年平均价格作为固定价格，来计算各年产品价值。按不变价格计算的产品价值扣除了价格变动因素，不同时期对比可以反映生产的发展速度。新中国成立后，随着工农业产品价格水平的变化，国家统计局先后五次制定了全国统一的工业产品不变价格和农业产品不变价格。从1949年到1957年使用1952年工（农）业产品不变价格，从1957年到1971年使用1957年不变价格，从1971年到1981年使用1970年不变价格，从1981年到1990年使用1980年不变价格，从1990年开始使用1990年不变价格。

平均增长速度　我国计算平均增长速度有两种方法。一种是习惯上经常使用的“水平法”，又称几何平均法，是以间隔期最后一年的水平同基期水平对比来计算平均每年增长（或下降）速度。另一种是“累计法”，又称代数平均法或方程法，是以间隔期内各年的总和同基期水平对比来计算平均每年增长（或下降）速度。在一般正常情况下，两种方法计算的平均每年增长速度比较接近，但在经济发展不平衡，出现大起大落时，两种方法计算的结果差别较大。

本《年鉴》内所列的平均增长速度，均用“水平法”计算。从某年到某年平均增长速度的年份，均不包括基数年在内。如改革开放以来的平均增长速度是以1978年为基期计算的，则写为1979－2010年平均增长速度，其余类推。

各个计划时期　表内所用各个“时期”代表的年份如下：恢复时期为1950年到1952年；第一个五年计划时期（简称一五时期）为1953年到1957年；第二个五年计划时期（简称二五时期）为1958年到1962年；第三个五年计划时期（简称三五时期）为1966年到1970年；第四个五年计划期（简称四五时期）为1971年到1975年；第五个五年计划时期（简称五五时期）为1976年到1980年；第六个五年计划时期（简称六五时期）为1981年到1985年；第七个五年计划（简称七五时期）为1986年到1990年；第八个五年计划时期（简称八五时期）为1991年到1995年；第九个五年计划时期（简称九五时期）为1996年到2000年；第十个五年计划时期（简称十五时期）为2001年到2005年；第十一个五年计划时期（简称十一五时期）为2006年到2010年；第十二个五年计划时期（简称十二五时期）为2011年到2015年；第十三个五年计划时期（简称十三五时期）为2016年到2020年。

国民经济行业分类　在统计工作中为取得分行业的数据资料并统一分类和编码，正确反映国民经济各行业的结构和发展状况，便于研究国民经济的各项比例关系，而制定的国民经济行业划分标准。按现行统计制度规定，我国行业划分为20门类，排列顺序如下：

（1）农、林、牧、渔业；（2）采矿业；（3）制造业；（4）电力、燃气及水的生产和供应业；（5）建筑业；（6）批发和零售业；（7）交通运输、仓储和邮政业；（8）住宿和餐饮业；（9）信息传输、软件和信息技术服务业；（10）金融业；（11）房地产业；（12）租赁和商务服务业；（13）科学研究和技术服务业；（14）水利、环境和公共设施管理业；（15）居民服务、修理和其他服务业；（16）教育；（17）卫生和社会工作；（18）文化、体育和娱乐业；（19）公共管理、社会保障和社会组织；（20）国际组织。

三次产业 是根据社会生产活动历史发展的顺序对产业结构的划分，产品直接取自自然界的部门称为第一产业，对初级产品进行再加工的部门称为第二产业，为生产和消费提供各种服务的部门称为第三产业。它是世界上较为通用的产业结构分类，但各国的划分不尽一致。我国的三次产业划分：

第一产业：农林牧渔业（包括农业、林业、牧业和渔业等，不包含农村牧渔服务业）。

第二产业：工业（包括采掘业，制造业，电力、煤气及水的生产和供应业，不包括开采辅助活动和金属制品、机械和设备修理业）和建筑业。

第三产业：除第一、第二产业以外的其他各业。由于第三产业包括的行业多、范围广，根据我国的实际情况，第三产业可分为两大部门：一是流通部门，二是服务部门。具体又可分为四个层次。

2 国民经济核算

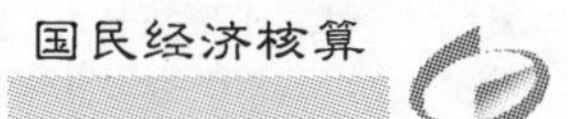

2-1 总产出中间投入率和增加值率

单位:%

项　　目	2000 年	2001 年	2002 年	2003 年	2004 年	2005 年	2006 年	2007 年	2008 年
社会劳动生产率(元/人)	**29910**	**32294**	**34590**	**38293**	**42147**	**45813**	**50355**	**58142**	**65250**
总产出中间投入率	**59.5**	**60.4**	**60.0**	**61.6**	**62.5**	**63.6**	**63.7**	**63.4**	**63.2**
第一产业	37.8	38.4	38.5	38.8	39.6	39.9	40.5	41.0	41.2
第二产业	71.0	71.7	71.8	71.3	72.0	74.3	75.7	76.0	76.0
第三产业	38.5	38.6	40.4	41.5	42.5	45.7	42.7	41.5	40.7
#工业	72.3	72.5	72.7	72.3	73.0	74.8	76.6	77.6	77.9
建筑业	61.8	66.6	65.7	65.5	66.1	71.7	69.7	63.7	63.2
交通运输、仓储和邮政业	42.9	42.1	42.9	42.9	44.8	53.7	53.7	54.7	54.8
批发和零售业	36.6	37.0	40.1	39.2	39.8	29.0	19.2	16.2	14.5
金融业	16.7	18.8	37.9	43.1	45.3	53.9	59.0	55.6	55.6
房地产业	12.8	14.5	16.7	15.2	16.2	18.8	12.3	18.5	14.0
增加值率	40.5	39.6	40.0	38.4	37.5	36.4	36.3	36.6	36.8
第一产业	62.2	61.6	61.5	61.2	60.4	60.1	59.5	59.0	58.8
第二产业	29.0	28.3	28.2	28.7	28.0	25.7	24.3	24.0	24.0
第三产业	61.5	61.4	59.6	58.5	57.5	54.3	57.3	58.5	59.3
#工　业	27.7	27.5	27.3	27.7	27.0	25.3	23.4	22.4	22.1
建筑业	38.2	33.4	34.3	34.5	33.9	28.3	30.3	36.3	36.8
交通运输、仓储和邮政业	57.1	57.9	57.1	57.1	55.2	46.3	46.4	45.4	45.2
批发和零售业	63.4	63.0	59.9	60.8	60.2	71.0	80.8	83.8	85.5
金融业	83.3	81.2	62.1	56.9	54.7	46.1	41.0	44.4	44.4
房地产业	87.2	85.5	83.3	84.8	83.8	81.2	87.7	81.5	86.0

注:1.本表均按当年价格计算;2.本表中2004年及以前年份第一产业不包括农林牧渔服务业;3. 2013年及以后年份第一产业不包括农林牧渔服务业;第二产业不包括开采辅助活动和金属制品、机械和设备修理业,第三产业包括农林牧渔服务业、开采辅助活动和金属制品、机械和设备修理业。

2-1 续表 单位:%

项目	2009年	2010年	2011年	2012年	2013年	2014年	2015年	2016年	2017年
社会劳动生产率(元/人)	**71369**	**82742**	**91709**	**96000**	**102479**	**109262**	**112891**	**118275**	**129054**
总产出中间投入率	**62.6**	**63.2**	**63.4**	**63.2**	**63.2**	**64.1**	**64.0**	**64.6**	**63.2**
第一产业	41.1	41.1	41.2	41.2	41.4	41.3	41.4	41.5	41.8
第二产业	74.4	74.3	75.1	74.5	74.2	75.3	75.9	76.7	75.0
第三产业	43.4	43.6	42.7	42.3	43.1	42.2	42.2	43.9	45.7
#工业	76.2	76.3	76.2	75.6	75.4	76.1	77.2	77.4	75.6
建筑业	63.3	61.4	69.7	69.7	69.3	71.9	70.3	74.1	72.8
交通运输、仓储和邮政业	56.1	56.3	56.5	57.2	57.6	58.6	58.6	59.5	60.4
批发和零售业	26.3	25.8	25.7	27.2	27.0	30.5	31.0	30.0	32.2
金融业	57.7	59.2	53.0	49.8	48.4	43.2	44.9	45.3	22.0
房地产业	23.3	16.7	22.8	18.3	28.0	20.8	19.6	24.9	38.6
增加值率	37.4	36.8	36.6	36.8	36.8	35.9	36.0	35.4	36.8
第一产业	58.9	58.9	58.8	58.8	58.6	58.7	58.6	58.5	58.2
第二产业	25.6	25.7	24.9	25.5	25.8	24.7	24.1	23.3	25.0
第三产业	56.6	56.4	57.3	57.7	56.9	57.8	57.8	56.1	54.3
#工　业	23.8	23.7	23.8	24.4	24.6	23.9	22.8	22.6	24.4
建筑业	36.7	38.6	30.3	30.3	30.7	28.1	29.7	25.9	27.2
交通运输、仓储和邮政业	43.9	43.7	43.5	42.8	42.4	41.4	41.4	40.5	39.6
批发和零售业	73.7	74.2	74.3	72.8	73.0	69.5	69.0	70.0	67.8
金融业	42.3	40.8	47.0	50.2	51.6	56.8	55.1	54.7	78.0
房地产业	76.7	83.3	77.2	81.7	72.0	79.2	80.4	75.1	61.4

2-2 主要年份地区生产总值

单位:万元

年份	地区生产总值	第一产业	第二产业	第三产业	工业	建筑业
1950	14583	7919	2051	4613		
1952	23431	11231	4333	7867	2339	1994
1957	40773	14547	9449	16777	5041	4408
1962	47418	15684	11327	20407	7484	3842
1965	62052	21946	17225	22881	12846	4379
1970	69747	25181	24039	20527	18789	5250
1975	92367	24119	44093	24155	34001	10092
1978	126791	33933	59896	32962	45308	14588
1979	149738	42468	68698	38572	50574	18124
1980	181671	51745	82093	47833	55826	26267
1985	397567	121532	177895	98140	143136	37560
1990	1023959	294057	412126	317776	345036	67090
1991	1188295	317474	511091	359730	407668	103423
1992	1500027	396097	629221	474709	498552	130669
1993	2457166	530391	891704	1035071	691612	200092
1994	3490842	728654	1314413	1447775	1033673	280740
1995	4641433	985156	1671910	1984367	1300113	371797
1996	5755810	1108933	2205312	2441565	1704501	500811
1997	6873322	1209896	2674609	2988816	2147299	527310
1998	7766600	1285522	3172875	3318203	2536111	636764
1999	8273850	1348355	3480443	3445053	2855006	625437
2000	8763866	1351819	3788885	3623162	3211520	577365
2001	9432352	1326433	4094302	4011617	3469752	624550
2002	10116906	1360279	4496871	4259756	3853609	643262
2003	11621308	1436978	5489984	4694345	4638391	851593
2004	13352090	1631635	6385658	5334798	5395622	990036
2005	14913998	1747751	6707966	6458281	5641988	1065978
2006	16869271	1761368	7210483	7897420	6018520	1191963
2007	20292767	2042409	8474157	9776201	6995548	1478609
2008	23556710	2364867	9773002	11418841	7912404	1860598
2009	26040448	2420004	11081880	12538565	8916393	2165487
2010	31234091	2827270	14019195	14387627	11275850	2743345
2011	37363796	3250916	17111859	17001021	13551859	3560000
2012	42109279	3677283	19054971	19377025	14819871	4235100
2013	46850151	3876188	21348267	21625696	16545111	4856100
2014	51691647	4159141	23521541	24010965	18168681	5411000
2015	56180844	4346949	24495547	27338347	18752552	5804047
2016	61976395	4922506	25904250	31149640	19788331	6214590
2017	70855222	4612234	29134103	37108885	22271516	6981960

2－2 续表 单位:万元

年 份	交通运输仓储邮政业	批发零售餐饮业	金融业	房地产业	其它服务业	人均地区生产总值(元)
1950						66
1952	1507	1814				100
1957	3214	3539				153
1962	3910	6256				158
1965	4383	4976				192
1970	3870	5090				199
1975	4628	6868				229
1978	6369	8652	8181	1791	7969	293
1979	7450	10120	9944	2094	8964	340
1980	9226	12532	12408	2643	11024	406
1985	20473	27578	26219	5544	20453	817
1990	62100	61317	79921	17265	97173	1936
1991	76580	68167	92864	19904	102215	2190
1992	108374	91788	127291	26266	120990	2763
1993	229609	266950	201312	73357	263843	4441
1994	357843	358764	247363	128917	354888	6244
1995	485195	491104	373274	155118	479676	8219
1996	660012	685883	278543	161692	655435	10126
1997	734410	828821	477026	186448	762111	11891
1998	794626	940001	467615	234067	881894	13330
1999	848997	976903	425756	253258	940139	14308
2000	902028	1125373	390780	276047	928934	14841
2001	977560	1211960	413561	320973	1087563	15835
2002	1031353	1318678	377195	367755	1164775	16901
2003	1120000	1418818	451263	447554	1256710	17695
2004	1274062	1454480	529418	489638	1587200	20292
2005	1005975	1682811	474732	817981	2728433	22529
2006	1111982	1843246	679661	1243742	3293032	25216
2007	1185324	2440691	1039662	1242843	4206530	30130
2008	1338803	2896368	1368952	1243969	4957449	33884
2009	1385113	3172696	1555680	1300750	5553123	37041
2010	1581008	3871916	1847059	1349835	6212064	44000
2011	1775830	4467801	2461557	1660739	6477196	52152
2012	1827400	4810790	2909155	2227017	7437590	58202
2013	1975901	5199658	3335424	2521028	8593685	64134
2014	2289913	5599869	4056917	2432344	9631922	69995
2015	2434700	5898586	4548002	2616584	11840475	75259
2016	2525898	6220386	5070225	3172464	14160667	82251
2017	3255590	6980439	5966217	3788179	17118460	93047

2-3 主要年份地区生产总值指数

（以上年为100） 单位:%

年份	地区生产总值	第一产业	第二产业	第三产业	工业	建筑业	交通运输仓储邮政业	批发和零售业	人均地区生产总值
1952	117.0	110.2	155.9	118.9	160.0	150.2	118.9	113.3	114.0
1957	112.1	110.5	105.4	80.2	100.6	111.6	80.2	73.8	109.6
1962	95.6	105.9	80.3	96.6	86.0	71.1	96.6	132.2	93.8
1965	117.4	118.2	134.2	106.4	131.1	144.2	106.4	103.4	114.8
1970	107.2	110.4	120.2	91.7	118.5	126.8	93.2	94.7	107.5
1975	101.2	94.7	106.3	101.2	109.9	95.6	101.2	110.4	98.9
1978	122.0	117.9	135.0	108.4	123.4	190.8	109.4	107.2	119.6
1979	114.5	113.2	114.4	116.1	111.4	123.9	116.1	116.1	112.2
1980	119.9	117.3	120.5	122.0	111.3	146.1	121.8	121.8	118.3
1985	128.5	108.9	131.7	142.7	136.8	115.3	150.9	149.7	126.4
1990	108.2	152.1	79.0	138.9	79.0	79.0	132.0	123.3	106.1
1991	112.2	106.6	119.7	107.6	115.8	138.0	118.7	105.6	109.3
1992	119.5	111.7	121.0	124.5	124.8	106.1	130.4	133.8	119.5
1993	140.0	107.2	130.7	179.6	133.1	119.2	184.8	224.8	138.6
1994	126.1	96.3	142.1	124.0	144.3	130.5	145.2	120.4	124.8
1995	121.9	127.7	118.8	123.4	118.3	121.7	127.6	122.5	120.7
1996	122.5	118.9	129.6	115.7	129.6	129.8	122.8	133.6	121.7
1997	117.8	106.3	121.1	118.3	124.2	103.5	111.9	115.4	115.9
1998	115.7	108.7	121.1	111.2	121.2	120.3	107.7	113.6	114.8
1999	109.4	106.6	113.0	105.3	114.8	100.6	108.3	107.5	110.2
2000	110.0	101.8	112.4	109.2	114.8	93.5	109.2	115.9	107.7
2001	108.9	100.2	111.4	109.4	111.8	109.3	107.2	110.4	107.9
2002	110.2	103.9	114.0	108.3	115.7	104.3	108.0	110.4	109.7
2003	113.6	103.5	119.7	110.8	118.8	125.6	111.8	108.0	112.9
2004	112.7	103.9	114.9	112.7	115.0	114.3	115.0	109.5	112.3
2005	110.5	102.6	105.2	119.2	105.0	106.7	108.9	114.7	108.9
2006	112.5	97.0	108.3	121.0	108.3	108.4	107.8	109.3	111.8
2007	115.8	104.5	114.2	119.7	113.8	116.4	100.6	129.4	115.0
2008	113.7	104.9	113.7	115.4	113.2	116.4	110.8	113.5	112.7
2009	113.0	104.8	114.8	112.9	113.7	120.0	106.9	114.5	111.8
2010	114.2	103.9	119.1	111.5	118.8	120.8	114.4	116.7	113.1
2011	113.0	104.1	115.9	111.9	115.2	118.6	111.4	110.4	111.9
2012	112.1	104.7	114.9	110.6	114.1	118.3	103.3	108.3	110.9
2013	111.5	104.6	113.2	110.8	113.2	113.1	107.7	108.6	110.4
2014	110.1	104.6	111.5	109.4	111.7	111.0	113.6	110.1	108.9
2015	109.6	104.0	107.5	112.7	106.8	109.9	105.5	103.8	108.4
2016	108.5	104.1	106.7	110.7	106.7	107.3	104.3	105.1	107.4
2017	108.7	103.8	106.7	111.1	107.7	104.4	110.5	108.2	107.6

2-4 主要年份地区生产总值指数

（以1952年为100）

单位：%

年份	地区生产总值	第一产业	第二产业	第三产业	人均地区生产总值
1952	100.0	100.0	100.0	100.0	100.0
1957	170.0	139.3	192.1	160.3	149.4
1962	152.2	96.7	244.9	241.3	119.0
1965	215.9	153.9	373.5	284.6	156.5
1970	228.1	155.1	508.7	254.5	153.0
1975	296.8	144.3	912.3	335.3	172.3
1978	387.0	188.0	1240.1	408.7	209.9
1979	443.1	212.8	1418.9	474.6	235.6
1980	531.3	249.6	1709.2	578.9	278.7
1985	1024.8	367.7	3703.0	1175.3	494.1
1990	1732.2	790.3	5080.6	2229.3	768.4
1991	1943.8	842.1	6080.7	2398.9	839.9
1992	2323.7	940.5	7359.3	2985.5	1004.0
1993	2777.8	1050.5	8906.8	3715.4	1200.0
1994	3889.0	1126.1	11641.2	6672.9	1662.7
1995	4904.0	1084.5	16542.1	8274.5	2074.9
1996	5978.0	1384.9	19652.0	10210.7	2504.3
1997	7323.0	1646.6	25469.0	11813.8	3046.9
1998	8626.5	1750.3	30842.9	13975.7	3530.4
1999	9980.9	1902.6	37350.8	15540.9	4052.7
2000	10919.1	2028.2	42206.4	16364.6	4467.4
2001	12011.0	2064.7	47440.0	17870.2	4811.0
2002	13080.0	2068.8	52848.1	19550.0	5191.1
2003	14414.1	2149.5	60246.9	21172.6	5694.6
2004	16374.5	2224.7	72115.5	23459.2	6429.2
2005	18093.8	2285.5	75865.5	27963.4	7001.4
2006	20355.6	2214.1	82162.3	33835.7	7827.6
2007	23571.7	2313.7	93829.4	40501.3	9001.7
2008	26801.1	2427.1	106684.0	46738.5	10144.9
2009	30285.2	2543.6	122473.3	52767.8	11342.0
2010	34585.7	2642.8	145865.7	58836.1	12827.8
2011	39081.8	2751.2	169058.3	65837.6	14354.3
2012	43810.7	2880.5	194248.0	72816.4	15918.9
2013	48235.4	3012.2	219848.2	80695.7	17573.2
2014	53107.0	3150.1	245220.5	88310.4	19138.5
2015	58184.0	3275.5	263502.6	99526.3	20743.4
2016	63129.6	3409.7	281157.3	110175.7	22278.4
2017	68628.1	3539.0	300032.9	122357.8	23964.4

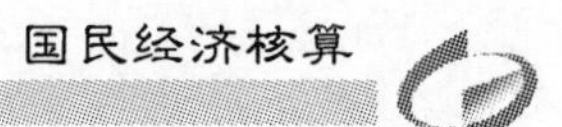

2-5 主要年份地区生产总值构成

单位:%

年份	地区生产总值	第一产业	第二产业	第三产业	工业	建筑业
1950	100.00	54.30	14.06	31.63		
1952	100.00	47.93	18.49	33.58	9.98	8.51
1957	100.00	35.68	23.17	41.15	12.36	10.81
1962	100.00	33.08	23.89	43.04	15.78	8.10
1965	100.00	35.37	27.76	36.87	20.70	7.06
1970	100.00	36.10	34.47	29.43	26.94	7.53
1975	100.00	26.11	47.74	26.15	36.81	10.93
1978	100.00	26.76	47.24	26.00	35.73	11.51
1979	100.00	28.36	45.88	25.76	33.77	12.10
1980	100.00	28.48	45.19	26.33	30.73	14.46
1985	100.00	30.57	44.75	24.69	36.00	9.45
1990	100.00	28.72	40.25	31.03	33.70	6.55
1991	100.00	26.72	43.01	30.27	34.31	8.70
1992	100.00	26.41	41.95	31.65	33.24	8.71
1993	100.00	21.59	36.29	42.12	28.15	8.14
1994	100.00	20.87	37.65	41.47	29.61	8.04
1995	100.00	21.23	36.02	42.75	28.01	8.01
1996	100.00	19.27	38.31	42.42	29.61	8.70
1997	100.00	17.60	38.91	43.48	31.24	7.67
1998	100.00	16.55	40.85	42.72	32.65	8.20
1999	100.00	16.30	42.07	41.64	34.51	7.56
2000	100.00	15.42	43.23	41.34	36.65	6.59
2001	100.00	14.06	43.41	42.53	36.79	6.62
2002	100.00	13.45	44.45	42.11	38.09	6.36
2003	100.00	12.37	47.24	40.39	39.91	7.33
2004	100.00	12.22	47.83	39.95	40.41	7.41
2005	100.00	11.72	44.98	43.30	37.83	7.15
2006	100.00	10.44	42.74	46.82	35.68	7.07
2007	100.00	10.06	41.76	48.18	34.47	7.29
2008	100.00	10.04	41.49	48.47	33.59	7.90
2009	100.00	9.29	42.56	48.15	34.24	8.32
2010	100.00	9.05	44.88	46.06	36.10	8.78
2011	100.00	8.70	45.80	45.50	36.27	9.53
2012	100.00	8.73	45.25	46.02	35.19	10.06
2013	100.00	8.30	45.50	46.20	35.31	10.37
2014	100.00	8.00	45.50	46.50	35.15	10.47
2015	100.00	7.74	43.60	48.66	33.38	10.33
2016	100.00	7.94	41.80	50.26	31.93	10.03
2017	100.00	6.51	41.12	52.37	31.43	9.85

2－6 主要年份第三产业增加值构成

单位:%

年　份	第三产业增加值	交通运输仓储邮政业	批发零售餐饮业	金融业	房地产业	其他服务业
1950	100.00					
1952	100.00	19.16	23.06			
1957	100.00	19.16	21.09			
1962	100.00	19.16	30.66			
1965	100.00	19.16	21.75			
1970	100.00	18.85	24.80			
1975	100.00	19.16	28.43			
1978	100.00	19.32	26.25	24.82	5.43	24.18
1979	100.00	19.31	26.24	25.78	5.43	23.24
1980	100.00	19.29	26.20	25.94	5.53	23.05
1985	100.00	20.42	27.50	26.15	5.53	20.40
1990	100.00	19.54	19.30	25.15	5.43	30.58
1991	100.00	21.29	18.95	25.81	5.53	28.41
1992	100.00	22.83	19.34	26.81	5.53	25.49
1993	100.00	22.18	25.79	19.45	7.09	25.49
1994	100.00	24.72	24.78	17.09	8.90	24.51
1995	100.00	24.45	24.75	18.81	7.82	24.17
1996	100.00	27.03	28.09	11.41	6.62	26.84
1997	100.00	24.57	27.73	15.96	6.24	25.50
1998	100.00	23.95	28.33	14.09	7.05	26.58
1999	100.00	24.64	28.36	12.36	7.35	27.29
2000	100.00	24.90	31.06	10.79	7.62	25.64
2001	100.00	24.37	30.21	10.31	8.00	27.11
2002	100.00	24.21	30.96	8.85	8.63	27.34
2003	100.00	23.86	30.22	9.61	9.53	26.77
2004	100.00	23.88	27.26	9.92	9.18	29.75
2005	100.00	15.58	22.16	7.35	12.67	42.25
2006	100.00	14.08	19.87	8.61	15.75	41.70
2007	100.00	12.12	21.50	10.63	12.71	43.03
2008	100.00	11.72	21.98	11.99	10.89	43.41
2009	100.00	11.05	21.88	12.41	10.37	44.29
2010	100.00	10.99	23.62	12.84	9.38	43.18
2011	100.00	10.45	27.21	14.48	9.77	38.09
2012	100.00	9.44	24.83	15.01	11.49	38.38
2013	100.00	9.14	24.04	15.42	11.66	39.74
2014	100.00	9.54	23.32	16.90	10.13	40.11
2015	100.00	8.91	21.58	16.64	9.57	43.31
2016	100.00	8.11	19.97	16.28	10.18	45.46
2017	100.00	8.77	18.81	16.08	10.21	46.13

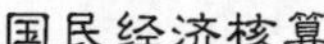

2－7 各个计划时期地区生产总值平均发展指数

单位:%

年 份	地区生产总 值	第一产业	第二产业	第三产业	工 业	建筑业	交通运输仓储邮政业	批发和零售业
“一五”时期	111.2	93.0	113.9	109.9	113.6	114.3	109.9	108.0
“二五”时期	97.8	100.2	105.0	108.5	109.6	98.5	108.5	117.0
调整时期	113.2	112.8	124.5	106.9	119.9	104.5	105.6	94.3
“三五”时期	101.1	98.6	106.4	97.8	107.3	103.2	97.5	100.4
“四五”时期	105.4	111.6	112.4	105.7	112.0	113.4	106.0	108.6
“五五”时期	112.4	108.1	113.4	111.5	110.6	121.2	111.7	109.7
“六五”时期	114.0	116.5	116.7	115.2	120.4	107.1	116.5	116.3
“七五”时期	111.2	109.4	106.5	113.7	107.4	102.7	112.5	105.7
“八五”时期	126.6	110.2	127.8	136.0	129.8	119.1	146.3	144.4
“九五”时期	113.2	105.8	116.8	110.9	118.7	104.0	109.3	113.0
“十五”时期	111.5	103.1	114.2	111.0	114.7	110.9	111.2	107.8
“十一五”时期	114.0	103.0	114.0	116.0	113.5	116.3	108.0	116.5
“十二五”时期	111.2	104.4	112.6	111.1	112.2	114.1	108.2	108.2
“十三五”前两年	108.6	103.9	106.7	110.9	107.2	105.8	107.4	106.6

2-8 地区生产总值项目构成

（2017年）

单位:万元

项目	增加值	劳动者报酬	生产税净额	固定资产折旧	营业盈余
地区生产总值	**70855222**	**34016699**	**9008108**	**11539231**	**16291184**
第一产业	4612234	1383259		3228975	
第二产业	29134103	15207698	4345282	3262448	6318675
第三产业	37108885	17425742	4662826	5047808	9972509
工　业	22271516	9638573	3645216	3190248	5797479
建筑业	6981960	5588959	712416	77289	603296
批发和零售业	6160009	3118134	1210002	357863	1474010
批发业	3060236	1042290	749823	208000	1060123
零售业	3099773	2075844	460179	149863	413887
交通运输、仓储和邮政业	3255590	1298650	205863	800686	950391
住宿和餐饮业	1076748	787652	100922	69240	118934
信息传输、软件和信息技术服务业	3519767	1271882	277339	893525	1077021
#软件和信息技术服务业	686572	400892	78399	25919	181362
金融业	5966217	2943648	1354273	174706	1493590
房地产业	3788179	487727	893665	1264227	1142560
#房地产开发经营业	2210035	230729	833264	33105	1112937
租赁和商务服务业	4988780	1199010	88547	604254	3096969
科学研究和技术服务业	840491	501187	140747	123928	74629
水利、环境和公共设施管理业	188538	31814	16077	57256	83391
居民服务、修理和其他服务业	1854792	1279628	204762	191267	179135
教　育	1404747	1309183	5593	29514	60457
卫生和社会工作	1035190	962733	8553	41779	22125
文化、体育和娱乐业	860437	425636	144133	201172	89496
公共管理、社会保障和社会组织	1898300	1744011		126588	27701

2－9　按行业分增加值

（2004－2017年）　　单位：万元

项　　目	2004年	2005年	2006年	2007年	2008年	2009年	2010年
地区生产总值	**13352090**	**14913998**	**16869271**	**20292767**	**23556710**	**26040448**	**31234091**
第一产业	1631635	1747751	1761368	2042409	2364867	2420004	2827270
第二产业	6385658	6707966	7210483	8474157	9773002	11081880	14019195
第三产业	5334798	6458281	7897420	9776201	11418841	12538565	14387627
工　业	5395622	5641988	6018520	6995548	7912404	8916393	11275850
建筑业	990036	1065978	1191963	1478609	1860598	2165487	2743345
批发和零售业	1235038	1431160	1569003	2101842	2509668	2743899	3397661
批发业	381372	494554	648626	1023839	1230175	1343448	1716644
零售业	853666	936606	920377	1078003	1279493	1400451	1681018
交通运输、仓储和邮政业	935982	1005975	1111982	1185324	1338803	1385113	1581008
住宿和餐饮业	260021	307919	351786	441396	504304	552394	609470
信息传输、软件和信息技术服务业	352396	467947	596254	777359	908148	1002702	1126506
#软件和信息技术服务业	10293	35510	61412	98155	121151	137832	149324
金融业	529418	474732	679661	1039662	1368952	1555680	1847059
房地产业	489638	817963	1243742	1242843	1243969	1300750	1349835
#房地产开发经营业	120346	352792	700978	627351	545342	570066	608212
租赁和商务服务业	188068	366335	568901	768956	989032	1123720	1232716
科学研究和技术服务业	112028	148503	198699	263864	320873	351027	404592
水利、环境和公共设施管理业	27890	31474	35542	41485	48387	56242	64910
居民服务、修理和其他服务业	165496	203604	239100	308705	350103	415960	457015
教　育	346450	426706	490298	582132	679374	759364	808723
卫生和社会工作	226567	224984	230390	255412	314887	355917	415668
文化、体育和娱乐业	78413	101999	133795	175604	206476	234016	268573
公共管理、社会保障和社会组织	387393	434507	431696	569528	635866	701781	823890

2-9 续表 (2004-2017年) 单位:万元

项目	2011年	2012年	2013年	2014年	2015年	2016年	2017年
地区生产总值	**37363796**	**42109279**	**46850151**	**51691647**	**56180844**	**61976395**	**70855222**
第一产业	3250916	3677283	3876188	4159141	4346949	4922506	4612234
第二产业	17111859	19054971	21348267	23521541	24495547	25904250	29134103
第三产业	17001021	19377025	21625696	24010965	27338347	31149640	37108885
工 业	13551859	14819871	16545111	18168681	18752552	19788331	22271516
建筑业	3560000	4235100	4856100	5411000	5804047	6214590	6981960
批发和零售业	3903375	4201211	4546274	4984427	5147335	5432767	6160009
批发业	2025078	2300358	2526925	2364760	2488180	2656613	3060236
零售业	1878296	1900853	2019349	2619666	2659155	2776154	3099773
交通运输、仓储和邮政业	1775830	1827400	1975901	2289913	2434700	2525898	3255590
住宿和餐饮业	722324	774652	821384	780159	945839	996321	1076748
信息传输、软件和信息技术服务业	1328366	1369861	1446119	1570222	2113591	2578793	3519767
#软件和信息技术服务业	225160	251973	477033	430052	474603	522603	686572
金融业	2461557	2909155	3335424	4056917	4548002	5070225	5966217
房地产业	1660739	2227017	2521028	2432344	2616584	3172464	3788179
#房地产开发经营业	815367	1068230	1312271	1137114	1336967	1715619	2210035
租赁和商务服务业	1395996	1799306	2126144	2430224	3290711	4194691	4988780
科学研究和技术服务业	467050	525596	581375	648658	768564	835658	840491
水利、环境和公共设施管理业	80926	94309	99338	117687	133453	143051	188538
居民服务、修理和其他服务业	500875	612490	684435	902790	1038652	1308976	1854792
教 育	898048	975174	1050174	1159392	1352328	1444837	1404747
卫生和社会工作	498675	565918	572722	604199	674752	940641	1035190
文化、体育和娱乐业	310150	380758	461186	554811	553606	631503	860437
公共管理、社会保障和社会组织	997111	1114176	1226929	1289502	1519609	1627188	1898300

2－10 最终消费与资本形成总额

（1990－2017年）

单位：万元

年份	最终消费	居民消费	政府消费	资本形成总额	固定资本形成	存货增加	最终消费率（%）	资本形成率（%）
1990	688523	567557	120966	425773	295644	130129	67.2	41.6
1991	795883	652248	143635	492864	351741	141123	67.0	41.5
1992	880728	689738	190990	807713	629750	177963	58.7	53.8
1993	1168937	869476	299461	1240588	938403	302185	50.0	49.0
1994	1980186	1311149	669037	1795516	1337069	458447	52.2	47.3
1995	2469978	1671463	798515	2612205	1884534	727671	48.7	51.5
1996	2889484	1978009	911475	2950769	2101782	848987	45.5	46.5
1997	3162408	2214062	948346	3368442	2476284	892158	41.7	44.4
1998	3396862	2432270	964592	3876013	2952646	923367	39.0	44.5
1999	3602103	2674525	927578	4103637	3047818	1055819	38.1	43.4
2000	3957685	3004282	953403	4074554	2945051	1129503	39.0	40.2
2001	4217669	3235398	982271	4475959	3315924	1160035	38.9	41.2
2002	4780769	3789739	991030	4818425	3646712	1171713	40.2	40.6
2003	5129027	4115336	1013691	6054794	4830563	1224231	37.6	44.4
2004	5097275	4020966	1076309	6633333	5538440	1094893	35.9	46.7
2005	5683047	4555726	1127321	7446466	6306424	1140042	36.0	47.2
2006	6627895	5355870	1272025	9029542	7392437	1637105	37.0	50.4
2007	7577670	6398402	1179268	10901049	9733323	1167726	35.4	50.1
2008	8914785	7341599	1573186	13387695	12008277	1379418	34.9	52.5
2009	9626285	7930435	1695850	15196592	14127663	1068929	33.8	53.3
2010	10761329	8689589	2071740	17057190	16063452	993738	34.3	54.4
2011	12823398	10305385	2518013	20631579	19470752	1160827	34.2	55.0
2012	14879931	11825846	3054085	23641446	22452483	1188963	35.2	56.0
2013	16171135	12702012	3469124	27437398	26584749	852649	34.6	58.6
2014	17354501	13501493	3853008	30867707	30086308	781399	33.6	59.7
2015	19476109	15306948	4169161	32894039	32588303	305736	34.7	58.5
2016	22116068	17322246	4793822	35737300	35425372	311928	35.7	57.7
2017	26045521	20818476	5227045	42559250	41631359	927891	36.8	60.1

2-11 最终消费与资本形成总额指数

(1990-2017年,以上年为100)

单位:%

年份	最终消费	居民消费	政府消费	资本形成总额	固定资本形成	存货增加
1990	115.1	116.1	110.0	88.8	79.3	119.3
1991	110.8	110.1	113.9	108.7	111.2	102.9
1992	104.6	100.4	123.8	149.9	160.1	124.6
1993	116.3	111.1	135.7	126.3	121.9	139.9
1994	124.2	125.3	122.2	121.0	115.9	136.2
1995	108.8	112.2	104.5	126.1	126.2	125.9
1996	111.6	114.3	106.4	112.3	111.3	114.7
1997	107.9	110.7	102.0	112.9	115.1	107.6
1998	107.9	110.5	101.9	116.4	120.4	105.8
1999	106.2	122.3	95.6	107.5	105.2	114.4
2000	109.3	111.1	104.2	103.5	101.5	108.8
2001	108.1	109.3	104.3	111.1	113.7	104.4
2002	114.7	118.6	101.6	108.3	110.5	102.1
2003	107.0	108.2	102.3	123.8	130.6	102.9
2004	110.6	111.8	105.6	112.7	116.0	100.1
2005	109.3	111.3	102.2	110.8	112.7	101.5
2006	115.5	116.5	111.6	119.4	115.1	143.3
2007	110.7	114.7	93.7	115.5	125.9	69.2
2008	115.0	112.5	127.6	117.8	118.6	111.3
2009	109.3	108.9	111.1	115.3	119.9	76.1
2010	113.5	114.3	110.1	117.7	118.7	100.8
2011	113.7	113.2	115.9	112.5	112.4	112.8
2012	112.8	112.3	114.9	114.1	114.7	103.4
2013	107.1	106.2	110.9	117.4	119.9	72.1
2014	108.2	107.7	109.9	112.2	112.8	93.9
2015	110.4	111.4	106.5	108.9	110.7	45.2
2016	111.0	110.6	112.5	107.2	107.2	109.3
2017	114.4	115.8	109.0	111.5	110.0	271.1

2-12 最终消费与资本形成总额指数

(1990-2017年,以1990年为100)

单位:%

年份	最终消费	居民消费	政府消费	资本形成总额	固定资本形成	存货增加
1990	100.0	100.0	100.0	100.0	100.0	100.0
1991	110.8	110.1	114.0	108.7	111.2	102.9
1992	115.9	110.5	141.1	162.8	178.0	128.4
1993	158.8	126.0	312.7	229.9	248.6	187.5
1994	192.3	151.8	382.0	278.1	288.1	255.3
1995	209.3	168.8	399.1	350.7	363.7	321.4
1996	233.6	192.9	424.7	393.8	404.8	368.8
1997	252.1	213.6	433.0	444.8	465.9	396.7
1998	272.2	235.7	443.0	517.7	560.9	419.6
1999	289.0	259.7	426.4	556.4	589.9	480.2
2000	574.8	529.3	788.2	957.0	996.1	868.0
2001	621.4	578.5	822.1	1063.2	1132.6	906.2
2002	712.7	686.1	835.3	1151.4	1251.5	925.2
2003	762.6	742.4	854.5	1425.4	1634.5	952.0
2004	843.4	830.0	902.4	1606.4	1896.0	953.0
2005	921.9	923.8	922.2	1779.9	2136.8	967.2
2006	1064.8	1076.2	1029.2	2125.2	2459.5	1386.0
2007	1178.7	1234.4	964.4	2454.6	3096.5	959.1
2008	1355.5	1388.7	1230.6	2891.5	3672.4	1067.5
2009	1481.6	1512.3	1367.2	3333.9	4403.3	812.4
2010	1681.6	1728.6	1505.3	3917.3	5226.7	818.9
2011	1912.0	1956.8	1744.6	4407.0	5874.8	923.7
2012	2156.7	2197.5	2004.5	5028.4	6703.1	955.1
2013	2310.7	2333.7	2223.0	5903.8	8040.1	688.3
2014	2499.6	2514.3	2442.2	6625.1	9071.9	646.1
2015	2759.6	2801.0	2600.9	7214.7	10042.6	292.0
2016	3063.6	3098.5	2925.2	7732.6	10761.5	319.2
2017	3503.5	3588.8	3188.2	8620.7	11836.5	865.5

2-13 居民消费水平

(1990-2017年)

年份	全体居民消费水平(元/人)	农业居民	非农业居民	城乡居民消费水平对比(农业居民=1)	全体居民消费水平指数(以1990年为100)	全体居民消费水平指数(以上年为100)
1990	997	817	1568	1.9	100.0	106.9
1991	1110	889	1818	2.0	106.0	106.0
1992	1260	1010	2044	2.0	111.0	104.7
1993	1576	1271	2519	2.0	122.0	109.9
1994	2345	1813	3934	2.2	151.1	123.9
1995	2960	2343	4779	2.0	166.4	110.1
1996	3458	2779	5403	1.9	187.7	112.8
1997	3831	2971	6213	2.1	205.7	109.6
1998	4175	3129	7011	2.2	225.7	109.7
1999	4570	3342	7813	2.3	249.2	110.4
2000	5088	3638	8812	2.4	274.3	110.1
2001	5432	3728	9633	2.6	297.1	108.3
2002	6331	4264	10173	2.4	350.6	118.0
2003	6266	3921	10825	2.8	378.2	107.5
2004	6111	5024	7055	1.4	420.2	111.1
2005	6882	5628	7927	1.4	464.7	110.6
2006	8090	5518	10235	1.9	514.0	110.6
2007	9564	5905	12503	2.1	583.4	113.5
2008	10804	6316	14232	2.3	646.4	110.8
2009	11577	6441	15259	2.4	698.1	108.0
2010	12427	6754	16130	2.4	781.2	111.9
2011	14384	8205	18067	2.2	917.9	117.5
2012	16345	9588	20137	2.1	1041.8	113.5
2013	17388	10797	20886	1.9	1108.3	106.4
2014	18282	12093	21414	1.8	1165.3	105.1
2015	20505	13649	23836	1.7	1307.4	112.2
2016	22989	15025	26719	1.8	1465.8	112.1
2017	27339	18134	31474	1.7	1743.1	118.9

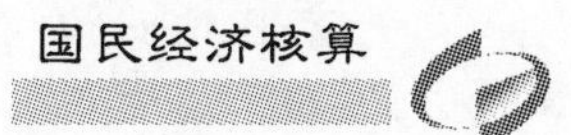

2-14 三次产业对经济增长贡献

(2000-2017年)

年份	地区生产总值	第一产业	第二产业	第三产业	工业	交通运输、仓储和邮政业	批发和零售业
2000	100.0	2.2	65.5	32.3	69.5	9.2	15.6
2001	100.0	0.4	55.8	43.8	48.9	8.4	15.1
2002	100.0	5.4	60.8	33.7	58.0	8.0	13.3
2003	100.0	0.9	66.5	32.6	54.7	8.6	7.7
2004	100.0	3.7	56.6	39.7	48.8	11.5	9.3
2005	100.0	3.0	45.9	51.1	45.2	10.2	9.7
2006	100.0	3.1	44.0	52.9	42.6	7.4	4.9
2007	100.0	2.9	38.9	58.2	31.8	0.3	17.3
2008	100.0	3.2	42.7	54.1	34.4	4.4	10.2
2009	100.0	3.1	48.6	48.3	37.7	2.9	12.6
2010	100.0	2.2	58.4	39.5	47.3	5.3	13.2
2011	100.0	2.8	54.8	42.4	42.2	4.4	8.7
2012	100.0	3.3	57.0	39.7	42.9	1.4	7.4
2013	100.0	3.0	54.4	42.6	43.2	3.1	7.8
2014	100.0	3.2	54.8	42.0	44.1	6.1	10.1
2015	100.0	2.8	37.9	59.3	27.6	2.7	4.0
2016	100.0	3.7	34.7	61.6	26.6	2.2	5.5
2017	100.0	2.8	33.4	63.8	29.4	5.5	8.4

2－15　按县(市)区分地区生产总值

(2017 年)　　单位:万元

项　　目	全　市	鼓楼区	台江区	仓山区	晋安区	马尾区	长乐区
地区生产总值	**70855222**	**14334234**	**4334693**	**5593476**	**6426223**	**4913805**	**7403100**
第一产业	4612234			12176	53229	40523	491522
第二产业	29134103	2298231	870598	2899199	2139384	2863475	4706738
第三产业	37108885	12036003	3464094	2682101	4233610	2009807	2204840
工　业	22271516	651956	252278	2667781	1372251	2622480	4395414
建筑业	6981960	1698809	623801	245415	772242	249029	312423
批发和零售业	6160009	1805730	764553	334661	850754	361914	280236
批发业	3060236	1117638	365309	71978	437426	280437	120161
零售业	3099773	688092	399244	262683	413327	81476	160075
交通运输、仓储和邮政业	3255590	302049	364414	115345	530617	220039	249219
住宿和餐饮业	1076748	286226	87556	119940	129228	27401	93041
信息传输、软件和信息技术服务业	3519767	893982	627826	135357	113887	264359	190166
#软件和信息技术服务业	686572	208277	87550	35248	3979	175702	56216
金融业	5966217	2654495	554347	283853	331080	468121	387208
房地产业	3788179	545923	166747	400775	427156	324656	343686
#房地产开发经营业	2210035	229733	78608	219914	313104	223874	233991
租赁和商务服务业	4988780	2755860	93422	172718	881885	126968	333111
科学研究和技术服务业	840491	754627	114537	51266	66016	27582	21807
水利、环境和公共设施管理业	188538	70356	35932	9922	15303	22436	8912
居民服务、修理和其他服务业	1854792	189040	88741	447222	521629	33231	42439
教　育	1404747	333462	68351	294319	112595	43836	79966
卫生和社会工作	1035190	287939	148923	52704	60638	4663	43922
文化、体育和娱乐业	860437	435730	54177	119801	60528	15700	39645
公共管理、社会保障和社会组织	1898300	668051	289087	124616	124850	60682	77579
人均地区生产总值(元/人)	**93047**	**195957**	**90212**	**68255**	**74680**	**191199**	**102112**

2－15　续表　(2017年)　单位:万元

项　目	福清市	闽侯县	连江县	罗源县	闽清县	永泰县	平潭县
地区生产总值	**9934080**	**5600745**	**4303636**	**2242157**	**1662319**	**1658613**	**2262838**
第一产业	882904	348642	1271913	401056	282590	444106	337231
第二产业	5082769	3250920	1864447	1346212	756832	660140	653418
第三产业	3968407	2001183	1167275	494888	622898	554368	1272189
工　业	4109370	2883254	1666687	1266025	601703	210354	66439
建筑业	973478	381897	203481	83651	155971	449786	586979
批发和零售业	753683	278832	187570	73066	110540	76309	132782
批发业	373633	82803	33944	18728	48885	10364	29746
零售业	380050	196029	153626	54337	61655	65945	103036
交通运输、仓储和邮政业	391255	196745	234183	75859	90502	80450	485373
住宿和餐饮业	100036	81847	87740	20082	17721	35788	31295
信息传输、软件和信息技术服务业	482916	128138	86333	52958	33669	23811	84785
#软件和信息技术服务业	726	2948	51			30	23145
金融业	450502	202453	151919	48819	58135	54753	156628
房地产业	593853	441557	235536	52423	50500	80263	155411
#房地产开发经营业	362224	389240	145078	35042	17035	56979	93446
租赁和商务服务业	74233	22450	6732	15407	77156	65324	6819
科学研究和技术服务业	24150	11740	1264	1090	4053	2701	8862
水利、环境和公共设施管理业	12805	17265	2741	2018	2290	5856	14316
居民服务、修理和其他服务业	548862	138500	23421	23883	42005	19914	15767
教　育	165072	316939	38453	25691	34716	21373	66005
卫生和社会工作	122912	21462	12845	11608	24210	20520	21137
文化、体育和娱乐业	85645	22617	15160	23773	31716	21816	11965
公共管理、社会保障和社会组织	118919	89531	52766	49625	42726	39085	59148
人均地区生产总值(元/人)	**76475**	**78884**	**73566**	**106769**	**69553**	**65558**	**50850**

2－16 按县(市)区分地区生产总值指数

(2017年,以上年为100)　　　　单位:%

项　　目	全　市	鼓楼区	台江区	仓山区	晋安区	马尾区	长乐区
地区生产总值	**108.7**	**108.8**	**103.0**	**109.9**	**110.2**	**109.1**	**111.0**
第一产业	103.8			74.8	105.0	94.1	107.4
第二产业	106.7	104.9	104.5	106.3	106.3	107.5	106.8
第三产业	111.1	109.7	102.6	114.4	112.4	112.1	121.1
工　业	107.7	105.9	105.9	106.6	107.5	107.9	106.9
建筑业	104.4	104.5	103.2	104.2	104.3	104.2	105.1
批发和零售业	108.2	108.6	102.3	108.1	106.6	116.7	110.2
批发业	109.9	109.4	103.2	112.4	106.8	120.5	111.6
零售业	106.6	107.3	101.4	106.9	106.3	105.4	109.2
交通运输、仓储和邮政业	110.5	105.6	106.2	110.2	108.1	113.6	109.7
住宿和餐饮业	105.0	101.2	104.0	104.6	104.2	102.3	105.3
信息传输、软件和信息技术服务业	125.8	128.5	110.1	127.1	102.3	113.0	178.8
#软件和信息技术服务业	120.9	121.3	80.8	145.0	107.9	104.1	427.7
金融业	107.3	106.1	106.2	106.8	106.4	109.8	108.0
房地产业	115.2	106.9	64.4	112.5	145.5	122.0	111.4
#房地产开发经营业	121.4	110.6	44.5	116.1	163.2	135.5	113.3
租赁和商务服务业	109.4	109.0	86.2	133.0	125.6	107.2	167.9
科学研究和技术服务业	94.6	99.0	114.9	116.1	102.9	100.9	109.2
水利、环境和公共设施管理业	137.0	110.7	91.3	101.6	104.4	157.5	118.1
居民服务、修理和其他服务业	131.0	150.7	124.0	120.7	99.6	116.5	115.9
教　育	94.3	104.5	98.1	105.6	103.7	92.0	101.3
卫生和社会工作	110.0	113.1	104.9	122.3	104.8	88.9	108.5
文化、体育和娱乐业	125.9	139.7	123.6	153.0	103.2	70.0	125.7
公共管理、社会保障和社会组织	109.8	107.3	100.4	108.6	103.5	94.8	102.1
人均地区生产总值	**107.6**	**107.7**	**101.6**	**108.5**	**108.8**	**107.4**	**109.9**

2-16 续表 (2017年,以上年为100) 单位:%

项目	福清市	闽侯县	连江县	罗源县	闽清县	永泰县	平潭县
地区生产总值	**109.9**	**109.6**	**106.8**	**108.8**	**107.0**	**109.6**	**107.2**
第一产业	101.7	104.7	105.8	104.5	105.4	103.0	101.5
第二产业	109.3	109.3	107.5	107.7	106.7	105.5	101.7
第三产业	112.7	111.2	106.6	115.7	108.6	120.2	111.7
工业	110.4	110.0	108.0	107.9	106.9	106.5	85.0
建筑业	104.6	104.5	104.2	105.7	105.7	105.2	104.2
批发和零售业	112.5	108.0	107.7	105.7	107.3	109.2	105.3
批发业	117.8	105.2	112.0	106.5	110.9	115.9	110.3
零售业	107.7	109.2	106.9	105.6	106.2	108.2	103.9
交通运输、仓储和邮政业	105.8	109.6	109.4	106.4	106.3	109.7	125.4
住宿和餐饮业	110.1	104.8	113.5	106.8	103.2	125.3	104.1
信息传输、软件和信息技术服务业	104.3	121.8	109.1	122.2	111.2	115.1	120.0
#软件和信息技术服务业	117.5	576.1	101.4			127.5	119.2
金融业	111.4	108.7	112.6	112.7	109.0	115.7	106.7
房地产业	132.2	118.6	96.5	190.2	107.8	135.6	100.7
#房地产开发经营业	173.2	120.5	90.6	400.7	109.4	155.0	96.4
租赁和商务服务业	128.1	132.4	109.1	111.1	156.0	192.4	102.9
科学研究和技术服务业	94.4	105.9	103.6	129.5	112.3	104.0	103.4
水利、环境和公共设施管理业	104.1	106.3	103.5	112.0	114.1	106.3	87.4
居民服务、修理和其他服务业	118.9	126.1	109.1	121.7	95.7	111.8	114.0
教育	110.8	101.3	103.5	107.2	104.8	103.0	95.3
卫生和社会工作	105.4	104.4	103.5	102.1	104.9	103.2	117.4
文化、体育和娱乐业	115.2	170.7	109.1	115.0	110.6	128.6	94.9
公共管理、社会保障和社会组织	89.5	103.6	103.5	114.6	101.8	103.3	97.9
人均地区生产总值	**109.1**	**108.6**	**106.1**	**108.0**	**106.6**	**109.1**	**104.8**

主要统计指标解释

地区生产总值(GDP) 指按市场价格计算的一个国家(或地区)所有常住单位在一定时期内生产活动的最终成果。国内生产总值有三种表现形态,即价值形态、收入和产品形态。从价值形态看,它是所有常住单位在一定时期内所生产的全部货物和服务价值超过同期投入的全部非固定资产货物和服务价值的差额,即所有常住单位的增加值之和;从收入形态看,它是所有常住单位在一定时期内所创造并分配给常住单位和非常住单位的初次收入之和;从产品形态看,它是所有常住单位在一定时期内最终使用的货物和服务价值减去进口货物和服务价值。

在核算中,国内生产总值的三种表现形态表现为三种计算方法,即生产法、收入法和支出法。三种方法分别从不同的方面反映了国内生产总值及其构成。

按生产法计算,它等于各部门增加值之和;按收入法计算,它等于固定资产折旧、劳动者报酬、生产税净额和营业盈余之和;按支出法计算,它等于总消费、总投资和净出口之和。

在国内生产总值定义中,常住单位的概念对于确定计算国内生产总值的口径,明确各种的交易的范围具有十分重要的意义。所谓常住单位是指在一国经济领土上具有经济利益中心的经济单位。一国经济领土是由该国政府控制或拥有的地理领土组成的。若一个经济单位在一国的经济领土之内拥有一定的活动场所(住宅、厂房或其他建筑物等),从事一定规模的经济活动,并超过一定的时期(一般在一年以上),则称该经济单位在该国具有经济利益中心。国内生产总值反映了所有常住单位生产活动的最终成果。在这里,最终成果有双重含义:一是从使用价值形态上看,它包括了一切用于现期消费、投资和净出口的货物和服务,而不包括用于生产过程中的货物和服务;二是从价值形态上看,生产过程也是价值的转移过程,生产中耗用的产品(中间产品)价值随同生产过程转移到新产品价值之中,因此,必须在总产出基础上扣除一切中间产品的转移价值,以避免产品价值的重复计算。

支出法国内生产总值 指一个国家(或地区)所有常住单位在一定时期内用于最终消费、资本形成总额,以及货物和服务的净出口总额,它反映本期生产的国内生产总值的使用及构成。

最终消费 指常住单位在一定时期内对于货物和服务的全部最终消费支出,也就是常住单位为满足物质、文化和精神生活的需要,从本国经济领土和国外购买的货物和服务的支出,不包括非常住单位在本国经济领土内的消费支出。最终消费分为居民消费和政府消费。

资本形成总额 指常住单位在一定时期内获得的减去处置的固定资产加存货的变动,包括固定资本形成总额和存货增加。

劳动者报酬 指劳动者因从事生产活动所获得的全部报酬。包括劳动者获得的各种形式的工资、奖金和津贴,既包括货币形式的,也包括实物形式的,还包括劳动者所享受的公费医疗和医药卫生费、上下班交通补贴和单位支付的社会保险费、住房公积金等。对于个体经济来说,其所有者所获得的劳动报酬和经营利润不易区分,这两部分统一作为劳动者报酬处理。

生产税净额 指生产税减生产补贴后的余额。生产税指政府对生产单位生产、销售和从事经营活动以及因从事生产活动使用某些生产要素(如固定资产、土地、劳动力)所征收的各种税、附加费和规费。生产补贴与生产税相反,指政府对生产单位的单方面转移支出,因此视为负生产税,包括政策亏损补贴、价格补贴等。

固定资产折旧 指一定时期内为弥补固定资产损耗按照核定的固定资产折旧率提取的固定资产折旧,或按国民经济核算统一规定的折旧率虚拟计算的固定资产折旧。它反映了固定资产在当期生产中的转移价值。各类企业和企业化管理的事业单位的固定资产折旧是指实际计提并计入成本费中的折旧费;不计提折旧的政府机关、非企业化管理的事业单位和居民住房的固定资产折旧是按照统一规定的折旧率和固定资产原值计算的虚拟折旧。原则上,固定资产折旧应按固定资产的重置价值计算,但是目前我国尚不具备对全社会固定资产进行重估价的基础,所以暂时只能采用上述办法。

营业盈余 指常住单位创造的增加值扣除劳动者报酬、生产税净额和固定资产折旧后的余额。它相当于企业的营业利润加上生产补贴,但要扣除从利润中开支的工资和福利等。

3 人　口

3－1 主要年份户籍总人口

单位:人

年 份	总人口	按性别分		按农业非农业分		平均人口
		男性人口	女性人口	农业人口	非农业人口	
1952	2366838	1258301	1108538	1803319	563519	2351407
1957	2705794	1433059	1272737	1948659	757135	2665649
1962	3055681	1610988	1444693	2242362	811319	3004409
1965	3282024	1721422	1560602	2467566	814458	3186309
1970	3578846	1867451	1175395	2821277	757569	3541600
1975	4087603	2124558	1963045	3299201	788402	4038537
1978	4372830	2272780	2100050	3526942	845888	4326648
1979	4442268	2308402	2133886	3562568	879700	4407549
1980	4498461	2337786	2160675	3581365	917096	4470365
1985	4888568	2551715	2336853	3762220	1126348	4857514
1990	5352982	2799870	2563262	4117108	1235874	5272621
1995	5622715	2925882	2696833	4219259	1403456	5588723
2000	5892348	3057142	2835224	4240391	1651957	5861800
2001	5941392	3081672	2859720	4208914	1732478	5916870
2002	5975381	3097079	2878302	3702381	2273000	5958387
2003	6048599	3139966	2908633	3994310	2054289	6011990
2004	6093869	3160288	2933581	3952000	2141869	6071234
2005	6148355	3184862	2963493	3929085	2219270	6121112
2006	6227327	3225015	3002312	3849366	2377961	6187841
2007	6303043	3260786	3042257	3853353	2449690	6265185
2008	6359516	3284668	3074848	3730378	2629138	6331280
2009	6383266	3087408	3295858			6371391
2010	6458966	3330500	3128466			6421116
2011	6494105	3344623	3149482			6476536
2012	6552740	3371172	3181568			6523423
2013	6654949	3419418	3235531			6603845
2014	6749436	3462989	3286447			6702193
2015	6783656	3477602	3306054			6766546
2016	6870648	3516408	3354240			6827152
2017	6933529	3540554	3392975			6902089

注:2009 年户籍人口统计没有统计农业人口、非农业人口,下同。

3-2 主要年份户籍人口构成比重

单位:%

年份	按性别分		按农业非农业分	
	男性人口	女性人口	农业人口	非农业人口
1952	53.16	46.84	76.19	23.81
1957	52.96	47.04	72.02	27.98
1962	52.72	47.28	73.45	26.55
1965	52.45	47.55	75.18	24.82
1970	52.18	47.82	78.32	21.68
1975	51.98	48.02	80.71	19.29
1978	51.98	48.02	80.66	19.34
1979	51.96	48.04	80.20	19.80
1980	51.97	48.03	79.61	20.39
1985	52.20	47.80	76.96	23.04
1990	52.12	47.88	76.91	23.09
1995	52.03	47.97	75.04	24.96
2000	51.52	48.48	71.28	26.92
2001	51.87	48.13	70.84	29.16
2002	51.83	48.17	61.96	38.04
2003	51.92	48.08	66.04	33.96
2004	51.86	48.14	64.85	35.15
2005	51.80	48.20	63.90	36.10
2006	51.79	48.21	61.81	38.19
2007	51.73	48.27	61.13	38.87
2008	51.65	48.35	58.66	41.34
2009	51.63	48.37		
2010	51.56	48.44	66.17	32.14
2011	51.50	48.50		
2012	51.45	48.55		
2013	51.38	48.62		
2014	51.31	48.69		
2015	51.26	48.74		
2016	51.18	48.82		
2017	51.06	48.94		

3-3　户籍人口变动情况

（2017 年）

项　　目	单　位	福州市	市　区	鼓楼区	台江区	仓山区	晋安区	马尾区	长乐区
年末总户数	户	2130823	906583	181489	118273	188769	141592	54703	221757
年末总人口	人	6933529	2792316	579185	320790	575567	404581	175593	736600
男性人口	人	3540554	1400094	286264	158647	282463	199088	87412	386220
女性人口	人	3392975	1392222	292921	162143	293104	205493	88181	350380
出生人数	人	123655	49919	9107	4237	12162	6741	2106	15566
死亡人数	人	83239	39045	6965	6955	8294	6464	3219	7148
人口自然增长数	人	40416	10874	2142	-2718	3868	277	-1113	8418
迁入人数	人	169426	115170	26679	13551	31985	21539	4184	17232
迁出人数	人	145577	89505	27983	16317	16084	12689	1928	14504
出生率	‰	17.83	17.88	15.72	13.21	21.13	16.66	11.99	21.13
死亡率	‰	12.01	13.98	12.03	21.68	14.41	15.98	18.33	9.70
人口自然增长率	‰	5.83	3.89	3.70	-8.47	6.72	0.68	-6.34	11.43
年平均人口	人	6902089	2774240	578804	323552	565724	400055	175037	731069

项　　目	单　位	福清市	闽侯县	连江县	罗源县	闽清县	永泰县	平潭县
年末总户数	户	400051	206597	196585	79024	96147	120836	125000
年末总人口	人	1366853	682155	672936	268340	324478	383216	443235
男性人口	人	704579	349046	348696	139949	170651	203324	224215
女性人口	人	662274	333109	324240	128391	153827	179892	219020
出生人数	人	26177	10310	10149	5087	5733	7452	8828
死亡人数	人	15968	6270	7085	2672	3228	5860	3111
人口自然增长数	人	10209	4040	3064	2415	2505	1592	5717
迁入人数	人	15319	12588	9989	4267	3050	4131	4912
迁出人数	人	16863	7807	11010	4842	4676	5903	4971
出生率	‰	19.15	15.11	15.08	18.96	17.67	19.45	19.92
死亡率	‰	11.68	9.19	10.53	9.96	9.95	15.29	7.02
人口自然增长率	‰	7.47	5.92	4.55	9.00	7.72	4.15	12.90
年平均人口	人	1362764	677788	671939	267443	324054	383339	440524

3－4 常住人口和城镇化率

县(市)、区	常住人口(万人)											
	2006 年	2007 年	2008 年	2009 年	2010 年	2011 年	2012 年	2013 年	2014 年	2015 年	2016 年	2017 年
福州市	**671.0**	**676.0**	**683.0**	**687.0**	**711.5**	**720.0**	**727.0**	**734.0**	**743.0**	**750.0**	**757.0**	**766.0**
鼓楼区	74.0	75.0	75.0	75.0	68.8	69.0	69.5	70.5	71.5	72.0	72.8	73.5
台江区	44.0	45.0	45.0	45.0	44.7	45.1	45.3	46.0	46.5	47.0	47.8	48.3
仓山区	59.0	60.0	60.0	60.0	76.3	77.1	78.0	79.0	79.7	80.3	81.4	82.5
晋安区	65.0	67.0	67.0	67.0	79.2	81.0	81.5	82.7	83.6	84.3	85.5	86.6
马尾区	25.0	26.0	24.0	24.0	23.2	24.1	24.2	24.6	24.8	25.1	25.5	25.9
长乐区	67.0	67.0	68.0	69.0	68.3	68.7	69.7	70.2	70.9	71.5	72.1	72.9
福清市	119.0	119.0	120.0	121.0	123.5	124.2	125.3	126.3	127.5	128.6	129.3	130.5
闽侯县	55.0	56.0	63.0	64.0	66.2	67.9	68.8	69.3	69.5	70.2	70.5	71.5
连江县	55.0	55.0	55.0	55.0	56.1	56.2	56.6	57.0	57.6	58.1	58.2	58.8
罗源县	20.0	20.0	20.0	20.0	20.8	20.5	20.7	20.5	20.8	20.9	20.9	21.1
闽清县	25.0	24.0	24.0	24.0	23.8	23.5	23.5	23.3	23.6	23.8	23.8	24.0
永泰县	28.0	27.0	27.0	27.0	24.9	24.7	24.9	24.7	25.0	25.2	25.2	25.4
平潭县	35.0	35.0	35.0	36.0	35.8	38.0	39.0	40.0	42.0	43.0	44.0	45.0

注:本表为人口变动抽样调查数据。

3－4 续表

县(市)、区	城镇化率(%)											
	2006 年	2007 年	2008 年	2009 年	2010 年	2011 年	2012 年	2013 年	2014 年	2015 年	2016 年	2017 年
福州市	**55.5**	**55.9**	**57.5**	**58.5**	**62.0**	**63.3**	**64.8**	**65.9**	**66.9**	**67.7**	**68.5**	**69.5**
鼓楼区	100.0	100.0	100.0	100.0	100.0	100.0	100.0	100.0	100.0	100.0	100.0	100.0
台江区	100.0	100.0	100.0	100.0	100.0	100.0	100.0	100.0	100.0	100.0	100.0	100.0
仓山区	100.0	100.0	100.0	100.0	100.0	100.0	100.0	100.0	100.0	100.0	100.0	100.0
晋安区	93.7	94.0	96.2	96.7	97.4	98.1	98.5	98.9	99.0	99.2	99.3	99.5
马尾区	62.6	62.8	63.3	68.5	66.9	67.6	68.5	70.5	70.6	72.1	73.0	74.8
长乐区	33.3	33.8	36.2	38.9	40.7	41.9	43.5	45.4	46.5	47.6	50.0	51.6
福清市	31.2	31.9	33.3	38.8	38.1	41.2	43.0	45.0	47.3	48.5	49.3	50.7
闽侯县	26.9	27.7	36.3	39.4	44.5	45.7	49.5	51.0	52.0	53.4	54.3	56.0
连江县	33.3	33.6	34.1	34.7	35.2	36.6	39.8	40.9	43.0	44.0	44.9	46.1
罗源县	30.7	31.0	32.0	33.3	36.8	36.9	38.0	39.8	42.5	43.4	44.3	45.5
闽清县	26.7	27.0	27.8	29.2	30.6	30.9	35.0	36.5	37.5	38.3	39.2	40.4
永泰县	25.4	26.2	27.0	29.0	31.9	32.1	36.0	37.2	38.5	39.2	40.1	41.3
平潭县	18.4	19.0	19.5	33.9	31.8	37.8	39.2	40.7	42.6	44.3	46.4	48.4

主要统计指标解释

人口数 指一定时点、一定地区范围内的有生命的个人的总和。

人口密度 指一定时点一定地区的人口数与该地区的面积数之比,即一定时点的单位面积上人口数,通常以每平方公里的居住人数来表示:

出生率(又称粗出生率) 指在一定时期内(通常为一年)出生的人数与同期平均人数的比率,一般用千分率表示。

出生人数 指活产婴儿,即胎儿脱离母体时(不管怀孕月数),有过呼吸或其他生命现象。

死亡率(又称粗死亡率) 指在一定时期内(通常为一年)一定地区的死亡人数与同期平均人数(或期中人数)之比,一般用千分率表示。

人口自然增长率 指在一定时期内(通常为一年)一定地区人口自然增加数(出生人数减死亡人数)与该时期内平均人数(或期中人数)之比,一般用千分率表示。

人口自然增长率 =(本年出生人数 - 本年死亡人数) ÷ 年平均人数 × 1000‰

城镇化率 是城市化的度量指标,一般采用人口统计学指标,即城镇人口占总人口的比重(城镇人口是按国家统计局发布的《关于统计上划分城乡的规定》计算的)。

4 就业与职工工资

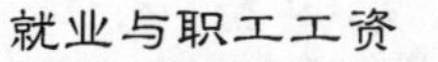

4－1 全社会从业人员

（1990－2017年）

单位：万人

年 份	全社会从业人员	城镇单位从业人员	城镇私营、个体从业人员	乡村从业人员
1990	245.83	75.79	6.19	163.85
1991	263.93	78.81	6.21	178.91
1992	274.65	85.63	6.21	182.81
1993	278.47	88.14	6.20	184.13
1994	274.03	83.71	3.12	187.20
1995	280.45	82.40	9.67	188.38
1996	298.09	89.61	16.51	191.97
1997	298.77	87.78	16.52	194.47
1998	297.02	78.62	19.81	198.59
1999	292.39	69.84	21.95	200.60
2000	293.62	68.42	21.30	203.90
2001	290.53	68.80	18.59	203.14
2002	294.42	68.48	19.50	206.44
2003	312.53	75.23	30.30	207.00
2004	321.07	81.47	31.99	207.61
2005	330.00	84.10	37.19	208.71
2006	340.01	87.19	43.82	209.00
2007	358.03	92.30	54.14	211.59
2008	364.00	95.84	55.56	212.60
2009	365.73	98.70	50.26	216.77
2010	389.24	105.48	65.35	218.41
2011	425.59	128.07	73.79	223.73
2012	451.68	143.70	85.77	222.21
2013	462.66	142.75	94.30	225.61
2014	483.54	149.17	105.39	228.98
2015	511.77	156.28	122.83	232.66
2016	536.24	156.83	146.58	232.83
2017	561.83	158.80	169.01	234.02

4-2 城镇非私营单位在岗职工人数

(1985-2017年)

单位:人

年份	合计	按登记注册类型分			按企事业机关分		
		国有单位	集体单位	其他单位	企业	事业	机关
1985	684425	446688	237737				
1986	707525	468939	238587				
1987	724022	477728	236631	9663			
1988	745247	489035	238355	17857			
1989	745959	491592	228396	25971			
1990	757935	501974	221579	34382			
1991	788054	514221	227289	46544			
1992	856301	538362	236484	81455			
1993	881393	551194	221278	108921			
1994	837106	521977	198730	116399			
1995	823952	506921	171258	145773			
1996	896108	528867	167802	199439			
1997	877839	525497	143456	208886	655715	159997	62143
1998	786225	433737	104787	247701	571883	158545	55797
1999	698417	382954	83237	232226	487489	154147	56781
2000	684213	371367	76337	236509	477196	148084	58933
2001	687997	347883	63524	276590	476959	153051	57987
2002	684803	325647	58285	300871	484459	141407	58937
2003	726563	334258	48633	343672	520031	151814	54718
2004	787736	332046	48722	406968	576400	155160	56176
2005	809450	326612	43996	438842	597257	154740	57453
2006	840593	324817	42642	473134	654044	160466	57380
2007	861002	317628	37491	505883	707486	154146	61417
2008	925431	321349	33470	570612	706576	156590	62265
2009	946215	336222	31559	578434	801757	82695	61733
2010	1001114	340064	32872	628178	789722	149800	60979
2011	1210072	346668	36735	826669	979275	171872	67530
2012	1315144	366835	32224	916085	1064428	174310	67771
2013	1288694	324959	35167	928568	1039435	174763	68765
2014	1322835	336509	37525	948801	1062854	178465	73503
2015	1412746	332614	27301	1052831	1147634	179033	78353
2016	1411547	343081	22766	1045700	1135252	191205	77820
2017	1406342	343076	20839	1042427	1122633	193972	81100

注:1.1998年起职工的统计口径为“在岗职工人数”。2.1998年起“职工人数”统计口径为在岗职工人数。2009年起按企事业机关分增加民间非盈利组织和其他两项,企业、事业和机关相加不等合计。

4-3 按三次产业分城镇非私营单位在岗职工人数及构成

(1987-2017年)

年份	城镇单位职工人数(人)				构成(%)		
	合计	第一产业	第二产业	第三产业	第一产业	第二产业	第三产业
1987	724022	27743	373783	322496	3.83	51.63	44.54
1988	745247	26543	392814	325890	3.56	52.71	43.73
1989	745959	26338	383332	336289	3.53	51.39	45.08
1990	757935	25468	386649	345818	3.36	51.01	45.63
1991	788054	24184	406173	357697	3.07	51.54	45.39
1992	856301	23599	464511	368191	2.76	54.25	43.00
1993	881393	17324	499271	364798	1.97	56.65	41.39
1994	837106	19787	436504	380815	2.36	52.14	45.49
1995	823952	13892	339605	470455	1.69	41.22	57.10
1996	896108	16638	376872	502598	1.86	42.06	56.09
1997	877839	15459	363279	499101	1.76	41.38	56.86
1998	786225	13035	307732	465458	1.66	39.14	59.20
1999	698417	11342	330712	356363	1.62	47.35	51.02
2000	684213	10810	323294	350109	1.58	47.25	51.17
2001	687997	10717	335143	342137	1.56	48.71	49.73
2002	684803	9927	342925	331951	1.45	50.08	48.47
2003	726563	8971	392665	324927	1.24	54.04	44.72
2004	787736	8102	437559	342074	1.01	55.55	43.42
2005	809450	7883	461346	340221	0.97	57.00	42.03
2006	840593	7288	485247	348058	0.88	57.72	41.40
2007	861002	6305	492212	362485	0.73	57.17	42.10
2008	925431	6037	497407	421987	0.65	53.75	45.60
2009	946215	8171	480167	457877	0.86	50.75	48.39
2010	1001114	6981	526766	467367	0.70	52.62	46.68
2011	1210072	5991	747885	456196	0.50	61.81	37.69
2012	1315144	1650	823096	490398	0.13	62.59	37.28
2013	1288694	1473	724476	562745	0.11	56.22	43.67
2014	1322835	2047	749439	571349	0.15	56.65	43.19
2015	1412746	1888	809000	601858	0.13	57.26	42.60
2016	1411547	2081	793172	616294	0.15	56.19	43.66
2017	1406342	2593	764977	638772	0.18	54.39	45.43

注:在岗职工人数含劳务派遣人员。

4－4 城镇非私营单位从业人员

单位:人

项目	2016年				2017年			
	年末从业人员数	国有单位	城镇集体单位	其他单位	年末从业人员数	国有单位	城镇集体单位	其他单位
合计	**1568274**	**363105**	**35956**	**1169213**	**1587716**	**367423**	**36020**	**1184273**
#女性	547419	164157	10876	372386	564186	172225	11350	380611
按行业分								
农、林、牧、渔业	2462	1722	74	666	2949	1933	71	945
采矿业	1178	25		1153	958	29	0	929
制造业	379460	4178	5180	370102	353641	3561	4742	345338
电力、热力、燃气及水生产和供应业	17051	4863	404	11784	17325	2700	471	14154
建筑业	516643	16762	14751	485130	530931	14623	16275	500033
交通运输、仓储和邮政业	45319	12641	633	32045	47532	10215	636	36681
信息传输、软件和信息技术服务业	26775	2441	40	24294	40706	613	0	40093
批发和零售业	75337	5731	1774	67832	76528	5095	1505	69928
住宿和餐饮业	24878	1810	224	22844	25574	1332	138	24104
金融业	33490	8609	927	23954	36592	15514	653	20425
房地产业	44218	5102	1494	37622	43418	2481	2101	38836
租赁和商务服务业	56713	10318	3868	42527	62949	9691	2782	50476
科学研究、技术服务业	42783	18840	192	23751	32142	19545	191	12406
水利、环境和公共设施管理业	15910	13359	411	2140	14766	11523	424	2819
居民服务、修理和其他服务业	4931	976	108	3847	8175	759	43	7373
教育	117530	103182	1377	12971	119770	105596	1593	12581
卫生和社会工作	56330	49602	4450	2278	58380	51188	4328	2864
文化、体育和娱乐业	14449	10282	39	4128	14119	10189	3	3927
公共管理、社会保障和社会组织	92817	92662	10	145	101261	100836	64	361
按三次产业分								
第一产业	2462	1722	74	666	2949	1933	71	945
第二产业	914332	25828	20335	868169	902855	20913	21488	860454
第三产业	651480	335555	15547	300378	681912	344577	14461	322874

4－5 城镇非私营单位在岗职工人数

单位:人

项目	2016年				2017年			
	年末在岗职工人数	国有单位	城镇集体单位	其他单位	年末在岗职工人数	国有单位	城镇集体单位	其他单位
合　计	**1411547**	**343081**	**22766**	**1045700**	**1406342**	**343076**	**20839**	**1042427**
按行业分								
农、林、牧、渔业	2081	1354	74	653	2593	1589	71	933
采矿业	731	25		706	624	29		595
制造业	373288	3997	5071	364220	348845	3409	4643	340793
电力、热力、燃气及水生产和供应业	16896	4818	395	11683	17129	2638	452	14039
建筑业	402257	16168	3507	382582	398379	13873	3267	381239
交通运输、仓储和邮政业	43385	12073	602	30710	43413	9631	510	33272
信息传输、软件和信息技术服务业	25884	2435	40	23409	40000	608		39392
批发和零售业	70678	5444	1615	63619	71479	4863	1370	65246
住宿和餐饮业	24287	1738	223	22326	25058	1287	136	23635
金融业	31659	8385	921	22353	33489	15390	625	17474
房地产业	41608	4869	614	36125	41271	2207	1001	38063
租赁和商务服务业	55090	10158	3843	41089	61181	8858	2767	49556
科学研究、技术服务业	41224	18061	174	22989	30740	18789	164	11787
水利、环境和公共设施管理业	15107	12662	386	2059	13801	10786	396	2619
居民服务、修理和其他服务业	4084	844	105	3135	5999	624	40	5335
教　育	108079	94930	1352	11797	109349	96159	1569	11621
卫生和社会工作	53621	47639	3796	2186	55743	49207	3763	2773
文化、体育和娱乐业	13732	9759	39	3934	13108	9384	1	3723
公共管理、社会保障和社会组织	87856	87722	9	125	94141	93745	64	332
按三次产业分								
第一产业	2081	1354	74	653	2593	1589	71	933
第二产业	793172	25008	8973	759191	264977	19949	8362	736666
第三产业	616294	316719	13719	285856	638772	321538	12406	304828

注:在岗职工人数含劳务派遣人员。

4-6 城镇非私营单位在岗职工

单位:人

项　　目	2005年	2006年	2007年	2008年	2009年	2010年
合　计	**809450**	**840593**	**861002**	**925431**	**946215**	**1001114**
按行业分						
农、林、牧、渔业	7883	7288	6305	6037	8171	6981
采矿业	1316	1264	1267	1137	2130	1422
制造业	368257	390331	394461	384282	371746	394295
电力、热力、燃气及水生产和供应业	13238	14088	14520	15431	15529	16067
建筑业	78535	79564	81964	96557	90762	114982
交通运输、仓储和邮政业	29639	30256	32392	32560	35754	35454
信息传输、软件和信息技术服务业	8656	10708	11106	11145	10372	11621
批发和零售业	28571	28984	32987	36709	39970	38090
住宿和餐饮业	14584	13082	16669	16203	17814	20279
金融业	20974	21190	21826	23158	26796	27923
房地产业	13371	14945	16911	16931	25260	25733
租赁和商务服务业	10971	12625	14319	47017	53141	60645
科学研究、技术服务业	15972	17202	17372	19329	23104	29515
水利、环境和公共设施管理业	9208	9175	9527	10087	11840	12713
居民服务、修理和其他服务业	3088	2994	3043	4084	3571	2562
教　育	84585	85354	84351	93273	93242	91240
卫生和社会工作	29659	31215	30586	36110	39512	36531
文化、体育和娱乐业	12508	12959	13123	15514	15136	13829
公共管理、社会保障和社会组织	58435	57369	58273	59867	62365	61232
按三次产业分						
第一产业	7883	7288	6305	6037	8171	6981
第二产业	461346	485247	492212	497407	480167	526766
第三产业	340221	348058	362485	421987	457877	467367

注:在岗职工人数含劳务派遣人员。

4-6 续表 单位:人

项 目	2011 年	2012 年	2013 年	2014 年	2015 年	2016 年	2017 年
合 计	**1210072**	**1315144**	**1288694**	**1322835**	**1412746**	**1411547**	**1406342**
按行业分							
农、林、牧、渔业	5991	1650	1473	2047	1888	2081	2593
采矿业	10501	1793	642	717	734	731	624
制造业	436202	457156	429872	391295	387957	373288	348845
电力、热力、燃气及水生产和供应业	16461	16525	15297	17766	15872	16896	17129
建筑业	284721	347622	278665	339661	404437	402257	398379
交通运输、仓储和邮政业	36072	33188	46046	46640	48733	43385	43413
信息传输、软件和信息技术服务业	16354	14541	17035	17531	27560	25884	40000
批发和零售业	62634	70919	72943	67620	72471	70678	71479
住宿和餐饮业	21250	22367	24375	23630	23330	24287	25058
金融业	28398	31420	31533	32591	32108	31659	33489
房地产业	25881	28063	34735	37327	40902	41608	41271
租赁和商务服务业	17205	16599	47043	39128	41965	55090	61181
科学研究、技术服务业	30058	34959	37302	39941	41309	41224	30740
水利、环境和公共设施管理业	13682	13197	13611	16533	14431	15107	13801
居民服务、修理和其他服务业	1975	1673	2513	3297	3148	4084	5999
教 育	95517	95874	101313	107143	103353	108079	109349
卫生和社会工作	42100	44537	48140	50721	50991	53621	55743
文化、体育和娱乐业	14665	11751	13363	13306	15309	13732	13108
公共管理、社会保障和社会组织	50405	71310	72793	75941	86248	87856	94141
按三次产业分							
第一产业	5991	1650	1473	2047	1888	2081	2593
第二产业	747885	823096	724476	749439	809000	793172	764977
第三产业	456196	490398	562745	571349	601858	616294	638772

4－7 城镇非私营单位女性从业人员

单位:人

项　　目	2005年	2006年	2007年	2008年	2009年	2010年
合　计	**376403**	**391597**	**394009**	**410738**	**414546**	**436494**
按行业分						
农、林、牧、渔业	3334	2773	2400	2358	3364	2778
采矿业	382	293	295	381	624	414
制造业	214079	224238	219972	205307	194857	204479
电力、热力、燃气及水生产和供应业	4165	4374	4545	4568	4539	4721
建筑业	11917	12262	12052	13876	12832	14344
交通运输、仓储和邮政业	9237	9340	9769	9786	10282	11106
信息传输、软件和信息技术服务业	2810	3993	4244	4219	3541	4114
批发和零售业	11880	12213	14517	16229	17732	17070
住宿和餐饮业	8402	7555	9341	8994	10786	11997
金融业	10392	12010	12526	12981	15253	16367
房地产业	4800	5366	6634	6257	8249	8776
租赁和商务服务业	3640	4074	4338	23458	21851	25713
科学研究、技术服务业	4784	5076	5371	6094	7899	11623
水利、环境和公共设施管理业	3777	3804	4204	4641	5217	5457
居民服务、修理和其他服务业	935	891	978	1156	1188	1171
教　育	44234	44543	43541	47597	49610	50603
卫生和社会工作	18340	19180	19112	21759	23487	23956
文化、体育和娱乐业	5019	5233	5283	5607	6224	5724
公共管理、社会保障和社会组织	14276	14379	14887	15470	17011	16081
按三次产业分						
第一产业	3334	2773	2400	2358	3364	2778
第二产业	230543	241167	236864	224132	212852	223958
第三产业	142526	147657	154745	184248	198330	209758

4－7　续表　　　　　　　　　　　　　　　　　　　　单位:人

项　　目	2011 年	2012 年	2013 年	2014 年	2015 年	2016 年	2017 年
合　计	**468171**	**504748**	**491802**	**526998**	**551751**	**547419**	**564186**
按行业分							
农、林、牧、渔业	1370	486	409	698	705	773	966
采矿业	6193	756	404	441	444	449	324
制造业	211947	216967	182403	195110	191724	181877	171260
电力、热力、燃气及水生产和供应业	4994	5268	4683	5545	5145	5736	5823
建筑业	34839	56102	47475	60311	68171	64695	69179
交通运输、仓储和邮政业	9702	9915	13695	13696	14130	12340	12686
信息传输、软件和信息技术服务业	5812	4738	4483	6418	9808	9175	15427
批发和零售业	28068	34218	34865	35555	39734	38819	39990
住宿和餐饮业	13162	12153	13587	13883	13795	12750	13970
金融业	16090	17377	17766	18988	19311	18974	20401
房地产业	10203	10132	12819	13123	14843	16600	16910
租赁和商务服务业	4019	4500	18364	10446	12786	17376	22695
科学研究、技术服务业	10845	13231	13227	14419	14239	14097	9036
水利、环境和公共设施管理业	5750	3889	4498	5712	5591	5792	5108
居民服务、修理和其他服务业	816	641	1294	1551	1351	2257	4940
教　育	54985	58912	61442	68032	68360	72347	75032
卫生和社会工作	28743	30363	33606	35058	36074	38244	40666
文化、体育和娱乐业	5550	4776	5961	5930	7146	6507	6456
公共管理、社会保障和社会组织	15083	20324	20821	22082	28394	28611	33317
按三次产业分							
第一产业	1370	486	409	698	705	773	966
第二产业	257973	279093	234965	261407	265484	252757	246586
第三产业	208828	225169	256428	264893	285562	293889	316634

4－8 城镇非私营单位其他从业人员

单位：人

项　　目	2005 年	2006 年	2007 年	2008 年	2009 年	2010 年
合　计	**31530**	**31297**	**62047**	**33005**	**40797**	**53689**
按企事业机关分						
企　业	26994	26607	56611	25946	36498	45340
事　业	3962	3881	4470	5315	2661	6288
机　关	574	809	966	1744	1638	2061
按行业分						
农、林、牧、渔业	947	393	105	141	233	309
采矿业		34	5	49	68	1
制造业	4651	5588	4476	5189	3496	3753
电力、热力、燃气及水生产和供应业	615	482	242	249	242	131
建筑业	9933	9201	37884	9557	18374	28432
交通运输、仓储和邮政业	3231	3307	3514	3637	2967	3792
信息传输、软件和信息技术服务业	217	155	79	63	77	285
批发和零售业	1274	1160	1012	648	1040	1036
住宿和餐饮业	562	508	369	492	751	737
金融业	2798	3219	3926	3268	2403	2691
房地产业	1434	1417	3816	1019	1032	825
租赁和商务服务业	617	652	523	484	414	430
科学研究、技术服务业	944	854	784	988	1438	1111
水利、环境和公共设施管理业	815	690	1466	1662	1921	696
居民服务、修理和其他服务业	140	150	150	183	155	268
教　育	1140	1111	1422	2029	2180	3876
卫生和社会工作	965	979	906	1082	1427	2300
文化、体育和娱乐业	516	448	300	395	848	870
公共管理、社会保障和社会组织	731	949	1068	1870	1731	2146
按三次产业分						
第一产业	947	393	105	141	233	309
第二产业	15199	15305	42607	15044	22180	32317
第三产业	15384	15599	19335	17820	18384	21063

4－8 续表 单位：人

项　　目	2011 年	2012 年	2013 年	2014 年	2015 年	2016 年	2017 年
合　计	**70621**	**121896**	**138819**	**168860**	**150024**	**156727**	**181374**
按企事业机关分							
企　业	57595	106968	121975	152254	132059	138578	159601
事　业	9460	9778	10490	11469	10681	11519	13334
机　关	2469	4976	5915	4691	6885	6271	7974
按行业分							
农、林、牧、渔业	607	535	525	475	614	381	356
采矿业	2213	761	457	459	455	447	334
制造业	5723	5614	5788	4684	6220	6172	4796
电力、热力、燃气及水生产和供应业	160	149	187	256	184	155	196
建筑业	37989	88831	102674	133223	109106	114386	132552
交通运输、仓储和邮政业	4356	4562	4198	3571	1970	1934	4119
信息传输、软件和信息技术服务业	149	16	79	41	618	891	706
批发和零售业	921	3014	3012	3424	4819	4659	5049
住宿和餐饮业	2006	333	565	473	582	591	516
金融业	1593	1497	1598	2294	2954	1831	3103
房地产业	1190	931	1292	1436	1378	2610	2147
租赁和商务服务业	518	375	550	550	839	1623	1768
科学研究、技术服务业	1098	1198	1229	1166	1604	1559	1402
水利、环境和公共设施管理业	340	1452	815	944	1039	803	965
居民服务、修理和其他服务业	209	174	383	322	499	847	2176
教　育	4641	6239	7826	7524	8203	9451	10421
卫生和社会工作	2971	2059	2529	2353	2268	2709	2637
文化、体育和娱乐业	846	430	448	539	806	717	1011
公共管理、社会保障和社会组织	3091	3726	4664	5126	5866	4961	7120
按三次产业分							
第一产业	607	535	525	475	614	381	356
第二产业	46085	95355	109106	138622	115965	121160	137878
第三产业	23929	26006	29188	29763	33445	35186	43140

4－9 城镇非私营单位从业人员劳动报酬

单位：万元

项目	2016年			2017年		
	城镇单位从业人员劳动报酬	在岗职工工资总额	其他从业人员劳动报酬	城镇单位从业人员劳动报酬	在岗职工工资总额	其他从业人员劳动报酬
合　计	**10260220**	**9378510**	**881710**	**11272962**	**10236285**	**1036677**
按企事业机关分						
企　业	7954203	7128038	826164	8612626	7648534	964092
事　业	1600596	1564144	36452	1866669	1819590	47079
机　关	670929	652806	18123	746766	722206	24560
民间非盈利组织	16324	15825	499	24987	24404	582
其　他	18169	17698	471	21915	21550	365
按三次产业分						
第一产业	9875	8549	1326	14273	13296	977
第二产业	5406453	4645220	761234	5659353	4783090	876263
第三产业	4843892	4724741	119151	5599337	5439900	159438
按登记注册类型分						
国有单位	2942720	2879520	63200	3379154	3290102	89052
集体单位	169035	109027	60008	190982	109344	81638
其他单位	7148465	6389962	758502	7702826	6836840	865987
#内资企业	5035321	4444905	590416	5611938	4914844	697093
港澳台商投资企业	1171878	1022555	149323	1139308	988149	151159
外商投资企业	941265	922502	18763	951581	933847	17735
按国民经济行业分						
农、林、牧、渔业	9875	8549	1326	14273	13296	977
采矿业	5696	3339	2357	3304	2459	844
制造业	2347014	2309318	37696	2333379	2302361	31018
电力、热力、燃气及水生产和供应业	179059	178377	682	192205	191518	688
建筑业	2874684	2154186	720499	3130465	2286752	843713
交通运输、仓储和邮政业	306179	299418	6761	346763	326669	20094
信息传输、软件和信息技术服务业	247370	243833	3537	382602	379025	3577
批发和零售业	386625	374765	11860	426559	412915	13644
住宿和餐饮业	94302	92194	2108	95286	93146	2140
金融业	477548	467278	10271	549604	539665	9939
房地产业	278268	270151	8117	284849	277268	7581
租赁和商务服务业	352991	343504	9487	461692	452248	9444
科学研究、技术服务业	340375	334078	6297	321183	314283	6901
水利、环境和公共设施管理业	82163	79688	2475	93845	90765	3081
居民服务、修理和其他服务业	22671	19482	3189	39054	28953	10101
教　育	851946	826714	25232	999834	965200	34634
卫生和社会工作	561163	547465	13698	625943	613857	12086
文化、体育和娱乐业	104634	102259	2375	110461	106810	3651
公共管理、社会保障和社会组织	737657	723913	13744	861662	839098	22564

4－10　城镇非私营单位在岗职工工资总额

（1988－2017年）

单位:万元

年　份	合　计	按登记注册类型分			按企事业机关分		
		国有单位	集体单位	其他单位	企　业	事　业	机　关
1988	119291	84450	31347	3495	89212	23397	6682
1989	140117	99567	34551	5999	103178	27483	9457
1990	157456	113057	35494	8904	114961	30883	11612
1991	181209	126691	40059	14459	132781	35042	13387
1992	220667	148781	44660	27227	164951	40258	15458
1993	286541	186490	56402	43649	224888	42138	19515
1994	395044	268254	64214	62575	286036	78545	30462
1995	470311	298303	69095	102913	350814	87147	32349
1996	560623	331000	75517	154106	426071	94507	40045
1997	650789	405487	67439	177863	484046	118812	47931
1998	680682	396736	62402	221505	494104	134892	51687
1999	680607	402229	55129	223249	461329	156659	62619
2000	759607	452125	53544	253938	511337	175927	72343
2001	881625	506801	55786	319038	577701	218077	85846
2002	942722	525086	55906	361730	620709	225328	96685
2003	1073262	591956	46788	434519	723615	252181	97467
2004	1296473	679406	49737	567330	885774	296526	114173
2005	1451880	760220	51595	640065	976568	342588	132724
2006	1715622	869443	54276	791903	1173798	390849	150975
2007	2057107	954839	62402	1039866	1424983	438952	193172
2008	2573494	1122240	67420	1383834	1825811	500064	247618
2009	2861961	1304033	72455	1485472	2293889	301361	266684
2010	3429285	1451811	77457	1900017	2543522	602643	281255
2011	4961673	1758717	110686	3092270	3858355	823708	346313
2012	6148482	2140539	107971	3899973	4725704	976138	406186
2013	6997971	2104901	116753	4776317	5501879	1047288	423114
2014	7720730	2284896	157517	5278316	6036796	1182068	469072
2015	8647321	2561143	108206	5977972	6691377	1341224	579880
2016	9378510	2879520	109027	6389962	7128038	1564144	652806
2017	10236285	3290102	109344	6836840	7648534	1819590	722206

注:在岗职工含劳务派遣人员。

本表1998年起“职工工资总额”统计口径为“在岗职工工资总额”。

4－11 按行业分城镇非私营单位在岗职工工资总额

单位:万元

项 目	2005 年	2006 年	2007 年	2008 年	2009 年	2010 年
合 计	**1451880**	**1715622**	**2057107**	**2573494**	**2861961**	**3429285**
按国民经济行业分						
农、林、牧、渔业	10484	10302	10360	11527	14481	16527
采矿业	2495	2570	2609	2723	6643	4690
制造业	511658	615067	711930	858240	858182	1060930
电力、热力、燃气及水生产和供应业	44497	50333	64645	78911	85513	100258
建筑业	119339	145701	192166	235764	255482	391851
交通运输、仓储和邮政业	59365	69783	88996	99786	114360	129345
信息传输、软件和信息技术服务业	39627	47658	49639	54700	58881	77052
批发和零售业	47909	54937	67479	86290	103956	110043
住宿和餐饮业	18226	18219	25134	26240	30611	40392
金融业	79474	103222	132722	174280	216764	261978
房地产业	22065	27027	34401	49390	59866	66123
租赁和商务服务业	21189	26381	29999	94674	113192	135696
科学研究、技术服务业	44796	51309	62611	73560	89689	124866
水利、环境和公共设施管理业	15974	18052	19857	22095	27136	29290
居民服务、修理和其他服务业	4118	4784	5475	5925	7638	8946
教 育	182221	208031	242881	296873	356053	375305
卫生和社会工作	65362	76062	90516	113852	140702	158231
文化、体育和娱乐业	27960	33265	39179	49120	50623	55390
公共管理、社会保障和社会组织	135121	152920	186508	239544	272189	282372
按三次产业分						
第一产业	10484	10302	10360	11527	14481	16527
第二产业	677989	813671	971350	1175637	1205820	1557729
第三产业	763407	891649	1075397	1386330	1641659	1855029

注:在岗职工含劳务派遣人员。

4－11 续表

单位:万元

项　　目	2011 年	2012 年	2013 年	2014 年	2015 年	2016 年	2017 年
合　计	**4961673**	**6148482**	**6997971**	**7720730**	**8647321**	**9378510**	**10236285**
按国民经济行业分							
农、林、牧、渔业	18568	6181	5538	7460	7841	8549	13296
采矿业	23842	5154	2130	3116	3270	3339	2459
制造业	1543630	1880853	1989134	2088946	2170597	2309318	2302361
电力、热力、燃气及水生产和供应业	117739	136785	134802	178230	151896	178377	191518
建筑业	1088881	1407720	1469651	1789678	2041917	2154186	2286752
交通运输、仓储和邮政业	156978	156316	238918	258843	313569	299418	326669
信息传输、软件和信息技术服务业	101667	92302	131075	142361	225748	243833	379025
批发和零售业	194615	280624	313204	311938	358683	374765	412915
住宿和餐饮业	55175	64144	80532	85142	92303	92194	93146
金融业	316241	386343	422804	440475	457291	467278	539665
房地产业	96076	125321	169612	207885	256580	270151	277268
租赁和商务服务业	60544	73016	305973	234970	244153	343504	452248
科学研究、技术服务业	146793	197618	237293	251612	305892	334078	314283
水利、环境和公共设施管理业	39175	44543	49670	73482	66696	79688	90765
居民服务、修理和其他服务业	6814	5537	8478	13598	14408	19482	28953
教　育	448157	512304	565616	642524	716881	826714	965200
卫生和社会工作	234597	282262	345119	409674	481166	547465	613857
文化、体育和娱乐业	65509	62988	79395	89387	102809	102259	106810
公共管理、社会保障和社会组织	246673	428470	449028	491410	635622	723913	839098
按三次产业分							
第一产业	18568	6181	5538	7460	7841	8549	13296
第二产业	2774091	3430512	3595717	4059970	4367680	4645220	4783090
第三产业	2169014	2711790	3396716	3653300	4271801	4724741	5439900

4－12 城镇非私营单位在岗职工工资总额

单位:万元

项目	2016年				2017年			
	合计	国有单位	集体单位	其他单位	合计	国有单位	集体单位	其他单位
合 计	**9378510**	**2879520**	**109027**	**6389962**	**10236285**	**3290102**	**109344**	**6836840**
按国民经济行业分								
农、林、牧、渔业	8549	6271	281	1998	13296	8838	284	4174
采矿业	3339	75		3264	2459	93		2366
制造业	2309318	25446	23298	2260574	2302361	24216	21554	2256591
电力、热力、燃气及水生产和供应业	178377	50568	1595	126214	191518	28304	1742	161472
建筑业	2154186	119166	14841	2020179	2286752	118703	14359	2153690
交通运输、仓储和邮政业	299418	93700	2254	203464	326669	81784	2108	242777
信息传输、软件和信息技术服务业	243833	13976	168	229689	379025	5027		373998
批发和零售业	374765	42328	5123	327314	412915	43043	4769	365103
住宿和餐饮业	92194	8467	689	83038	93146	6774	344	86028
金融业	467278	111770	8448	347060	539665	235278	6452	297934
房地产业	270151	22671	2802	244678	277268	15981	7193	254094
租赁和商务服务业	343504	60050	13703	269751	452248	62634	8782	380832
科学研究、技术服务业	334078	183219	1698	149162	314283	214029	2062	98192
水利、环境和公共设施管理业	79688	63011	2173	14503	90765	68888	2467	19410
居民服务、修理和其他服务业	19482	6069	542	12872	28953	5180	121	23652
教 育	826714	765016	5813	55885	965200	888725	8149	68326
卫生和社会工作	547465	505393	25407	16666	613857	564529	28374	20954
文化、体育和娱乐业	102259	79369	155	22735	106810	82211	3	24596
公共管理、社会保障和社会组织	723913	722955	39	919	839098	835864	584	2651
按三次产业分								
第一产业	8549	6271	281	1998	13296	8838	284	4174
第二产业	4645220	195255	39733	4410231	4783090	171316	37655	4574119
第三产业	4724741	2677994	69013	1977734	5439900	3109948	71405	2258547

注:在岗职工含劳务派遣人员。

4－13　城镇非私营单位从业人员人均劳动报酬

单位:元

项　　目	2016年			2017年		
	单位从业人员年平均劳动报酬	在岗职工年平均工资	其他从业人员年平均劳动报酬	单位从业人员年平均劳动报酬	在岗职工年平均工资	其他从业人员年平均劳动报酬
合　计	**66716**	**67630**	**58331**	**73380**	**75133**	**59637**
按企事业机关分						
企　业	63853	64081	61946	69676	70574	63286
事　业	79875	82674	32567	90557	94294	35769
机　关	79778	83805	29217	87694	93458	31167
民间非盈利组织	40546	42076	18838	53401	56115	17639
其　他	49615	50064	37118	52441	53067	30890
按国民经济行业分						
农、林、牧、渔业	39785	42767	27443	48529	51394	27596
采矿业	48355	44819	54439	34484	39666	24979
制造业	62035	62126	56917	66119	66186	61494
电力、热力、燃气及水生产和供应业	105434	106494	29279	111456	112360	34395
建筑业	58188	55964	66033	63705	62528	67129
交通运输、仓储和邮政业	68567	70024	35680	75225	77388	51722
信息传输、软件和信息技术服务业	91595	92963	45467	95801	96789	46037
批发和零售业	51454	53170	25472	55749	57724	27387
住宿和餐饮业	37983	38087	33942	37411	37406	37612
金融业	143636	148474	57862	152308	162115	35548
房地产业	62944	64898	31438	65997	68056	31328
租赁和商务服务业	64220	64406	58129	75210	75698	57480
科学研究、技术服务业	80007	81461	41104	101144	103614	48493
水利、环境和公共设施管理业	51397	52457	31137	63153	65083	33704
居民服务、修理和其他服务业	46447	48779	35947	51475	51199	52283
教　育	73853	77604	28585	84202	88989	33691
卫生和社会工作	101313	103842	51342	108471	111384	46593
文化、体育和娱乐业	71613	73610	33036	77948	80831	38145
公共管理、社会保障和社会组织	80130	83064	28014	88533	92934	32065
按三次产业分						
第一产业	39785	42767	27443	48529	51394	27596
第二产业	60710	60005	65398	65615	65411	66754
第三产业	75114	77379	34765	83473	86541	37773

4－14 按行业分城镇非私营单位在岗职工平均工资

单位:元

项　　目	2005 年	2006 年	2007 年	2008 年	2009 年	2010 年	2011 年
合　计	**18314**	**20666**	**23950**	**27521**	**30704**	**34806**	**41725**
按国民经济行业分							
农、林、牧、渔业	13188	13952	16317	19084	18002	23569	30702
采矿业	18616	20643	19995	23636	31232	33073	22734
制造业	14199	15937	18101	20992	23040	27000	34221
电力、热力、燃气及水生产和供应业	33424	36065	45131	50917	55575	62756	72250
建筑业	17260	19583	22612	26838	28721	35611	42916
交通运输、仓储和邮政业	19530	22676	27948	30559	32160	37655	43389
信息传输、软件和信息技术服务业	46543	45781	46666	49996	57221	65699	65025
批发和零售业	16657	18769	20874	23217	25918	28539	31522
住宿和餐饮业	12485	13929	15118	16397	17407	19942	25714
金融业	38004	48960	61705	77845	83754	96864	114514
房地产业	16392	18191	20594	29235	29559	27329	37683
租赁和商务服务业	19149	17617	21976	21128	22541	23838	35449
科学研究、技术服务业	28010	29815	36589	38939	39601	43013	49641
水利、环境和公共设施管理业	17529	19601	20838	22355	23114	23276	27942
居民服务、修理和其他服务业	13773	15416	18220	18833	21396	35152	34945
教　育	21508	24455	28785	32147	39153	41358	47024
卫生和社会工作	22236	24639	30010	32208	36477	44677	57399
文化、体育和娱乐业	22438	26286	29708	31594	32962	39814	44582
公共管理、社会保障和社会组织	23172	26694	32167	40138	43622	46603	49434

注:在岗职工含劳务派遣人员。

4－14 续表 单位:元

项 目	2012 年	2013 年	2014 年	2015 年	2016 年	2017 年	2017 年比 2016 年增长 (%)
合 计	**48089**	**53333**	**58839**	**62478**	**67630**	**75133**	**11.09**
按国民经济行业分							
农、林、牧、渔业	36146	37092	36877	42131	42767	51394	20.17
采矿业	28823	32675	43157	44362	44819	39666	－11.50
制造业	41275	46251	52481	55812	62126	66186	6.54
电力、热力、燃气及水生产和供应业	82277	88048	100610	96046	106494	112360	5.51
建筑业	44585	47923	54852	53902	55964	62528	11.73
交通运输、仓储和邮政业	47317	51697	56340	62239	70024	77388	10.52
信息传输、软件和信息技术服务业	63674	76913	80235	81409	92963	96789	4.12
批发和零售业	39904	42543	45940	49996	53170	57724	8.56
住宿和餐饮业	29112	32901	35587	39542	38087	37406	－1.79
金融业	126949	136402	137976	144479	148474	162115	9.19
房地产业	45065	49494	56372	63799	64898	68056	4.87
租赁和商务服务业	44311	66016	60278	58699	64406	75698	17.53
科学研究、技术服务业	57660	65201	64020	75171	81461	103614	27.19
水利、环境和公共设施管理业	33904	35455	44518	46442	52457	65083	24.07
居民服务、修理和其他服务业	32940	33377	41281	45437	48779	51199	4.96
教 育	53067	56874	60459	70282	77604	88989	14.67
卫生和社会工作	64686	73784	81927	95961	103842	111384	7.26
文化、体育和娱乐业	51893	59763	67666	67749	73610	80831	9.81
公共管理、社会保障和社会组织	60345	61933	65072	74164	83064	92934	11.88

4－15　城镇非私营单位在岗职工平均工资

（1988－2017 年）

单位：元

年　份	合　计	按登记注册类型分			按企事业机关分		
		国有单位	集体单位	其他单位	企　业	事　业	机　关
1988	1641	1749	1373	2215	1622	1666	1791
1989	1909	2059	1519	2610	1855	2076	2083
1990	2128	2291	1646	2888	2073	2281	2320
1991	2366	2514	1838	3287	2333	2466	2456
1992	2709	2866	2033	3592	2690	2769	2765
1993	3356	3476	2642	4204	3386	3210	3346
1994	4803	5204	3301	5561	4664	5189	5267
1995	5827	6020	4125	7142	5919	5526	5699
1996	6453	6441	4687	7954	6530	6138	6433
1997	7571	7798	5027	8660	7527	7640	7858
1998	8772	9160	5992	9280	8748	8642	9378
1999	9780	10371	6618	9933	9512	10196	10933
2000	11199	12001	7304	11125	10846	11875	12323
2001	12760	14240	8688	11780	12020	14311	14814
2002	14046	15979	9712	12693	13183	15945	16385
2003	15052	17643	10163	13110	14276	16635	17870
2004	16586	20382	10264	14187	15512	19161	20424
2005	18314	23228	12122	15133	16811	22166	23155
2006	20666	26651	13465	17081	19001	25066	26725
2007	23950	30419	16418	20509	21941	29400	32109
2008	27521	35373	20181	23679	25433	32205	39988
2009	30704	39287	22943	26125	29103	36711	43152
2010	34806	43481	23335	30736	32787	40578	46579
2011	41725	50528	30412	38429	40186	48203	51411
2012	48089	58716	33907	44209	45963	55952	60194
2013	53333	63412	36025	50395	51639	60803	61752
2014	58839	68174	45550	56007	57277	66826	63960
2015	62478	77143	45469	58137	59663	75805	74449
2016	67630	84476	48249	62447	64081	82674	83805
2017	75133	97418	53574	68077	70574	94294	93458

注：在岗职工含劳务派遣人员。

本表 1998 年起"职工平均工资"统计口径为"在岗职工平均工资"。

4－16　按行业分城镇非私营单位在岗职工平均工资

单位:元

项　　目	2016年				2017年			
	合　计	国有单位	集体单位	其他单位	合　计	国有单位	集体单位	其他单位
合　计	**67630**	**84476**	**48249**	**62447**	**75133**	**97418**	**53574**	**68077**
按国民经济行业分								
农、林、牧、渔业	42767	48764	37905	31260	51394	55342	39930	45419
采矿业	44819	30040		45332	39666	34444		39904
制造业	62126	63599	47402	62309	66186	70539	47898	66385
电力、热力、燃气及水生产和供应业	106494	105747	40372	109059	112360	110260	39760	115009
建筑业	55964	72680	44090	55323	62528	84751	47945	61761
交通运输、仓储和邮政业	70024	78155	39128	67386	77388	85728	44371	75404
信息传输、软件和信息技术服务业	92963	59245	42000	96386	96789	78796		97087
批发和零售业	53170	77283	31256	51653	57724	88203	34860	55925
住宿和餐饮业	38087	49602	31154	37274	37406	51438	25642	36686
金融业	148474	133824	91924	156326	162115	154727	103399	170648
房地产业	64898	45902	45340	67834	68056	72807	70102	67722
租赁和商务服务业	64406	60195	34430	68503	75698	73222	32214	78580
科学研究、技术服务业	81461	101822	98721	65293	103614	114823	123461	85199
水利、环境和公共设施管理业	52457	49224	55721	72517	65083	63298	51191	75203
居民服务、修理和其他服务业	48779	71652	49697	42369	51199	82616	30125	47418
教　育	77604	81168	42840	51167	88989	93007	52301	60199
卫生和社会工作	103842	107995	67427	77335	111384	115853	75847	79281
文化、体育和娱乐业	73610	80398	31673	57252	80831	87264	33000	64862
公共管理、社会保障和社会组织	83064	83082	43556	73480	92934	92962	91172	85241

注:在岗职工含劳务派遣人员。

4－17　按县(市)区分城镇非私营单位从业人员及劳动报酬

(2017 年)

县(市)区	年末从业人员		年末在岗职工		从业人员劳动报酬	
	数值(人)	比上年增长(%)	数值(人)	比上年增长(%)	数值(万元)	比上年增长(%)
福州市	**1587716**	**1.24**	**1406342**	**-0.37**	**11272962**	**9.87**
鼓楼区	460723	1.58	395562	-1.35	3443960	8.98
台江区	145919	2.40	111298	-2.18	991032	4.97
仓山区	137292	2.47	133370	2.42	1010876	14.87
晋安区	128821	-1.65	97715	-5.94	906227	13.52
马尾区	107371	2.49	105654	2.63	784409	11.08
长乐区	97673	-1.22	92865	-1.24	629934	6.40
福清市	187014	1.35	178639	1.43	1279167	7.59
闽侯县	92623	-3.61	86343	-5.28	700827	9.64
连江县	42563	-16.98	40198	-16.92	286240	-7.02
罗源县	29312	-4.75	28195	-0.95	193549	10.75
闽清县	67433	19.81	66191	19.59	453921	30.35
永泰县	59956	4.72	42430	5.80	381309	9.56
平潭县	31016	13.01	27882	6.60	211512	22.68

注:在岗职工含劳务派遣人员。

4－17　续表　　（2017年）

县(市)区	在岗职工工资总额		从业人员年平均劳动报酬		在岗职工年平均工资	
	数值（万元）	比上年增长（%）	数值（元）	比上年增长（%）	数值（元）	比上年增长（%）
福州市	**10236285**	**9.15**	**73380**	**9.99**	**75133**	**11.09**
鼓楼区	3014884	7.49	81134	14.67	81460	15.77
台江区	824301	5.31	67605	1.29	73728	6.27
仓山区	989830	14.49	73430	9.05	74169	9.32
晋安区	711673	5.25	68985	10.26	73550	10.35
马尾区	775859	11.33	72354	8.36	72754	8.35
长乐区	611408	7.08	68186	7.01	69527	7.22
福清市	1237467	8.03	70622	7.04	71704	6.73
闽侯县	670367	8.72	76226	13.50	78315	14.58
连江县	278196	-5.04	68271	12.59	70212	14.91
罗源县	189834	13.11	66833	16.04	68340	14.26
闽清县	449688	30.51	69878	9.34	70558	9.54
永泰县	282020	14.02	65463	4.62	68720	9.62
平潭县	200759	19.81	75036	14.29	79158	17.67

主要统计指标解释

从业人员 指从事一定社会劳动并取得劳动报酬或经营收入的人员。包括：

(1)在岗职工；

(2)再就业的离退休人员；

(3)私营业主；

(4)个体业主；

(5)私营和个体从业人员；

(6)乡镇企业从业人员；

(7)农村从业人员；

(8)其他从业人员(包括宗教职业者等)。

城镇单位从业人员 指在各级国家机关、政党机关、社会团体及企业、事业单位中工作，并取得工资或其他形式的劳动报酬的全部人员。包括在岗职工、再就业的离退休人员、民办教师以及在各单位中工作的外方人员和港澳台方人员、兼职人员、借用的外单位人员和第二职业者。不包括离开本单位仍保留劳动关系的职工。

在岗职工 指在国有经济、城镇集体经济、联营经济、股份制经济、外商和港澳台投资经济、其他经济单位及其附属机构工作，并由其支付工资的各类人员，不包括返聘的离退休人员、民办教师、在国有经济单位工作的外方人员和港澳台人员。

城镇私营和个体从业人员 城镇私营从业人员指在工商管理部门注册登记，其经营地址设在县城关镇(含城关镇)及以上的私营企业的从业人员。包括：私营企业投资者和雇工。城镇个体从业人员指在工商管理部门注册登记，并持有城镇户口或在城镇长期居住，经批准从事个体工商经营的从业人员。包括：个体经营者和在个体工商户劳动的家庭帮工和雇工。

从业人员劳动报酬 指各单位在一定时期内直接支付给本单位全部从业人员的劳动报酬总额。包括职工工资总额和本单位其他从业人员劳动报酬两部分。

职工工资总额 指各单位在一定时期内直接支付给本单位全部职工的劳动报酬总额。工资总额的计算原则应以直接支付给职工的全部劳动报酬为凭据。各单位支付给职工的劳动报酬以及其他根据有关规定支付的工资，不论是计入成本还是不计入成本的，不论是按国家规定列入计征奖金税项目的，还是末列入计征奖金税项目的，不论是以货币形式支付的还是以实物形式支付的，均包括在工资总额内。

其他从业人员劳动报酬 指各单位在一定时期内直接支付给本单位其他从业人员的全部劳动报酬。

职工平均工资 指在岗职工在一定时期内平均每人所得的工资总额。是反映职工工资水平的主要指标。

5 农林牧渔业

5-1 农村基层基本情况

项　目	单位	1995年	2000年	2005年	2007年	2008年	2009年	2010年
乡(镇)政府	个	156	157	146	146	145	145	145
乡政府	个	56	51	47	47	47	47	47
镇政府	个	100	106	99	99	98	98	98
村民委员会	个	2490	2477	2422	2388	2400	2393	2393
乡村户数	户	1064409	1179647	1236397	1272609	1288521	1303155	1314568
乡村人口数	人	4330795	4432781	4418912	4468405	4486920	4504721	4517925
乡村劳动力资源数	人	2126068	2241281	2456334	2461856	2492513	2509285	2524917
乡村从业人员数	人	1883781	2039022	2087147	2115910	2125964	2167682	2184081
#农、林、牧、渔业	人	1131650	1124898	1011933	955874	943568	919786	903145
国有农林牧渔业劳动力	人	15253	11853	3439	3208	3158	2981	2887
国有农林牧渔场	个	57	42	28	28	28	26	26
自来水受益村数	个	1293	1489	1699	1892	1988	2126	2191
通汽车村数	个	2307	2442	2371	2367	2388	2381	2384
通电话村数	个	2003	2470	2395	2387	2398	2392	2392

注：2016年、2017年主要农产品的生产情况等数据，以第三次全国农业普查数据为基础进行了核定和修订，下同。

5-1 续表

项　　目	单位	2011年	2012年	2013年	2014年	2015年	2016年	2017年
乡(镇)政府	个	145	145	145	145	145	145	145
乡政府	个	47	47	47	47	47	47	47
镇政府	个	98	98	98	98	98	98	98
村民委员会	个	2393	2395	2396	2396	2396	2396	2387
乡村户数	户	1324438	1327214	1345900	1359599	1380152	1380181	1382547
乡村人口数	人	4552645	4562606	4622152	4685505	4751828	4751923	4762426
乡村劳动力资源数	人	2560078	2576923	2615153	2682557	2713083	2713137	2729916
乡村从业人员数	人	2207312	2222069	2256078	2289825	2326611	2328317	2340191
#农、林、牧、渔业	人	903595	890473	881346	866408	843386	843403	845624
国有农林牧渔业劳动力	人	2898	2899	2885				
国有农林牧渔场	个	26	26	26				
自来水受益村数	个	2208	2239	2271	2265	2276	2297	2283
通汽车村数	个	2384	2386	2387				
通电话村数	个	2392	2394	2396				

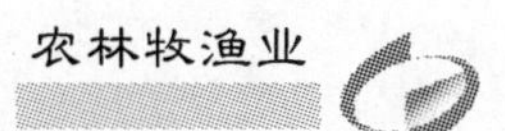

5－2 农业机械拥有量

项　　目	单　位	1995 年	2000 年	2005 年	2006 年	2007 年	2008 年	2009 年	2010 年
农业机械总动力	**千瓦**	**1156125**	**1407517**	**1540512**	**1543211**	**1548417**	**1550177**	**1607019**	**1328325**
柴油发动机动力	千瓦	867238	1119010	1298738	1312250	1327891	1345246	1363883	1077402
汽油发动机动力	千瓦			63915	50372	38829	23048	21844	33016
电动机动力	千瓦			177859	180589	181697	181883	221292	217907
耕作机械	台	23562	13910	20803	7431	21307	6755	7270	6991
大中型拖拉机	台	403	93	103	126	128	129	164	194
小型拖拉机(含变型拖拉机)	台	23159	13817	20700	7305	6918	6626	7106	6797
农用排灌机械动力	千瓦	100349	98965	98668	100935	110645	105005	115133	110417
排灌动力机械	台	9523		9846	9853	10464	10845	11581	10766
农用水泵	台	6869	8997	9163	8833	9178	10638	10897	10582
收获机械	千瓦	17356	1815	4726	7129	9104	12446	15426	17608
机动脱粒机	台	54	5916	6736	6556	6539	6603	6658	6632
植保机械	千瓦	2557	2228	2748	2958	3267	3459		
畜牧养殖机械	千瓦	19650	21312	20273	21254	27489	27933	28737	28833
饲草料加工机械	台	2976	2809	2684	2817	2542	2392	2394	2366
林业机械	千瓦			272	272	272			
渔业机械	千瓦	313470	456418	473150	476120	552782	614155	721033	487169
农产品初加工动力机械	千瓦	114005	114029	105269	104269	110615	111545	114823	111689
运输机械	千瓦	358670	444070	518708	506918	377452	534407	430957	408137
农用载重汽车	辆	2373	2552	2377	2245	1525	737		
机动运输船	艘	2129	2197	2314	2376	1642	789		
农用运输车	辆	3140	5447	4613	4370	4313	4491	4954	4621

5-2 续表

项　　目	单　位	2011 年	2012 年	2013 年	2014 年	2015 年	2016 年	2017 年
农业机械总动力	千瓦	**1346272**	**1376763**	**1400091**	**1429751**	**1453959**	**1457360**	**1198094**
柴油发动机动力	千瓦	1110471	1124035	1128510	1148587	1140033	1140748	949007
汽油发动机动力	千瓦	35935	36610	58481	45565	68930	70160	43825
电动机动力	千瓦	199866	216118	213100	235599	244149	246452	206949
耕作机械	台	6765	6992	6909	6652	6648		
大中型拖拉机	台	242	269	319	385	430	549	607
小型拖拉机(含变型拖拉机)	台	6523	6723	6590	6267	6218	6125	4965
农用排灌机械动力	千瓦	110853	111786	111621	112012	112539	113336	106190
排灌动力机械	台	10910	10971	11029	11088	11167	11225	10118
农用水泵	台	10816	10910	11088	11052	11099	11132	9739
收获机械	千瓦	18365	19258	20114	19365	19728	20301	19161
机动脱粒机	台	6839	6621	6629	8066	8446	6857	2283
植保机械	千瓦					10598	11597	10211
畜牧养殖机械	千瓦	27618	27635	27771	28324	28607	28114	23649
饲草料加工机械	台					2498	2471	2089
林业机械	千瓦							
渔业机械	千瓦	496264	505728	527813	554849	586715	597977	570391
农产品初加工动力机械	千瓦	112019	116750	104057	122213	106980	119117	106105
运输机械	千瓦	402644	407194	399930	380273	368672	230478	173843
农用载重汽车	辆							
机动运输船	艘							
农用运输车	辆	4342	4461	4436	4299	4240		

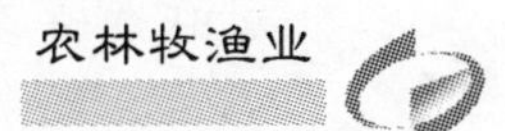

5－3 农业基础设施

项目	单位	1995年	2000年	2005年	2007年	2008年	2009年	2010年
农业机械使用								
机耕地面积	公顷	55240	56797	53926	54102	102930	113482	113611
机械播种面积	公顷	73	498	138	171	211	962	2607
机械收割面积	公顷	833	3005	12074	17137	21145	26688	27369
农村电力设施								
乡村办水电站	处	327	330	355	360	360	359	368
发电能力	千瓦	56710	89390	158644	180478	185553	193863	267323
农村用电量	万千瓦时	118636	153755	449280	605714	618858	623851	731578
化肥施用量								
按折纯量计算	吨	130019	128390	112290	86717	86578	87337	85872
氮肥	吨	60777	54840	45928	34380	33531	32936	32115
磷肥	吨	16953	15896	14263	11614	11613	11408	11340
钾肥	吨	25061	26353	24697	19379	19316	19416	18606
复合肥	吨	27228	31301	27402	21344	22118	23577	23811
农用塑料薄膜使用量	吨	3736	4292	4578	4940	4955	4991	4796
#地膜使用量	吨	1240	1566	2094	2260	2281	2329	2239
农用柴油使用量	吨	140136	174089	176506	215515	222596	227403	233955
农药使用量	吨	6399	8357	7931	8156	8144	8488	8509

5－3 续表

项 目	单 位	2011 年	2012 年	2013 年	2014 年	2015 年	2016 年	2017 年
农业机械使用								
机耕地面积	公顷	115011	117980	118734	126536	130355	131207	80635
机械播种面积	公顷	4714	6690	10081	13841	16979	16937	12022
机械收割面积	公顷	29134	31644	32074	35069	37296	40948	39936
农村电力设施								
乡村办水电站	处	370	373	372				
发电能力	千瓦	276666	288868	280456				
农村用电量	万千瓦时	779260	1080019	1127109	1215403	1187043	1201617	1191432
化肥施用量								
按折纯量计算	吨	87840	87349	87997	90465	91744	93200	88478
氮 肥	吨	32158	32189	32373	32873	34116	34645	32137
磷 肥	吨	11449	11407	11522	12066	12501	12718	11789
钾 肥	吨	19145	18874	19099	19641	19506	19896	17397
复合肥	吨	24728	24879	25003	25885	25621	25941	27155
农用塑料薄膜使用量	吨	5183	5525	5772	6061	6159	6198	6311
#地膜使用量	吨	2387	2507	2688	2848	2938	2977	3083
农用柴油使用量	吨	242289	243886	246339	248238	245784	247202	227305
农药使用量	吨	8391	8272	8297	8628	8202	8398	7894

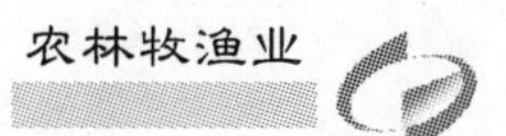

5－4　主要年份农作物播种面积

单位:公顷

年　份	合　计	粮食作物	#谷　物	经济作物	其他作物
1952	292589	263941	190147	15537	13111
1957	316472	279965	188653	17312	19195
1962	285511	254457	164220	12410	18644
1965	304627	258924	175076	18518	27185
1970	302445	265275	182240	12879	24291
1975	328225	274193	193685	16693	37339
1978	329089	275119	191684	20170	33799
1979	328075	271517	185714	24411	32147
1980	320909	265343	183469	27167	28399
1985	281825	225346	166242	28503	27977
1990	357606	266969	171475	24551	66087
1995	380705	263954	169112	20282	96468
2000	388129	254791	158170	17173	116165
2001	361740	229504	141486	18201	114034
2002	355112	220135	136879	20504	114474
2003	336468	198916	125062	23081	114471
2004	327271	190057	120222	21005	116209
2005	315599	179995	111916	22740	112864
2006	316310	178766	111501	23093	114451
2007	261922	123231	82624	22359	116332
2008	260431	121945	77717	21935	116551
2009	260734	118693	73502	20828	121213
2010	261686	115991	69085	22965	122731
2011	262553	113173	67590	23534	125846
2012	260727	106882	63395	24139	129705
2013	263152	105117	61091	24769	133266
2014	266454	103683	61254	25375	137396
2015	270867	102281	58373	26317	142269
2016	238798	83251	44619	22093	133455
2017	240760	82533	42876	21351	136876

5-5 粮食作物播种面积

单位:公顷

项目	1995年	2000年	2005年	2006年	2007年	2008年	2009年	2010年
总计	**263954**	**254791**	**179995**	**178766**	**123231**	**121945**	**118693**	**115991**
按收获季节分								
春收粮食	31298	33583	16197	15669	7447	8530	8725	8674
夏收粮食	78966	76322	50445	47378	27629	25554	25068	22987
秋收粮食	153690	144886	113353	115719	88155	87861	84899	84329
按品种分								
稻谷	169112	158170	111916	111501	82624	77717	73505	69085
早稻	69913	66499	41986	39528	22933	20685	19804	17530
中稻和一季晚稻	32217	30793	34913	36606	34214	33001	33243	31642
双季晚稻	66982	60878	35016	35367	25476	24031	20458	19913
大小麦	16782	11964	7	15	545	426	4	4
甘薯	48100	46576	38095	38602	25950	28101	28320	29586
马铃薯	7320	11116	10724	10498	6736	7067	8211	8236
杂粮	1498	2184	2175	1886	1674	1756	1741	1958
大豆	11596	11159	8825	8546	4607	4829	5377	5554
杂豆	9547	13622	8253	7707	1095	2049	1535	1567

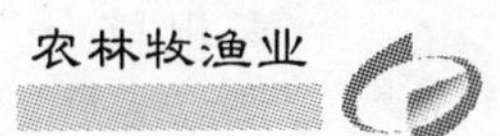

5－5 续表

单位:公顷

项目	2011年	2012年	2013年	2014年	2015年	2016年	2017年
总计	**113173**	**106882**	**105117**	**103683**	**102281**	**83251**	**82540**
按收获季节分							
春收粮食	8761	8763	8943	9076	9425	11778	11078
夏收粮食	22778	22168	21726	21277	20364	12479	13025
秋收粮食	81634	75951	74449	73330	72492	57330	58436
按品种分							
稻谷	67590	63395	61091	58670	55624	44619	41121
早稻	17185	16384	15877	15210	14043	10923	8640
中稻和一季晚稻	30059	29219	28385	27921	27097	21041	21402
双季晚稻	20345	17791	16830	15539	14485	10679	11079
大小麦							
甘薯	27780	25327	25502	25902	26693	22723	23249
马铃薯	8324	8411	8565	8723	9096	10703	11010
杂粮	2121	2306	2445	2584	2749	1976	1755
大豆	5837	5919	5937	6183	6476	3542	3664
杂豆	1516	1521	1577	1622	1643	1663	1738

5－6 经济作物和其他农作物播种面积

单位:公顷

项　　目	1995年	2000年	2005年	2006年	2007年	2008年	2009年	2010年
经济作物	**20282**	**17173**	**22740**	**23093**	**22359**	**21935**	**20828**	**22965**
#油　料	15160	15601	17687	18142	19991	19336	20058	20198
#花　生	14029	14691	17562	18027	19887	19220	19865	19930
油菜籽	1114	909	122	109	101	111	187	263
甘　蔗	1654	727	769	749	354	440	433	447
烟　叶	479	567	21	21	16	6	6	1
其他农作物	**96468**	**116165**	**112864**	**114451**	**116332**	**116551**	**121213**	**122731**
#蔬　菜	74923	90190	97317	99037	99396	100462	103256	106753
西　瓜	3717	3639	4933	5162	4976	4919	5139	5185
绿　肥	14273	15895	5864	5429	5161	4978	4922	4893
青饲料		2141	2343	2195	2054	1653	1619	1594

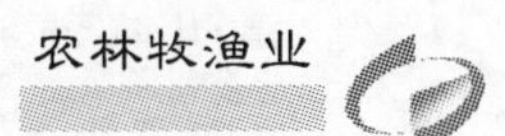

5－6 续表 单位:公顷

项　　目	2011 年	2012 年	2013 年	2014 年	2015 年	2016 年	2017 年
经济作物	**23534**	**24139**	**24769**	**25375**	**26317**	**22093**	**21347**
#油　料	20546	21184	21669	22417	23451	19225	18662
#花　生	20259	20886	21354	22079	23068	18037	17454
油菜籽	284	296	310	329	369	1149	1198
甘　蔗	442	416	429	428	420	645	647
烟　叶							
其他农作物	**125846**	**129705**	**133266**	**137396**	**142269**	**133455**	**136876**
#蔬　菜	109600	113676	117014	121154	125511	124899	128176
西　瓜	5258	5220	5442	5499	5473	3453	2783
绿　肥	4909	4736	4609	4490	4056	579	770
青饲料	1676	1676	1559	1422	1437	491	472

5-7 各类水果种植面积

单位:公顷

项　　目	1995年	2000年	2005年	2006年	2007年	2008年	2009年	2010年
水果种植面积	**48729**	**48032**	**45405**	**44826**	**44829**	**45758**	**46343**	**47035**
#柑　桔	15451	10726	8341	8418	8429	8262	6026	8383
龙　眼	3318	4745	4354	4122	4205	4184	4204	4382
荔　枝	404	325	292	307	262	269	269	257
香　蕉	861	822	1117	1230	1232	1173	1143	1151
枇　杷	2611	3015	5168	5183	5504	5642	5809	6071
橄　榄	4000	5754	5792	5732	5704	6922	7326	7556
柿	2707	2454	1951	1931	1827	1762	1747	1830
桃	2073	1576	1718	1672	1696	1818	1819	1823
李	6832	9942	9165	9130	9097	9063	9224	9177
柚	152	198	222	227	218	221	281	273
梨	432	377	357	377	380	398	396	411
葡　萄	562	565	672	647	656	657	660	660
杨　梅	768	458	366	414	414	391	386	384

5－7 续表

单位:公顷

项　目	2011 年	2012 年	2013 年	2014 年	2015 年	2016 年	2017 年
水果种植面积	**47709**	**48665**	**49968**	**51015**	**51541**	**42768**	**44603**
#柑　桔	8660	8878	9135	9316	9503	8912	9279
龙　眼	4480	4589	4643	4703	4714	3855	3964
荔　枝	277	270	269	269	273	295	333
香　蕉	1162	1185	1199	1226	1268	1041	1101
枇　杷	6418	6585	6783	7034	7092	5629	5870
橄　榄	7601	7640	7717	8169	8207	6519	6799
柿	1830	2081	2083	2062	2049	1313	1297
桃	1821	1797	1703	1701	1726	1557	1612
李	8947	9149	9682	9769	9902	7825	8057
柚	303	303	389	530	567	814	979
梨	398	405	402	410	416	450	490
葡　萄	674	667	763	737	744	665	745
杨　梅	387	386	366	359	370	339	354

5-8 主要年份茶叶水果种植面积及产量

年 份	茶 叶		水 果	
	种植面积（公顷）	产 量（吨）	种植面积（公顷）	产 量（吨）
1952	1141	248	2751	16377
1957	1812	322	4763	31506
1962	1611	198	4434	10970
1965	2205	290	5962	16306
1970	5052	579	4668	15023
1975	6678	1116	6555	12906
1978	7656	1237	7274	9348
1980	8428	1367	10061	16787
1985	8432	1997	22351	33667
1990	6652	2976	39332	101359
1995	8472	4942	48729	220343
2000	8131	7908	48032	250515
2001	7932	8312	46724	256930
2002	7822	8522	47473	256098
2003	8122	9074	46680	296572
2004	8150	10499	46386	291315
2005	8214	11434	45405	278591
2006	8133	12008	44826	290098
2007	8315	13143	44829	310090
2008	8895	15011	45758	320489
2009	8933	15537	46343	338370
2010	9179	16578	47035	348995
2011	9562	18168	47709	380241
2012	9794	19535	48665	410419
2013	10485	21934	49968	454596
2014	10754	24803	51015	496405
2015	10551	27461	51541	533792
2016	10403	32506	42768	727233
2017	10944	37627	44603	715830

5－9 水产品养殖面积

单位:公顷

项目	1995年	2000年	2005年	2006年	2007年	2008年	2009年	2010年
水产品养殖面积	**28579**	**42128**	**45565**	**46090**	**38458**	**42919**	**46587**	**48777**
海水养殖	**16924**	**29004**	**32910**	**33358**	**25625**	**29337**	**32151**	**33823**
#鱼类	291	5528	1322	2856	2131	1978	1616	1722
虾蟹类	4048	3666	4791	5278	3111	5253	6828	6237
#对虾	3696	2440	2838	2797	1505	2853	4718	4285
贝类	9466	15006	19009	19218	14670	15045	16724	17719
#蛏	2140	3532	4179	3925	3082	2859	3491	3920
蛤	2135	2234	3434	3708	3199	3638	4008	4410
蚶	14	281	320	450	233	231	258	218
牡蛎	4316	8004	9433	9707	6745	6664	7310	7396
藻类	3052	4455	7439	5890	5635	7015	6942	8122
#海带	963	1790	4320	3042	2984	3772	3630	4138
紫菜	2088	2660	2774	2423	2322	2810	2978	3087
在海水养殖中								
海上养殖	3441	12550	13621	13920	11032	12171	12368	13374
滩涂养殖	4394	5353	12384	12082	9185	10329	12573	13260
陆基养殖	9089	11101	6905	7356	5408	6837	7210	7189
淡水养殖	**11656**	**13124**	**12655**	**12732**	**12833**	**13582**	**14436**	**14954**
#池塘养殖	5008	5706	6265	6318	7053	7977	8344	9123
湖泊养殖	431	527	580	567	252	383	384	392
河沟养殖	2145	1579	1410	1398	1212	1173	1208	1076
水库养殖	2768	4031	3226	3333	3237	2577	3194	3218

5-9 续表 单位:公顷

项 目	2011年	2012年	2013年	2014年	2015年	2016年	2017年
水产品养殖面积	**51434**	**54524**	**58042**	**60363**	**62770**	**62870**	**64323**
海水养殖	**36108**	**38835**	**41909**	**43490**	**45384**	**47179**	**48093**
#鱼类	1680	1772	1988	2114	2348	2508	2221
虾蟹类	6503	8149	8133	8844	8741	8963	7873
#对 虾	4288	5575	5520	5949	5695		
贝 类	18791	19486	20438	20918	21483	21783	22647
#蛏	3958	4108	4401	4452	4573		
蛤	4727	4406	4353	4293	4308		
蚶	349	317	291	288	292		
牡 蛎	7802	8654	8969	9252	9357		
藻 类	8998	9089	9636	10007	10969	12031	13232
#海 带	4670	4652	5108	5224	5511		
紫 菜	3182	3361	3422	3553	3753		
在海水养殖中							
海上养殖	15380	16912	17563	19062	20832	22673	22301
滩涂养殖	13236	13240	14946	15383	15272	14572	14227
陆基养殖	7492	8683	9400	9045	9280	9934	11565
淡水养殖	**15326**	**15689**	**16133**	**16873**	**17386**	**15691**	**16230**
#池塘养殖	9656	10268	10647	11083	11574	10919	11605
湖泊养殖	383	386	402	426	421	344	330
河沟养殖	1055	981	932	930	961	828	806
水库养殖	3027	2904	3005	3077	3103	2808	2741

5－10 农林牧渔业增加值

（1993－2017 年）

单位：万元

年份	合计	农业	林业	牧业	渔业
1993	530391	200661	29333	92902	217745
1994	728654	250044	36367	117058	327185
1995	985156	337342	39643	158543	449628
1996	1108933	358436	41132	194627	514738
1997	1209896	382462	46113	233862	547450
1998	1285522	406604	48932	239589	590397
1999	1348355	423332	46987	238460	639576
2000	1351822	414588	47807	227059	662368
2001	1326433	442508	18453	235020	630452
2002	1360280	458454	18666	238623	644536
2003	1436978	461564	40083	235797	699534
2004	1622965	507563	41238	284568	789596
2005	1747751	530105	42150	286787	879562
2006	1761368	535742	43668	228328	875200
2007	2042412	600093	48138	292118	1016137
2008	2364866	656183	60064	367846	1187171
2009	2420005	711384	63226	318786	1229252
2010	2827271	845058	82536	333246	1462704
2011	3250916	941011	97709	406109	1695517
2012	3677283	1055541	104765	401596	1998598
2013	4000506	1146797	116102	388157	2225132
2014	4290722	1303722	141120	382578	2331721
2015	4486522	1391576	137797	399257	2418320
2016	4388150	1430726	154555	384671	2269392
2017	4763961	1580850	151371	354416	2525597

5－11 主要年份农林牧渔业总产值

单位:万元

年份	合计	农业	林业	牧业	渔业
1952	12316	9734	215	1228	1139
1957	18524	12495	890	2359	2780
1962	24505	16424	768	2178	5135
1965	32123	21393	1258	4329	5143
1970	39840	24707	1826	5764	7543
1975	36946	24304	1733	4472	6437
1978	47780	31845	1633	5253	9049
1979	62811	42046	2262	7787	10716
1980	74270	49102	2888	9387	12893
1985	170781	85547	8224	33855	43155
1990	424801	188913	22070	94358	119460
1995	1594572	502701	55001	275179	761691
2000	2174225	618324	69349	394533	1092019
2001	2153911	659853	26811	411876	1055371
2002	2210770	642627	68257	419142	1080744
2003	2348379	694864	55839	417443	1180233
2004	2685206	765033	60794	504275	1355104
2005	2907871	807694	63837	510637	1510342
2006	3132626	883991	69142	504578	1657722
2007	3461207	918981	76381	532423	1788673
2008	4023099	1007146	96549	671220	2090826
2009	4108815	1093168	101706	582075	2168011
2010	4800148	1298939	133141	611016	2581890
2011	5526045	1446379	158109	742443	2992001
2012	6251218	1620658	169810	736779	3526352
2013	6827525	1761562	188517	737776	3929663
2014	7307738	2004837	229293	726840	4124359
2015	7648776	2146577	223945	759043	4283273
2016	7497585	2213046	252929	746893	4032699
2017	8187916	2494826	247807	688435	4491292

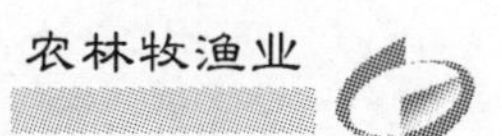

5－12　主要年份农林牧渔业总产值指数

（以上年为100）

单位:%

年　份	合　计	农　业	林　业	牧　业	渔　业
1957	107.30	98.20	151.20	125.70	118.10
1962	112.00	112.00	82.50	120.10	113.30
1965	117.70	118.40		118.00	113.50
1970	122.70	129.30	148.10	137.70	102.70
1975	95.80	95.10	112.80	100.90	92.30
1978	114.90	109.90	113.00	128.40	121.20
1979	111.80	112.20	117.00	125.30	100.10
1980	103.70	102.40	111.40	105.20	105.00
1985	109.20	103.90	127.20	118.40	109.40
1990	104.90	100.00	106.30	104.70	111.10
1995	111.80	109.50	108.10	110.60	114.40
2000	103.30	100.10	104.30	101.00	105.80
2001	100.80	99.30	97.20	103.40	100.90
2002	103.90	103.40	95.50	102.10	105.70
2003	104.00	100.30	97.10	100.40	107.50
2004	105.10	101.20	106.20	104.40	107.90
2005	102.72	100.29	100.64	101.59	104.60
2006	104.10	102.70	104.50	100.20	106.30
2007	105.20	103.70	104.10	97.00	108.50
2008	105.60	102.30	107.90	105.70	107.30
2009	105.40	105.10	103.80	103.70	105.60
2010	104.10	102.70	109.00	103.40	104.70
2011	104.00	104.10	105.70	101.20	104.70
2012	104.80	103.40	101.20	104.60	104.70
2013	104.70	103.70	100.80	102.10	105.90
2014	104.70	103.90	112.80	97.90	105.90
2015	104.00	105.80	106.90	95.50	104.50
2016	102.60	103.80	105.40	97.20	102.50
2017	103.70	105.60	102.80	90.80	105.00

5-13 主要年份农林牧渔业总产值指数

（以1952年为100）

年份	合计	农业	林业	牧业	渔业
1952	100.00	100.00	100.00	100.00	100.00
1957	141.20	114.00	376.20	173.90	220.90
1962	121.60	95.50	209.30	103.50	263.00
1965	182.30	145.20	394.30	236.20	302.50
1970	193.00	140.90	476.00	262.00	369.60
1975	186.80	146.60	480.20	215.70	334.80
1978	236.70	188.30	438.30	245.40	455.80
1979	262.10	211.40	513.00	307.40	456.10
1980	271.90	216.50	571.20	323.30	478.70
1985	425.70	278.40	1563.90	684.50	827.80
1990	643.90	354.90	2059.10	1103.50	1573.80
1995	1168.60	465.40	4162.10	1834.90	3881.20
2000	1722.00	597.50	5152.70	2748.20	6258.00
2001	1735.20	593.20	5007.80	2841.10	6311.50
2002	1802.90	613.20	4780.00	2900.00	6671.00
2003	1907.60	656.50	2647.20	2945.70	7418.30
2004	2033.31	685.76	2858.55	3000.74	8096.90
2005	2055.44	654.16	2920.86	3054.01	8251.60
2006	2139.70	671.90	3052.30	3060.10	8771.50
2007	2251.00	696.60	3177.40	2968.30	9517.10
2008	2376.60	712.60	3427.80	3136.00	10207.10
2009	2504.94	748.94	3558.06	3252.03	10778.70
2010	2607.64	769.16	3878.28	3362.60	11285.30
2011	2711.95	800.70	4099.34	3402.95	11815.71
2012	2842.12	827.92	4148.53	3559.49	12371.05
2013	2975.70	858.56	4181.72	3634.23	13100.94
2014	3115.56	892.04	4716.98	3557.91	13873.90
2015	3240.18	943.78	5042.45	3397.81	14498.22
2016	3324.42	979.65	5314.74	3302.67	14860.68
2017	3447.43	1034.51	5463.56	2998.82	15603.71

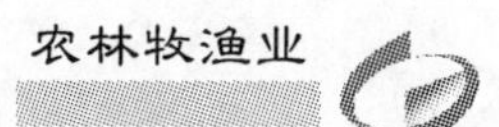

5－14　农林牧渔业分项产值

单位:万元

项　　目	1995 年	2000 年	2005 年	2006 年	2007 年	2008 年	2009 年	2010 年
农林牧渔业总产值	**1648429**	**2174225**	**2907871**	**3132627**	**3461207**	**4023099**	**4108816**	**4800149**
一、农业产值	**502701**	**618324**	**807695**	**883991**	**918981**	**1007146**	**1093168**	**1298940**
#粮　食	195114	168471	237438	288062	246841	222285	220816	217695
蔬菜、瓜类	178363	260474	392981	432372	486938	566083	692365	646133
茶、桑、果	43359	71974	96071	122852	146425	172308	178026	238241
二、林业产值	**55001**	**69349**	**63837**	**69142**	**76381**	**96549**	**101705**	**133141**
#竹木采伐	16700	12223	31058	32553	38472	45896	46829	58121
林产品	33902	54278	28078	31600	32312	44489	48546	59100
林木培育和种植			4701	4989	5596	6164	6330	15920
三、牧业产值	**329036**	**394533**	**510637**	**504578**	**532423**	**671220**	**582075**	**611016**
#猪	203631	225641	310332	307406	350475	449257	345862	363492
家禽饲养	51994	64229	158607	155268	142489	160810	174929	180245
狩猎和捕捉动物	174	513	749	676	544	531	532	1041
其他畜牧业	5678	7819	10431	9961	11080	17059	15683	18018
四、渔业产值	**761691**	**1092019**	**1510342**	**1657722**	**1788673**	**2090826**	**2168011**	**2581890**
海水产值	447740	753290	1130325	1259247	1328973	1645055	1693008	2015226
淡水产值	313951	338729	380017	398476	459701	445771	475003	566665

注:1. 本表中2010起年粮食产值包括谷物及其他农作物产值;蔬菜、瓜类类产值包括蔬菜、食用菌及花卉盆景园艺产品产值;2. 本表中2004年起茶、桑、果产值包括水果、坚果、饮料和香料作物的产值。

5－14 续表 单位:万元

项　　目	2011年	2012年	2013年	2014年	2015年	2016年	2017年
农林牧渔业总产值	**5526045**	**6251218**	**6827524**	**7307738**	**7648776**	**7497585**	**8187916**
一、农业产值	**1446380**	**1620658**	**1761562**	**2004837**	**2146577**	**2213046**	**2494826**
#粮　食	243458	262842	274966	295115	306773	221205	274329
蔬菜、瓜类	916774	1017564	1148984	1259159	1333881	1414676	1541026
茶、桑、果	276982	326246	318187	423722	450329	432532	525080
二、林业产值	**158109**	**169810**	**188517**	**229293**	**223945**	**252929**	**247807**
#竹木采伐	54857	58868	63643	97968	95793	111245	116865
林产品	62680	75355	87160	96343	96165	118017	104491
林木培育和种植	40572	35587	37714	34982	31986	23667	26452
三、牧业产值	**742443**	**736779**	**737776**	**726840**	**759043**	**746893**	**688425**
#猪	481170	490271	467019	421456	426997	415433	327737
家禽饲养	176622	154333	154727	161596	178368	253204	259184
狩猎和捕捉动物	924	883	1063	1082	1097	925	1061
其他畜牧业	23397	25006	31187	37393	37729	38474	12280
四、渔业产值	**2992002**	**3526352**	**3929663**	**4124359**	**4283273**	**4032699**	**4491292**
海水产值	2264355	2764675	3140111	3350043	3558926	3473697	3893661
淡水产值	727647	761677	789552	774316	724347	559003	597630

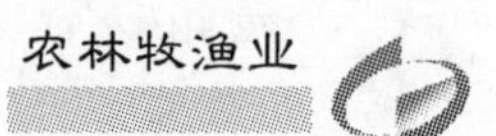

5－15　主要年份粮食总产量及单位播种面积产量

年　　份	粮食总产量（吨）	#稻　谷	粮食单产（公斤/亩）	#稻　谷
1952	607376	434326	154	153
1957	655981	450829	156	160
1962	523324	353333	137	144
1965	802162	577140	207	220
1970	827816	603764	208	221
1975	834994	621476	203	214
1978	989434	752856	240	262
1980	1081911	837805	272	305
1985	1007395	8325550	298	334
1990	1226972	948202	306	369
1995	1351140	1023769	341	404
2000	1403843	1021520	367	431
2001	1247727	897823	362	423
2002	1222864	885947	370	431
2003	1086208	789352	364	421
2004	1058508	770233	371	427
2005	974376	693882	361	413
2006	986935	701045	368	419
2007	640500	454673	347	367
2008	637721	435306	349	373
2009	619245	411649	348	373
2010	606916	392600	349	379
2011	599800	389932	353	385
2012	559950	363650	349	382
2013	555280	354807	352	387
2014	553738	342535	356	389
2015	543437	319171	354	383
2016	444274	242525	356	379
2017	447216	234748	361	381

5－16 各类粮食产量

单位:吨

项　目	1995 年	2000 年	2005 年	2006 年	2007 年	2008 年	2009 年	2010 年
总　计	**1351140**	**1403843**	**974376**	**986935**	**640500**	**637721**	**619245**	**606916**
按收获季节分								
春收粮食	74589	91596	50245	49627	27571	30788	33308	33125
夏收粮食	461809	465299	282657	266986	133328	127189	124114	110757
秋收粮食	814742	846948	641474	670322	479601	479744	461823	463034
按品种分								
稻　谷	1023769	1021520	693882	701045	454673	435306	411649	392600
早　稻	448473	446374	263967	249425	122171	115086	111070	96932
中稻和一季晚稻	200591	210388	227865	240983	197065	192259	195453	190031
双季晚稻	374705	364758	202050	210637	135437	127961	105126	105637
大小麦	41219	30845	9	22	856	1165	6	6
#小　麦	25682	18855	9	19	856	1165	6	6
甘　薯	228878	258093	199171	206371	141101	152841	154247	159373
马铃薯	24521	46072	44237	43736	27932	29442	34332	34269
杂　粮	3146	5083	6152	5776	5071	5656	5743	6755
大　豆	15381	18877	16386	16388	8789	9561	10609	11064

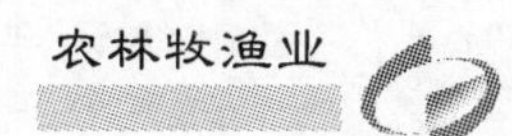

5－16 续表 单位:吨

项　　目	2011 年	2012 年	2013 年	2014 年	2015 年	2016 年	2017 年
总　　计	**599800**	**559950**	**555280**	**553738**	**543437**	**444274**	**447203**
按收获季节分							
春收粮食	34153	34505	35426	36706	38660	47827	47396
夏收粮食	112545	108716	106459	103753	99069	72160	62293
秋收粮食	453102	416729	413395	413279	405708	327533	337514
按品种分							
稻　谷	389932	363650	354807	342535	319171	242525	234748
早　稻	98119	93680	90862	87230	81252	61453	48091
中稻和一季晚稻	181613	171621	168074	165442	155371	121283	123959
双季晚稻	110200	98349	95871	89863	82548	59789	62698
大小麦	6						
#小　麦	6						
甘　薯	152457	136726	138912	146420	155077	134517	141775
马铃薯	35326	36028	36949	38258	40426	48044	50096
杂　粮	7468	8456	9231	10238	11165	7174	7717
大　豆	11766	12175	12333	13046	14298	8086	8573

5－17　主要年份经济作物总产量及单位播种面积产量

年　份	总产量（吨）				单　产（公斤/亩）			
	油　料	花　生	甘　蔗	烤　烟	油　料	花　生	甘　蔗	烤　烟
1952	18626	16849	24450	120	94	106		73
1957	15622	14323	39379	35	69	79	3083	55
1962	9966	9293	10964	48	61	67	1928	45
1965	18795	16059	79266	31	87	102	3705	2
1970	15835	19492	52931	7	97	144	2952	27
1975	18341	15301	34936	70	85	111	3033	62
1978	17433	13280	92962	207	71	92	4024	75
1980	21119	13351	182324	149	64	87	4852	73
1985	25765	24173	469378	1939	123	137	4384	85
1990	28378	25542	244966	905	114	134	4219	77
1995	33624	32596	92618	567	148	155	3733	80
2000	32992	31998	33792	848	141	145	3097	100
2001	32926	32206	32516	841	140	142	3054	113
2002	35530	34994	39268	806	152	155	3219	101
2003	34365	34200	43008	853	139	139	3208	104
2004	40772	40603	38358	28	151	151	3271	88
2005	40013	39828	38296	29	151	151	3319	91
2006	39535	39363	37253	29	145	146	3314	91
2007	46149	45997	16821	23	154	154	3168	99
2008	44819	44642	26470	9	155	155	4010	95
2009	45557	45230	25718	9	151	152	3961	105
2010	45887	45407	26329	1	152	152	3927	91
2011	47158	46641	25448		153	154	3841	
2012	49030	48486	20853		154	155	3340	
2013	50891	50307	23768		157	157	3690	
2014	53205	52563	23958		158	159	3728	
2015	56380	55638	23936		160	161	3797	
2016	45399	43343	36580		157	160	3780	
2017	45731	43548	36858		163	166	3801	

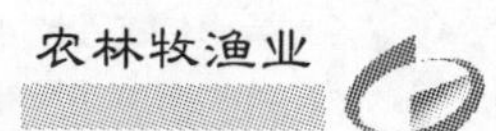

5－18 茶叶水果食用菌产量

单位:吨

项　　目	1995 年	2000 年	2005 年	2006 年	2007 年	2008 年	2009 年	2010 年
蔬菜(含菜用瓜)总产量								**2886807**
茶叶产量	**4942**	**7908**	**11434**	**12008**	**13143**	**15011**	**15537**	**16578**
#绿毛茶	4926	7855	9707	11144	12260	13757	14228	16550
乌龙茶			528	742	883	1217	1308	
水果产量	**220343**	**250515**	**278591**	**290098**	**310090**	**320489**	**338370**	**348995**
#柑　桔	132883	110975	87131	90676	92719	95438	99908	108039
龙　眼	2508	11202	17859	16645	18941	18834	20660	21310
荔　枝	916	1363	1925	2125	1962	1951	2041	2218
香　蕉	5391	6010	12179	13010	13755	14136	13802	14146
枇　杷	8719	16883	13710	28310	31419	33219	26884	29522
菠　萝		36	36	36	36	36	36	36
橄　榄	3795	9981	18762	19408	21350	29734	35866	39530
柿	3850	9360	13098	13998	13681	14509	14546	16299
桃	10393	9861	13006	12718	13857	15055	16684	17382
李	25196	25966	49165	39560	48630	44399	51794	43945
柚	173	897	1745	1776	1757	1923	2957	3935
梨	2979	3985	4357	4537	4883	5082	5295	5405
苹　果		1	15	15	15	16	15	15
葡　萄	8507	11916	6219	14076	13719	13816	14550	14769
杨　梅	701	1148	1581	1703	1805	1856	1985	1975
食用菌产量	**29909**	**34419**	**62537**	**72455**	**79217**	**87944**	**98351**	**106678**
#蘑　菇	18042	14751	19006	10631	21526	22408	22231	22798
香　菇	9317	12877	9471	10245	10608	12060	12618	13175
白木耳	401	1105	1343	1378	1482	1674	1781	1813
黑木耳	947	1691	4236	4203	4508	5087	5699	6033

5－18　续表　　单位:吨

项　　目	2011 年	2012 年	2013 年	2014 年	2015 年	2016 年	2017 年
蔬菜(含菜用瓜)总产量	**2995006**	**3119483**	**3236711**	**3422325**	**3599961**	**3506533**	**3706574**
茶叶产量	**18168**	**19535**	**21934**	**24803**	**27461**	**32506**	**37627**
#绿毛茶	16471	17546	17813	19549	21113	25276	27507
乌龙茶							
水果产量	**380241**	**410419**	**454596**	**496405**	**533792**	**635038**	**715830**
#柑　桔	113906	119769	128852	138007	145442	158421	167130
龙　眼	22258	25321	24327	27203	29601	24749	27254
荔　枝	2552	2401	2327	2414	2532	3111	4164
香　蕉	14447	15658	16516	17709	19105	18531	20590
枇　杷	32966	35718	40010	43090	46878	102671	101061
菠　萝	36	36	34				
橄　榄	45974	53402	56869	68263	71985	82844	81545
柿	16841	17728	19171	19978	21334	13716	12937
桃	17857	17771	19281	20635	22824	23341	24430
李	53665	62062	78933	86171	95028	79289	90486
柚	4096	4165	5779	8048	9554	18104	21272
梨	5559	5558	5713	6022	6285	7577	8639
苹　果							
葡　萄	16095	17017	19427	18439	18832	18901	19630
杨　梅	1979	2004	2118	2234	2399	8482	8349
食用菌产量	**116858**	**130842**	**145024**	**153530**	**173993**	**185729**	**208220**
#蘑　菇	24034	24138	24351	25389	26773	26199	28561
香　菇	14121	14785	15401	16616	17897	18164	18738
白木耳	1853	1797	1479	1578	1643	1726	1871
黑木耳	6315	6782	7733	8349	8813	9496	10620

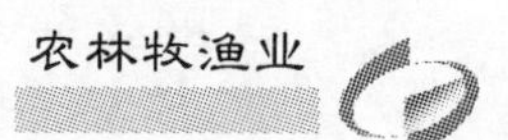

5－19 主要年份林业 牧业 水产品生产情况

年　份	造林面积（公顷）	猪牛羊肉产量（吨）	猪出栏数（头）	水产品产量（吨）
1952	5828		220146	52718
1957	14034		433618	99877
1962	7858		183119	96056
1965	26001		526678	127761
1970	30130		521406	139001
1975	22790		599998	129771
1978	20891		671865	153731
1980	22453		755444	156087
1985	31750		927279	265359
1990	36341	94566	928283	440433
1995	4530	177027	2006653	804394
2000	3469	198081	2561742	1462961
2001	2398	213177	2759628	1459291
2002	3397	216571	2829732	1508296
2003	2433	216918	2881159	1617731
2004	2925	222732	2955053	1685635
2005	2228	233068	3094176	1712836
2006	3601	238382	3148552	1740456
2007	7564	170796	2154173	1538387
2008	5895	196660	2456643	1648255
2009	6012	209465	2658355	1691129
2010	4839	216853	2756838	1771046
2011	26246	221280	2821030	1847918
2012	6833	236989	3062932	1962207
2013	10013	243318	3095043	2076954
2014	4389	233807	2935448	2187393
2015	4729	216773	2551911	2282179
2016	4119	209089	2472644	2316750
2017	4359	152812	1799879	2457839

5－20 造林面积

单位:公顷

项　　目	1995 年	2000 年	2005 年	2006 年	2007 年	2008 年	2009 年	2010 年
当年造林面积	4530	3469	2228	3601	7564	5894	6012	4839
#用材林	3276	1636	1321	2485	1251	3779	3332	2397
经济林	310	482	33	51	55	173	474	620
防护林	1903	1295	864	1016	1876	1908	2207	2294
薪炭林	2592	55	9	48	6			
人工促进天然林更新面积	3551	4702	9650	8223	4908		1512	2432
零星植树(万株)	20	6	252	12	142	152	165	7
育苗面积	24	35	27	31	31	41	42	44
幼林抚育作业面积	41478	9692	7792	9749	11972	12259	13805	14820
成林抚育作业面积	14683	6360	2397	1598	1410	1149	2027	13277

注:1985 年以前造林面积成活率 45%以上统计,1986 年及以后各年成活率 85%以上统计;2011 年数据不含平潭。

5-20 续表 单位:公顷

项　　目	2011 年	2012 年	2013 年	2014 年	2015 年	2016 年	2017 年
当年造林面积	26246	6833	10013	4389	4729	4119	4359
#用材林	16219	2738	5738	2436	6963	2069	1244
经济林	1703	1977	572	214	182		48
防护林	8286	2119	3501	1688	6250	1074	609
薪炭林			202			70	199
人工促进天然林更新面积	8644	3411	7615	492	1762	1458	1759
零星植树(万株)	56	457	649	634	1018	950	1200
育苗面积	27	289	383	1190	1011	1163	1188
幼林抚育作业面积	41599	70730	50279	45385	11310	17683	22551
成林抚育作业面积	14506	41414	36347	39837	20677	17683	46313

5－21　主要林产品产量

单位:吨

项　目	1995年	2000年	2001年	2002年	2003年	2004年	2005年	2006年	2007年
木材采伐产量(立方米)	123885	77034	77597	76669	183494	187167	149259	161922	702337
竹材采伐产量(万根)	1889	1236	979	1101	296	1088	1267	2028	2401
油桐籽	936	2422	2297	2444	2600	2575	2726	2535	2646
油茶籽	3620	5600	5161	5463	5523	6039	6312	6675	7145
棕　片	752	1944	1899	2103	2119	2245	2481	2719	2787
松　脂	591	983	1048	1003	1039	1076	1199	1332	1405
笋　干	2051	5527	5424	5494	5285	5504	6557	7342	8256
板　栗	138	2362	1894	2344	2371	2572	3043	3718	3845
紫　胶		32	32						106
山苍籽	101	207	191	191	277	334	372	429	459

注:本表2004年木材采伐产量不含薪材;竹材采伐产量含毛竹、篙竹;2003年起为全社会口径,其他年份为村及村以下口径。

5－21　续表　　单位:吨

项　　目	2008 年	2009 年	2010 年	2011 年	2012 年	2013 年	2014 年	2015 年	2016 年	2017 年
木材采伐产量(立方米)	665705	714887	791697	652785	765869	786839	916617	878455	824351	1070485
竹材采伐产量(万根)	2696	2853	2943	2970	3388	3909	7671	8118	9251	9010
油桐籽	2793	2922	3040	3166	3299	3471	3534	3199	3735	3637
油茶籽	7976	8895	10167	11206	13301	15237	17314	19862	22527	28742
棕　片	2809	2967	3429	3447	3647	3769	3810	3734	3822	3504
松　脂	1449	1539	1839	1837	1866	1923	1923	1935	1938	2015
笋　干	9600	10392	11874	12783	14021	15551	17471	19773	22958	25011
板　栗	4493	4666	5213	5454	5791	5954	6526	6981	7468	3047
紫　胶	98	106	102							
山苍籽	495	531	573	572	606	634	659	691	713	722

5-22 主要畜禽产品产量

项目	单位	1995年	2000年	2005年	2006年	2007年	2008年	2009年	2010年
肉类产量	吨	210142	245787	283425	287798	201723	230900	244802	253058
#猪肉	吨	172233	192111	226284	231361	164561	189903	202559	209716
牛肉	吨	2088	2708	2494	2378	2169	2286	2269	2344
羊肉	吨	2706	3262	4290	4643	4066	4471	4637	4793
禽肉	吨	30865	44868	47197	46422	27516	30701	32133	33058
兔肉	吨	2250	2838	3160	2994	3411	3445	3103	3142
牛奶产量	吨	34138	38539	40032	36655	22522	24759	24452	22067
蜂蜜产量	吨	836	775	907	836	1050	957	1038	1069
禽蛋产量	吨	91500	152478	155656	156899	137300	115166	117792	120547
肉猪出栏数	头	2006653	2561742	3094176	3148552	2154173	2456643	2658355	2756838
肉羊出栏数	头	215065	262579	331407	364472	318458	348641	361440	373413
肉牛出栏数	头	18775	27609	25015	25071	21009	22395	22322	23039
家禽出栏数	只	25445259	34309369	35730267	35156291	19909745	21209931	22220499	23099853
家兔出栏数	只	1756271	2275287	2389477	2252492	2302779	2331491	2201494	2242233

5－22 续表

项　　目	单　位	2011 年	2012 年	2013 年	2014 年	2015 年	2016 年	2017 年
肉类产量	吨	257969	269037	275581	262571	247092	220532	193333
#猪　肉	吨	213770	229038	234726	224281	206490	200899	143979
牛　肉	吨	2482	2620	2912	3247	3595	2442	2904
羊　肉	吨	5028	5331	5680	6279	6688	5748	5929
禽　肉	吨	33370	28663	28615	24961	26348	36805	38210
兔　肉	吨	3319	3385	3648	3803	3971	1927	1768
牛奶产量	吨	21733	19108	16941	17446	17624	5794	5587
蜂蜜产量	吨	1127	1164	1223	1263	1454	1614	1998
禽蛋产量	吨	123007	126660	106316	102057	104157	125414	124480
肉猪出栏数	头	2821030	3062932	3095043	2935448	2551911	2472644	1799879
肉羊出栏数	头	392052	413137	432972	471593	500305	422061	434734
肉牛出栏数	头	24391	25677	27699	30629	34213	22963	26927
家禽出栏数	只	23792849	19524862	19510455	16794211	16837685	25917006	24745732
家兔出栏数	只	2376219	2435816	2576273	2668774	2790769	1339218	1155749

5－23　年末畜禽存栏数

项　　目	单　位	1995年	2000年	2005年	2006年	2007年	2008年	2009年	2010年
大牲畜	头	125733	108228	96365	89841	68687	70946	70083	69050
牛	头	125730	108226	96363	89792	66141	70946	70083	69050
#乳　牛	头		8868	9998	8112	4919	5904	7637	7168
#役　畜	头	84434	64978	50832	46918	33037	21057	19556	19018
猪	头	1267342	1472923	1519169	1587448	1647877	1725669	1730479	1759074
#能繁殖母猪	头	25083	76349	98084	95397	131028	145494	161986	166887
羊	只	193419	193741	240842	255442	229208	248361	250494	259029
蜜蜂箱数	箱	41242	42655	42613	41634	48861	44620	46014	46805
家　兔	只	1139739	1237035	1227390	1257436	1349558	1255941	1274911	1296344
家　禽	只	15917782	17547471	18172230	17622955	15249057	13155578	13788580	14243604

5－23　续表

项　　目	单　位	2011 年	2012 年	2013 年	2014 年	2015 年	2016 年	2017 年
大牲畜	头	71188	72329	74759	74817	74510	43168	51597
牛	头	71188	72329	74759	74817	74510	43168	51597
#乳　牛	头	8082	7300	7014	7253	7434	2709	2226
#役　畜	头	18958	18142	17395	16909	16737	22550	28828
猪	头	1827694	1867715	1788827	1622463	1502979	947477	1072934
#能繁殖母猪	头	172215	191235	180990	160121	153668	98662	119013
羊	只	267577	283624	293696	311379	333259	263676	238503
蜜蜂箱数	箱	48275	47922	49407	47597	49614	39230	34414
家　兔	只	1362616	1298219	1310769	1371453	1486117	613182	545580
家　禽	只	14685156	13617748	13232381	11658765	10795205	12766058	13198073

5－24 淡水产品产量

单位:吨

项目	1995年	2000年	2005年	2006年	2007年	2008年	2009年	2010年
淡水产品产量	**83082**	**149340**	**159158**	**165612**	**185383**	**166919**	**179006**	**186610**
#鱼　类	77359	118596	128496	134808	163319	140378	153152	156261
虾蟹类	472	1516	6867	7210	8124	9974	9189	15435
贝　类	4062	27728	22387	22412	12505	15121	15364	13873
淡水养殖产量	78234		145212	190995	168290	152518	164951	172786
#池　塘			98722	94770	128395	115745	127087	142124
水　库			16455	49995	17599	15467	16650	16304
河　沟			10230	20970	5727	7939	8360	6407
湖泊			4286	8505	913	2841	2906	3210

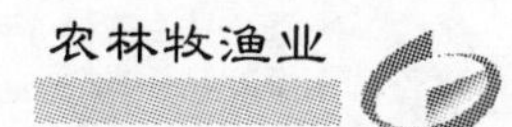

5－24　续表

单位：吨

项　　目	2011 年	2012 年	2013 年	2014 年	2015 年	2016 年	2017 年
淡水产品产量	**198648**	**206357**	**221966**	**240085**	**253818**	**193806**	**221282**
#鱼　类	160887	163063	175307	190048	191534	154511	165978
虾蟹类	20701	25116	27652	30772	33427	30516	33338
贝　类	15924	16531	17061	17230	12022	6974	7517
淡水养殖产量	184179	191974	207581	225383	239006	193806	208493
#池　塘	150153	155874	168932	183306	194460	160611	174871
水　库	17100	18790	20062	21889	24111	19724	16938
河　沟	6160	6488	7414	7962	8479	6571	7576
湖　泊	3203	3439	3547	3660	3790	2802	2837

5－25 海水产品产量

单位:吨

项　　目	1995 年	2000 年	2005 年	2006 年	2007 年	2008 年	2009 年	2010 年
海水产品产量	**721312**	**1313621**	**1553678**	**1574844**	**1353005**	**1481336**	**1512123**	**1584436**
#鱼　类	486701	582172	699645	679973	543664	635820	636565	648748
虾蟹类	28419	52964	67559	73181	63413	83613	91625	99484
贝　类	134777	555200	623718	650981	574586	553018	553018	598123
藻　类	66278	116223	146062	153454	157409	192757	189310	207371
#海水养殖产量	194312	673686	797615	842736	752956	799279	825603	879635
#鱼　类			34799	40396	41603	41256	46286	48434
虾蟹类			14535	17621	13733	21303	27111	32620
贝　类			601799	631238	525041	543808	562471	591066
藻　类			145972	153344	172514	192757	189285	207306

5－25　续表　　单位:吨

项　　目	2011年	2012年	2013年	2014年	2015年	2016年	2017年
海水产品产量	**1649270**	**1755850**	**1854988**	**1947308**	**2028361**	**2285864**	**2236557**
#鱼　类	648626	664080	690520	701898	684761	815015	860478
虾蟹类	105916	122602	130436	143028	144960	157691	159653
贝　类	632268	668978	717098	761383	787799	860956	906024
藻　类	226250	247604	271401	284667	326401	373996	419301
#海水养殖产量	946091	1024919	1107384	1189546	1282872	1425062	1513738
#鱼　类	53978	60913	66319	82589	99139	108485	98675
虾蟹类	38553	51090	52507	61836	69332	80316	85423
贝　类	625455	661636	710570	753613	780776	854658	900602
藻　类	226205	247554	270951	283967	325376	373620	419301

5-26 按县(市)区分农林牧渔业总产值

(2017年)　　单位:万元

县(市)区	农林牧渔业总产值		#农业产值	林业产值	牧业产值	渔业产值
	数值	比上年增长(%)				
福州市	**8187916**	**3.7**	**2494826**	**247807**	**688435**	**4491292**
仓山区	29800	-18.4	14087	62	1527	4314
晋安区	90125	-39.4	70075	5734	9008	1220
马尾区	69537	-5.8	25764	582	5518	37348
长乐区	877784	7.3	207458	1236	91299	555381
福清市	1598905	1.9	532255	5460	244913	740169
闽侯县	607793	5.0	405704	14495	129755	28298
连江县	2286467	5.7	181169	5316	53054	2003363
罗源县	720401	-0.3	164163	8835	27368	493566
闽清县	461857	5.3	355590	40410	49751	12401
永泰县	727821	3.0	488656	164530	35735	27687
平潭县	635018	1.4	49904	1148	40508	505136

5－27　按县(市)区分主要农产品产量

(2017 年)

单位:吨

县(市)区	粮食总产量		油料总产量		蔬菜总产量	
	数值	比上年增长(%)	数值	比上年增长(%)	数值	比上年增长(%)
福州市	**447216**	**－10.5**	**45731**	**0.7**	**3706583**	**7.4**
仓山区					38587	－10.0
晋安区	3952	2.4			131484	－1.8
马尾区	2342	－14.6	61	－20.8	50777	4.1
长乐区	64612	－7.8	1650	0.1	551639	32.3
福清市	98013	4.8	28259	0.2	683865	－19.0
闽侯县	54969	－2.7	2070	6.0	1008384	19.0
连江县	40438	－0.2	699	1.6	113046	0.0
罗源县	30107	3.4	281	3.3	116538	5.3
闽清县	51452	5.6	2023	34.6	426916	10.7
永泰县	85112	4.4	4841	9.2	514664	5.1
平潭县	16259	－77.8	5847	－11.5	70679	297.5

5-27 续表1 (2017年) 单位:吨

县(市)区	水果总产量		茶叶总产量		禽蛋总产量		牛奶总产量	
	数值	比上年增长(%)	数值	比上年增长(%)	数值	比上年增长(%)	数值	比上年增长(%)
福州市	**715830**	**-1.6**	**37627**	**15.8**	**124480**	**-0.7**	**5588**	**-3.6**
仓山区	693	160.5			1061	17.5	252	
晋安区	5099	-56.5	1643	21.3	1101	17.9	17	-94.3
马尾区	9437	-14.7			1212	2.6	275	3.8
长乐区	34653	215.4	123	15.0	17437	-1.0	510	-75.6
福清市	96964	11.6	340	26.9	54774	-3.4	2102	
闽侯县	133005	75.2	1337	120.6	15923	4.4	699	-4.1
连江县	21582	98.8	12324	9.5	8914	-10.0	9	-98.7
罗源县	47652	50.6	6727	7.3	3686	54.6	88	780.0
闽清县	116726	0.8	2747	6.8	6527	39.6	1614	
永泰县	157639	21.9	12386	23.0	4266	4.1	22	-98.5
平潭县	92380	285.2			9581	-18.5	0	-100.0

5－27　续表2　　　　　　　　　　　　　　（2017年）　　　　　　　　　　　　　　单位:吨

县(市)区	肉类总产量		水产品产量		海水产品产量	
	数值	比上年增长（%）	数值	比上年增长（%）	数值	比上年增长（%）
福州市	**193333**	**－22.0**	**2457839**	**6.1**	**2236557**	**6.0**
仓山区			4516	4.2	69	－15.9
晋安区	7778	－11.3	1137	－11.9		
马尾区	1432	－10.5	24029	5.9	15623	6.1
长乐区	26601	－5.5	168020	6.2	108190	1.1
福清市	62214	－42.6	482655	7.5	389139	8.3
闽侯县	39139	16.0	20642	－1.9	3214	－4.1
连江县	11918	－20.6	1035600	7.0	1029578	7.0
罗源县	8066	－13.0	185411	7.1	171047	7.0
闽清县	14589	1.6	6357	5.6		
永泰县	10324	－26.9	9586	7.5		
平潭县	11064	－11.4	410783	2.5	410594	2.5

5－28 按县(市)区分年末畜禽存栏数

(2017年)

县(市)区	猪		牛		羊		兔		禽	
	年末存栏(头)	比上年增长(%)	年末存栏(头)	比上年增长(%)	年末存栏(头)	比上年增长(%)	年末存栏(头)	比上年增长(%)	年末存栏(头)	比上年增长(%)
福州市	**1072934**	**13.2**	**51597**	**19.5**	**238503**	**-9.5**	**545580**	**-11.0**	**13198073**	**3.4**
仓山区									7890	-96.3
晋安区	48522	61.5	473	138.9	1557	16.9	3540	2503.3	211073	14.1
马尾区	10130	-37.0	442	152.6	4410	331.1	0	-100.0	271841	104.9
长乐区	93946	40.7	2726	4.7	6685	128.9	1764	-46.9	1244199	19.6
福清市	403972	33.9	17222	19.0	79009	22.9	189816	-9.5	3446706	-1.3
闽侯县	178642	7.5	9264	24.0	68493	63.3	178914	540.9	2710119	10.5
连江县	103320	5.6	6357	30.0	12412	5.0	27977	-34.5	1082992	-5.3
罗源县	50429	-13.5	6713	24.8	19601	-56.4	56364	-76.1	374899	20.0
闽清县	75292	5.2	2162	30.3	16327	-15.0	21564	24.5	1767264	1.8
永泰县	49039	29.2	4076	-5.0	11919	-80.9	40642	-42.8	1099999	4.0
平潭县	59641	-41.0	2162	9.5	18088	30.6	24998	421.3	981092	-1.9

5－29　按县(市)区分粮食播种面积和产量

(2017 年)　　　　单位:亩、吨

县(市)区	粮食作物		春收粮食		夏收粮食		秋收粮食	
	播种面积	总产量	播种面积	总产量	播种面积	总产量	播种面积	总产量
福州市	**1238079**	**447204**	**166163**	**47396**	**195382**	**62294**	**876534**	**337514**
晋安区	9540	3952			232	73	9308	3879
马尾区	6032	2305	308	187	1112	410	4612	1708
长乐区	167867	64612	52187	16539	36599	12823	79081	35250
福清市	266029	98001	14474	4421	78167	27108	173388	66472
闽侯县	161513	54969	23070	6025	25711	6399	112732	42545
连江县	108085	40438	9718	2600	17656	5552	80711	32286
罗源县	93700	30107	10400	1485	3717	899	79583	27723
闽清县	136952	51452	9939	3343	10365	3036	116648	45073
永泰县	236738	85112	38391	11084	19462	5436	178885	68592
平潭县	51622	16259	7675	1715	2361	558	41586	13986

主要统计指标解释

乡镇个数 指农村中经省、自治区、直辖市人民政府批准成立的乡一级行政区划的数量。不包括城关镇、城市街道办事处、工矿区。

村委会个数 指农村中经上级政府批准，按居住地区设立的基层群众性自治组织的个数，含城关镇中的村。

乡村户数 是指长期（一年以上）居住在乡镇（不包括城关镇）行政管理区域内的住户，还包括居住在城关镇所辖行政村范围内的农村住户。户口不在本地而在本地居住一年及以上的住户也包括在本地农村住户内；有本地户口，但举家外出谋生一年以上的住户，无论是否保留承包耕地都不包括在本地农村住户范围内。不包括乡村地区内的国有经济的机关、团体、学校、企业、事业单位的集体户。

乡村人口数 指乡村地区常住居民户数中的常住人口数，即经常在家或在家居住6个月以上，而且经济和生活与本户连成一体的人口。外出从业人员在外居住时间虽然在6个月以上，但收入主要带回家中，经济与本户连为一体，仍视为家庭常住人口；在家居住，生活和本户连成一体的国家职工、退休人员也为家庭常住人口。但是现役军人、中专及以上（走读生除外）的在校学生、以及常年在外（不包括探亲、看病等）且已有稳定的职业与居住场所的外出从业人员，不应当作家庭常住人口。

乡村劳动力资源数 指乡村人口中劳动年龄以上（16周岁）能够参加生产经营活动的人员。

乡村从业人员 指乡村人口中16岁以上实际参加生产经营活动并取得实物或货币收入的人员，既包括劳动年龄内经常参加劳动的人员，也包括超过劳动年龄但经常参加劳动的人员。但不包括户口在家的在外学生、现役军人和丧失劳动能力的人，也不包括待业人员和家务劳动者。从业人员按从事主业时间最长（时间相同按收入）分为农业从业人员、工业从业人员、建筑业从业人员、交运仓储及邮政业从业人员、信息传输、计算机服务和软件业从业人员、批发与零售业从业人员、住宿和餐饮业从业人员、其他行业从业人员。

耕地 指种植农作物的土地，包括熟地，新开发、复垦、整理地，休闲地（含轮歇地、轮作地）；以种植农作物（含蔬菜）为主，间有零星果树、桑树或其他树木的土地；平均每年能保证收获一季的已垦滩地和海涂。耕地中包括南方宽度<1.0米、北方宽度<2.0米固定的沟、渠、路和地坎（埂）；临时种植中草药材、草皮、花卉、苗木等的耕地，以及其他临时改变用途的耕地。

农用化肥施用量 指本年度内实际用于农业生产的化学肥料数量，包括氮肥、磷肥、钾肥和复合肥。化肥施用量要求按折纯量计算数量，折纯量是指把氮肥、磷肥、钾肥分别按含氮、含五氧化二磷、含氧化钾的百分之一百成分进行折算后的数量。复合肥按其所含主要成份折算。计算公式为：

折纯量=实物量×某种化肥有效成份含量的百分比

农作物播种面积 指实际播种或移植的面积。凡是实际种植有农作物的面积，不论种植在耕地还是非耕地上，也不论面积大小，均应如实统计，种什么就报什么，种多少就报多少，不得遗漏。时改变用途的耕地。

粮食产量 指全社会的产量。包括国有经济经营的、集体统一经营的和农民家庭经营的粮食产量，还包括工矿企业办的农场和其他生产单位的产量。粮食除包括稻谷、小麦、玉米、高粱、谷子及其他杂粮外，还包括薯类和豆类。其产量计算方法，豆类按去豆荚后的干豆计算；薯类（包括甘薯和马铃薯，不包括芋头和木薯）1963年以前按每4公斤鲜薯折1公斤粮食计算，从1964年开始及以后改为按5公斤鲜薯折1公斤粮食计算。城市郊区作为蔬菜的薯类（如马铃薯等到）按鲜品计算，并且不作粮食统计。其他粮食一律按脱粒后的原粮计算。

农林牧渔业总产值 指以货币表现的农、林、牧、渔全部产品和对农业生产进行各种支持性服务活动的总量，它反映一定时期内生产的总规模和总成果。从2003年开始农林牧渔业总产值执行新的国民经济行业分类标准，包括农业、林业、牧业、渔业及农林牧渔业服务业，不再包括农民家庭兼营商品性工业。

农林牧渔业中间消耗　指各种经济类型的农业生产单位和农户在农业生产经营过程中投入(或消耗)的各种物质产品和劳务价值的总和。包括中间物质消耗和中间劳务消耗两个部分。计入中间消耗必须具备以下两个条件:一是与总产出相对应的生产过程中消耗的物质产品和劳务活动;二是本期投入并一次消耗的不属于固定资产的非耐用品。

农林牧渔业增加值　指各种经济类型的农业生产单位和农户从事生产经营活动所提供的社会最终产品的货币表现。增加值的计算方法有两种,一是生产法:农林牧渔业增加值 = 农林牧渔业总产出 - 农林牧渔业中间消耗;二是分配法:农林牧渔业增加值 = 固定资产折旧 + 劳动者报酬 + 生产税净额(生产税 - 生产补贴) + 营业盈余。

6 工业与交通

6-1 主要年份工业总产值和工业增加值

单位:亿元

年　　份	工业总产值	工业增加值	工业增加值指数	
			以上年为100	以1952年为100
1952	0.84	0.23	160.0	100.0
1957	1.80	0.50	100.6	215.5
1962	2.67	0.75	86.0	320.0
1965	4.59	1.28	131.1	549.2
1970	6.71	1.88	118.5	803.3
1975	12.14	3.40	109.9	1453.7
1978	16.18	4.53	123.4	1937.1
1979	18.06	5.06	111.4	2162.2
1980	19.94	5.58	111.3	2386.8
1985	45.13	14.31	136.8	6119.5
1990	137.28	34.50	79.0	14751.4
1995	506.82	130.01	118.3	48430.8
2000	1123.85	321.15	114.8	124540.1
2001	1162.64	346.98	111.8	139235.9
2002	1342.91	385.36	115.7	161096.2
2003	1627.09	463.84	118.8	191382.4
2004	1992.10	539.56	115.0	220099.9
2005	2209.99	564.20	105.0	232205.4
2006	2545.96	601.85	108.3	251478.4
2007	3080.63	699.55	113.8	286182.5
2008	3584.58	791.24	113.2	323958.6
2009	3965.65	891.64	113.7	368340.9
2010	4869.05	1127.59	118.8	437589.0
2011	5873.36	1355.19	115.2	504102.5
2012	6353.25	1481.99	114.1	575181.0
2013	7253.98	1654.51	113.2	651104.9
2014	8009.76	1816.87	111.7	727284.2
2015	8195.22	1875.26	106.8	776739.5
2016	8810.37	1978.83	106.7	828781.0
2017	8931.28	2227.15	107.7	892597.2

6－2 “规模以上”工业企业单位数

单位:个

项　　目	2003 年	2004 年	2005 年	2006 年	2007 年	2008 年	2009 年
合　计	**1901**	**2345**	**2359**	**2470**	**2656**	**2902**	**2889**
一、按轻重工业分							
轻工业	1112	1356	1363	1419	1520	1644	1647
重工业	789	989	996	1051	1136	1257	1242
二、按企业规模分							
大型企业	10	12	11	13	15	18	20
中型企业	169	196	223	257	282	315	299
小型企业	1722	2137	2125	2200	2359	2568	2570
微型企业							
三、按登记注册类型分							
内资企业	1129	1437	1426	1489	1649	1855	1883
港澳台商投资企业	470	502	500	532	545	562	545
外商投资企业	302	406	433	449	462	485	461
四、按经济组织类型分							
独资企业	921	942	883	896	889	902	851
合作、合伙企业	138	106	100	85	81	85	68
股份有限公司	60	62	69	65	71	64	67
有限责任公司	782	1235	1307	1424	1615	1851	1903

注:1. 2011 年起规模以上工业企业指年主营业务收入2000 万元及以上工业企业,下同。

2. 2011 年起增加微型企业规模分类,故企业数与往年不可比,下同。

6－2 续表 单位:个

项　　目	2010 年	2011 年	2012 年	2013 年	2014 年	2015 年	2016 年	2017 年
合　计	**2879**	**2050**	**2119**	**2205**	**2275**	**2302**	**2220**	**2213**
一、按轻重工业分								
轻工业	1660	1153	1182	1229	1262	1281	1241	1323
重工业	1219	897	937	976	1013	1021	979	890
二、按企业规模分								
大型企业	26	81	81	85	84	92	91	87
中型企业	327	401	471	468	484	476	464	482
小型企业	2526	1493	1526	1603	1647	1654	1621	1585
微型企业		75	41	49	60	80	44	59
三、按登记注册类型分								
内资企业	1889	1318	1403	1508	1610	1665	1645	1655
港澳台商投资企业	547	394	383	371	349	346	314	306
外商投资企业	443	338	333	326	316	291	261	252
四、按经济组织类型分								
独资企业	837	577	562	520	484	459	396	381
合作、合伙企业	67	66	61	35	27	28	23	22
股份有限公司	72	65	65	83	90	105	119	124
有限责任公司	1903	1342	1431	1567	1674	1710	1682	1686

6－3 “规模以上”工业总产值

单位:亿元

项目	2011年	2012年	2013年	2014年	2015年	2016年	2017年
合计	**5321.18**	**5954.89**	**6786.33**	**7495.26**	**7845.00**	**8419.65**	**8591.99**
#国有及国有控股企业	887.81	917.09	1034.42	1095.82	1124.01	1171.00	1396.81
农村工业	24.65	15.47	12.53	13.54	10.92	10.09	
“规模以上”工业总产值比上年增长(%)	**16.1**	**15.7**	**14.4**	**12.4**	**9.7**	**9.7**	**8.9**
一、按轻重工业分							
轻工业	2190.57	2665.90	3113.75	3551.96	3911.87	4329.92	4613.17
重工业	3130.61	3288.99	3672.58	3943.29	3933.13	4089.73	3978.82
二、按企业规模分							
大型企业	1871.23	2274.33	2492.15	2586.40	2791.14	3029.56	3167.07
中型企业	1687.82	1896.82	2246.79	2694.66	2616.77	2864.46	2998.41
小型企业	1632.75	1762.64	2023.17	2168.32	2294.67	2486.52	2367.99
微型企业	129.37	21.10	24.22	45.88	142.43	39.11	58.52
三、按登记注册类型分							
国有企业	368.14	405.31	222.30	203.09	176.18	38.79	65.90
集体企业	84.84	32.69	30.05	34.91	35.77	26.86	23.95
股份合作企业	2.37	2.16	3.53	4.21	4.34	4.47	5.04
联营企业	46.50	63.74	50.53	59.77	49.73	58.27	52.73
有限责任公司	678.77	801.18	1264.88	1535.43	1722.45	1978.85	2257.19
股份有限公司	149.88	147.90	208.92	260.67	477.18	566.37	469.90
私营企业	1319.77	1691.47	1998.35	2251.55	2502.79	2696.04	2779.94
其他企业	27.29	40.53	16.33	4.85	11.21		
港澳台商投资企业	1436.54	1438.58	1581.41	1658.84	1673.76	1811.65	1636.90
外商投资企业	1207.07	1331.32	1410.02	1481.95	1191.60	1238.35	1300.43
四、按国民经济行业分							
煤炭开采和洗选业	2.34						
有色金属矿采选业	1.71	2.17					
非金属矿采选业	25.91	26.53	25.93	23.59	21.82	22.28	18.86
农副食品加工业	378.16	456.10	520.53	589.20	634.89	699.91	685.32
食品制造业	91.83	104.03	96.14	106.84	119.37	129.51	156.87
酒、饮料和精制茶制造业	47.51	58.09	74.77	82.76	91.52	99.80	89.41
烟草制品业	1.15	1.85	2.73	3.30	3.00	1.95	1.78

6－3 续表 单位:亿元

项目	2011年	2012年	2013年	2014年	2015年	2016年	2017年
纺织业	486.96	570.36	718.59	808.41	850.01	959.86	1061.14
纺织服装、服饰业	103.38	99.83	110.55	127.44	139.61	154.95	153.19
皮革、毛皮、羽毛及其制品和制鞋业	267.94	322.33	382.72	436.94	492.52	547.42	533.54
木材加工和木、竹、藤、棕、草制品业	22.56	22.94	31.91	37.33	37.73	34.87	41.53
家具制造业	59.18	68.95	76.23	81.67	87.50	95.71	98.75
造纸和纸制品业	46.07	55.72	57.51	61.05	69.44	71.26	68.08
印刷和记录媒介复制业	14.09	20.87	31.26	37.95	46.13	48.29	57.51
文教、工美、体育和娱乐用品制造业	100.04	165.26	153.92	186.02	209.37	229.97	276.18
石油加工、炼焦和核燃料加工业	37.65	50.85	36.29	37.57	23.64	22.60	34.33
化学原料和化学制品制造业	69.81	88.39	103.94	130.17	160.89	204.36	270.98
医药制造业	56.71	62.61	72.59	78.97	83.49	91.30	68.91
化学纤维制造业	256.01	354.65	460.04	572.05	673.27	764.66	817.74
橡胶和塑料制品业	226.05	236.95	254.16	261.74	270.02	260.73	248.66
非金属矿物制品业	252.88	286.94	351.71	408.94	419.64	466.08	392.41
黑色金属冶炼和压延加工业	486.55	505.54	574.42	589.99	428.22	370.96	492.68
有色金属冶炼和压延加工业	96.83	99.08	130.07	158.76	171.10	195.58	125.90
金属制品业	76.20	93.14	108.37	133.63	160.89	175.91	185.81
通用设备制造业	103.51	115.00	112.82	131.69	138.14	135.94	149.82
专用设备制造业	91.98	88.64	96.30	94.81	107.04	119.84	86.95
汽车制造业	281.78	283.66	297.61	289.95	292.20	329.87	416.72
铁路、船舶、航空航天和其他运输设备制造业	92.45	97.00	104.62	137.13	124.21	83.57	63.80
电气机械和器材制造业	263.74	312.49	384.44	413.94	438.14	472.38	490.66
计算机、通信和其他电子设备制造业	733.63	712.61	769.09	822.21	891.65	957.65	724.33
仪器仪表制造业	50.26	47.49	44.31	54.31	63.29	78.05	82.69
其他制造业	13.23	15.24	15.19	11.94	14.47	16.11	18.19
废弃资源综合利用业	1.29	2.39	3.14	3.63	2.27	2.56	2.77
金属制品、机械和设备修理业	12.21	17.03	18.80	21.51	26.63	35.13	47.22
电力、热力生产和供应业	454.50	485.78	535.90	526.77	520.97	507.87	581.10
燃气生产和供应业	9.23	15.58	19.77	21.41	22.42	21.86	33.59
水的生产和供应业	5.84	8.80	9.95	11.64	9.50	10.84	14.57

6-4 "规模以上"工业主要产品产量

品　　名	单　位	2005年	2006年	2007年	2008年	2009年	2010年
食用植物油	万吨	9.12	11.63	26.29	18.05	18.42	29.30
啤　酒	万千升	8.13	9.68	9.55	9.05	9.55	9.53
软饮料	万吨	30.44	44.04	51.36	66.04	58.28	75.15
精制茶	万吨	0.45	0.48	0.53	0.67	0.29	0.38
纱	万吨	47.09	78.89	83.88	99.33	114.31	133.18
布	万米	10849	13227	17397	13109	13946	19626
#棉　布	万米	2964	3598	5041	8937	7211	11574
棉混纺布	万米	232	414	430	831	2845	4177
化学纤维布	万米	7653	9215	11926	3341	3890	3875
服　装	万件	3294	3013	2867	4453	4283	4927
皮　鞋	万双	4807	5259	4836	4981	5833	8283
纯　碱	万吨	17.73	19.80	18.88	18.02	19.28	17.07
氮　肥	万吨	6.53	9.52	6.67	4.89	5.57	4.88
化学纤维	万吨	13.74	30.87	45.97	74.41	91.50	105.46
塑料制品	万吨	49.36	45.37	55.93	75.31	70.10	74.46
花岗石板材	万平方米	2801.58	2924.05	4032.37	5280.03	6101.38	7417.82
粗　钢	万吨	13.80	45.43	69.31	175.73	179.19	428.19
钢　材	万吨	129.79	205.44	327.93	257.05	384.08	440.16
泵	万台	17.82	12.69	82.73	97.62	61.07	68.90
汽　车	万辆	6.67	5.72	6.95	4.49	9.65	14.08
交流电动机	万千瓦	23.72	25.82	29.51	26.98	22.01	1.06
电力变压器	万千伏安	336.45	387.90	443.06	385.18	353.38	551.05
显示器	万台	2240.15	2646.41	2902.42	2692.61	2381.14	2710.88
彩色显像管	万只	1189.50	900.50	1092.67	882.69	350.42	465.25
彩色电视机	万部	22.70	33.65	38.18	381.90	327.60	267.25
钟	万只	2429.43	2060.98	2374.70	4118.21	2868.42	3795.40
发电量	亿千瓦小时	157.41	173.27	212.59	280.82	328.68	341.98
#水　电	亿千瓦小时	60.99	67.92	56.18	57.10	49.24	80.30

6－4 续表

品　名	单 位	2011年	2012年	2013年	2014年	2015年	2016年	2017年
食用植物油	万吨	19.33	16.34	19.58	68.38	71.90	67.50	62.51
啤　酒	万千升	9.04	10.85	12.44	11.12	10.55	9.80	8.01
软饮料	万吨	74.03	91.46	127.80	134.97	91.19	103.27	142.71
精制茶	万吨	0.46	0.79	1.02	0.44	0.78	0.93	0.78
纱	万吨	159.95	198.19	213.91	241.66	255.88	278.87	295.41
布	万米	26589	28371	35490	55585	54449	51841	50025
#棉　布	万米	19517	16320	14992	24759	23110	22483	20264
棉混纺布	万米	6072	7571	8176	14987	14819	15378	15974
化学纤维布	万米	1000	4480	12322	15839	16520	13981	13787
服　装	万件	4840	8449	9478	11024	10760	12185	14530
皮　鞋	万双	9396	13294	14988	8015	12511	13089	13098
纯　碱	万吨	9.27					14.87	24.23
氮　肥	万吨	3.28					8.87	36.56
化学纤维	万吨	105.09	135.16	211.40	247.28	337.55	422.38	428.03
塑料制品	万吨	83.80	104.08	99.68	99.03	104.56	109.52	121.12
花岗石板材	万平方米	8096.96	9606.84	12851	14255	17299	20001.86	279.00
粗　钢	万吨	502.15	618.77	682.45	770.64	581.43	564.72	605.69
钢　材	万吨	629.62	738.78	865.67	851.08	838.65	791.83	858.36
泵	万台	78.36	63.81	88.64	94.41	120.60	124.90	44.50
汽　车	万辆	13.10	12.65	13.92	9.30	9.86	13.48	19.19
交流电动机	万千瓦		14.06	16.70	24.39	31.74	33.52	36.64
电力变压器	万千伏安	256.30	346.05	343.09	485.03	479.77	429.18	432.22
显示器	万台	3064.81	2988.06	3330.18	3076.95	2884.49	3025.05	2914.45
彩色显像管	万只	230.33						
彩色电视机	万部	142.99	146.93	169.91	240.89	299.05	284.37	232.23
钟	万只	3338.50	3833.83	2984.26	2689.33	3337.79	3606.36	4017.73
发电量	亿千瓦小时	460.98	419.55	431.47	446.50	459.01	474.63	617.00
#水　电	亿千瓦小时	44.79	81.94	63.80	73.90	80.51	92.18	72.63

6－5 "规模以上"工业主要经济指标

(2017年)　　单位:万元

项　　目	企业单位数(个)	工业总产值	资产总计	主营业务收　入	利润总额	从业人员年平均人数(人)
合　　计	**2213**	**85919873**	**69953612**	**82492554**	**5153807**	**638156**
#亏损企业	200	4256222	5481845	4071095	－229060	51924
国有控股企业	99	13968075	24309133	13651808	880626	51663
农村工业						
一、按轻重工业分						
轻工业	1323	46131703	24265173	44346746	2549316	401210
重工业	890	39788170	45688439	38145808	2604491	236946
二、按企业规模分						
大型企业	87	31670652	31637970	30473344	2021538	190415
中型企业	482	29984127	21635031	28825944	1769443	262263
小型企业	1585	23679876	15828719	22706026	1339818	184852
微型企业	59	585218	851892	487240	23009	626
三、按登记注册类型分						
内资企业	1655	56546523	53283641	54564926	3577299	385718
国有企业	8	658983	2054297	652050	－24589	4111
中央企业	2	324655	601340	324655	4508	670
地方企业	6	334328	1452956	327395	－29097	3441
集体企业	12	239531	22201	239106	5705	4036
股份合作企业	1	50379	10385	50379	3501	885
联营企业	5	527326	107298	518284	38264	1788
国有联营企业						
集体联营企业	2	8437	5948	8392	951	109
国有与集体联营企业						
其他联营企业	3	518889	101350	509892	37313	1679
有限责任公司	455	22571867	26715911	21917785	1426178	113696
国有独资公司	23	4083932	5354538	4060498	38765	8717
其他有限责任公司	432	18487935	21361372	17857287	1387413	104979
股份有限公司	80	4698996	9827416	4564251	630339	31061
私营企业	1094	27799443	14546133	26623072	1497900	230141
私营独资企业	11	81123	48683	71399	6748	1267
私营合作企业	5	97999	14741	97999	11101	1264
私营有限责任公司	1048	26981950	13873654	25835727	1432025	222515
私营股份有限公司	30	638370	609055	617947	48026	5095
其他企业						
港、澳、台商投资企业	306	16369024	9101678	15299683	532912	127953
合资经营企业(港或澳、台资)	100	5277749	3404268	4838848	258647	34967

6－5 续表 (2017年) 单位:万元

项目	企业单位数(个)	工业总产值	资产总计	主营业务收入	利润总额	从业人员年平均人数(人)
合作经营企业(港或澳、台资)	3	55555	9564	55541	4013	1041
港澳台商独资经营企业	193	8999018	4623362	8417579	192730	84443
港澳台商投资股份有限公司	10	2036703	1064483	1987715	77522	7502
外商投资企业	252	13004326	7568294	12627945	1043595	124485
中外合资经营企业	83	6528882	4535584	6315881	384299	47485
中外合作经营企业	5	103711	63486	103080	9800	1376
外资企业	157	6284116	2939432	6127997	649634	74295
外商投资股份有限公司	4	41401	12320	40234	1698	857
四、按经济组织类型分						
独资企业	381	16262771	9687975	15508131	830229	168152
国有企业	8	658983	2054297	652050	－24589	4111
集体企业	12	239531	22201	239106	5705	4036
私营独资企业	11	81123	48683	71399	6748	1267
港澳台商独资经营企业	193	8999018	4623362	8417579	192730	84443
外资企业	157	6284116	2939432	6127997	649634	74295
合作、合伙企业	22	881186	222946	866035	64844	6826
股份合作企业	1	50379	10385	50379	3501	885
国有联营企业						
集体联营企业	2	8437	5948	8392	951	109
国有与集体联营企业						
其他联营企业	3	518889	101350	509892	37313	1679
私营合伙企业	5	97999	14741	97999	11101	1264
合作经营企业(港或澳、台资)	3	55555	9564	55541	4013	1041
中外合作经营企业	5	103711	63486	103080	9800	1376
其他企业(内资)						
股份有限公司	124	7415469	11513274	7210148	757586	44515
股份有限公司(内资)	80	4698996	9827416	4564251	630339	31061
私营股份有限公司	30	638370	609055	617947	48026	5095
港澳台商投资股份有限公司	10	2036703	1064483	1987715	77522	7502
外商投资股份有限公司	4	41401	12320	40234	1698	857
有限责任公司	1686	61360447	48529418	58908241	3501149	418663
国有独资公司	23	4083932	5354538	4060498	38765	8717
私营有限责任公司	1048	26981950	13873654	25835727	1432025	222515
合资经营企业(港或澳、台资)	100	5277749	3404268	4838848	258647	34967
中外合资经营企业	83	6528882	4535584	6315881	384299	47485
其他有限责任公司	432	18487935	21361372	17857287	1387413	104979

6－6 按行业分"规模以上"工业主要经济指标

（2017 年） 单位：万元

项目	企业单位数（个）	工业总产值	工业销售产值	#出口交货值	资产总计	#流动资产合计
总计	**2213**	**85919873**	**83244663**	**14984860**	**69953612**	**33158571**
非金属矿采选业	4	188622	188911		23063	9654
农副食品加工业	199	6853170	6711806	1465910	2914932	2050149
食品制造业	58	1568724	1508795	27715	681196	350036
酒、饮料和精制茶制造业	36	894084	908154	24963	462118	241287
烟草制品业	1	17847	17381		63320	34255
纺织业	280	10611438	10347088	269016	6440415	3343457
纺织服装、服饰业	69	1531943	1492354	707796	534524	350804
皮革、毛皮、羽毛及其制品和制鞋业	126	5335408	5282791	2515228	1125641	726984
木材加工和木、竹、藤、棕、草制品业	28	415300	412835	52949	137485	71756
家具制造业	57	987456	983135	534805	371137	237344
造纸和纸制品业	51	680823	661861	85808	351828	178248
印刷和记录媒介复制业	41	575070	568298	18444	412286	206004
文教、工美、体育和娱乐用品制造业	132	2761758	2723144	1535323	1009690	694978
石油加工、炼焦和核燃料加工业	6	343319	325215	913	181662	95170
化学原料和化学制品制造业	60	2709846	2640836	106098	3530195	1114520
医药制造业	23	689076	636371	80516	688502	457270
化学纤维制造业	31	8177381	7759802	181005	5214232	2483223
橡胶和塑料制品业	116	2486591	2432114	215016	2209581	1444978
非金属矿物制品业	163	3924147	3818648	436108	5402544	3039543
黑色金属冶炼和压延加工业	19	4926765	4709674	76001	2533890	1452969
有色金属冶炼和压延加工业	14	1258983	1200322	161558	797557	292711
金属制品业	78	1858083	1792775	254173	1103753	586597
通用设备制造业	76	1498157	1453437	272759	1308129	846369
专用设备制造业	65	869514	824703	41631	870807	521697
汽车制造业	89	4167227	4006553	420018	2949192	2014504
铁路、船舶、航空航天和其他运输设备制造业	21	637996	631836	221885	1541478	1179961
电气机械和器材制造业	138	4906562	4672411	1046166	3148488	2230087
计算机、通信和其他电子设备制造业	106	7243294	6779852	3841234	7360694	4541174
仪器仪表制造业	47	826899	813655	349636	597355	394487
其他制造业	7	181905	177551	34672	111649	58403
废弃资源综合利用业	4	27675	28184		29111	17197
金属制品、机械和设备修理业	9	472219	470414	7516	328875	48359
电力、热力生产和供应业	35	5811025	5786999		14346721	1578975
燃气生产和供应业	13	335895	334420		313341	120618
水的生产和供应业	11	145669	142344		858223	144804

6－6 续表1 (2017年) 单位:万元

项目	固定资产合计	固定资产原价	负债合计	#流动负债合计	所有者权益合计	主营业务收入	主营业务成本
总计	**25296386**	**40798842**	**39467872**	**27257585**	**30135766**	**82492554**	**71176488**
非金属矿采选业	7742	7614	7044	3862	16019	189614	148090
农副食品加工业	495081	1036399	1673768	1502941	1205848	6632967	5818444
食品制造业	206732	324700	349827	331138	331369	1498847	1245607
酒、饮料和精制茶制造业	172941	273497	210860	190833	245522	876912	700656
烟草制品业	8998	8998	19129	19129	44191	17381	12660
纺织业	2291005	3654464	3067650	2716941	3363954	10328068	9089810
纺织服装、服饰业	141853	325990	329650	268668	204224	1476521	1318373
皮革、毛皮、羽毛及其制品和制鞋业	237398	446015	532546	513594	593094	5263451	4455477
木材加工和木、竹、藤、棕、草制品业	41529	58775	35142	33659	102343	406335	350129
家具制造业	76607	141093	188455	153162	168345	967015	843423
造纸和纸制品业	124854	144482	195815	172669	156012	645048	564676
印刷和记录媒介复制业	86537	174091	126863	101298	285423	558001	489365
文教、工美、体育和娱乐用品制造业	190048	363276	568039	510557	441649	2671028	2366700
石油加工、炼焦和核燃料加工业	68489	102968	78816	76488	102846	301504	274294
化学原料和化学制品制造业	1793618	2115674	1869772	774522	1660422	2633835	2124059
医药制造业	103512	304161	221525	211388	466977	593606	382999
化学纤维制造业	2114799	4199098	3599184	2865530	1615048	7533676	6328119
橡胶和塑料制品业	383866	865228	1422306	1266304	777841	2401897	2187802
非金属矿物制品业	948126	1567311	2419937	2053871	2939670	4018860	3404420
黑色金属冶炼和压延加工业	894641	1835762	1357896	1355303	1175994	4783553	4390674
有色金属冶炼和压延加工业	422632	425747	512090	433877	278032	1196147	1054597
金属制品业	297172	457727	563457	487069	540295	1748071	1566171
通用设备制造业	205241	337480	663781	630817	643937	1445930	1198968
专用设备制造业	145297	249872	371875	279570	494639	817075	665737
汽车制造业	595851	1485600	1496926	1371366	1451412	4028696	3289171
铁路、船舶、航空航天和其他运输设备制造业	239377	290552	1214783	816218	281146	641909	564298
电气机械和器材制造业	492105	798044	1767778	1551555	1340644	4394263	3936142
计算机、通信和其他电子设备制造业	1841068	2858753	3754777	2842284	3601218	6685668	5674316
仪器仪表制造业	111059	175742	182806	154710	414549	808934	678957
其他制造业	8167	16988	50195	49919	61454	176795	157357
废弃资源综合利用业	6617	12243	18039	14631	11072	27075	23374
金属制品、机械和设备修理业	223743	243544	184753	82252	144123	459580	351098
电力、热力生产和供应业	9661552	14576834	9833153	3110853	4384127	5792186	5160938
燃气生产和供应业	98400	162652	167829	165658	145511	331472	267421
水的生产和供应业	559733	757471	411407	144952	446815	140635	92168

6-6 续表2 (2017年) 单位:万元

项目	主营业务税金及附加	利润总额	应交所得税	亏损企业亏损总额	利税总额	本年应交增值税	全部从业人员年平均人数(万人)
总计	**423789**	**5153807**	**473182**	**229060**	**7250368**	**1643790**	**63.82**
非金属矿采选业	12353	19384	691		45489	13752	0.16
农副食品加工业	19426	407166	28936	12393	532124	98229	3.52
食品制造业	6336	110321	2972	6921	151224	34426	1.37
酒、饮料和精制茶制造业	11241	50775	8225	6220	84702	22678	1.17
烟草制品业	114	-4732	-907	4732	-7358	-2740	0.04
纺织业	25461	566488	32015	7554	697103	104704	7.42
纺织服装、服饰业	5447	44127	4542	303	104078	54456	2.56
皮革、毛皮、羽毛及其制品和制鞋业	20855	467469	20836	1725	617660	128844	8.10
木材加工和木、竹、藤、棕、草制品业	8050	22997	1885	88	39721	8674	0.45
家具制造业	5453	33692	3505	1016	55751	16176	1.44
造纸和纸制品业	4527	26051	3297	604	46623	16022	0.67
印刷和记录媒介复制业	2679	21471	2061	839	40243	15499	0.93
文教、工美、体育和娱乐用品制造业	13127	84180	5986	5571	162219	64847	4.65
石油加工、炼焦和核燃料加工业	881	14963	1716		17229	1385	0.17
化学原料和化学制品制造业	7612	284714	28022	1463	371711	78906	1.24
医药制造业	8792	84962	16511		114432	20145	0.81
化学纤维制造业	8006	474966	17865		543448	54180	1.70
橡胶和塑料制品业	6934	75947	10265	2924	121459	38119	2.11
非金属矿物制品业	25598	573721	14735	30535	698879	99156	3.56
黑色金属冶炼和压延加工业	16493	214307	40401	11570	344550	113540	1.09
有色金属冶炼和压延加工业	4805	76125	11677		106652	25723	0.54
金属制品业	6489	79808	9399	4024	121722	35241	1.44
通用设备制造业	8163	60973	6787	3545	111511	42226	1.66
专用设备制造业	4079	42307	5125	9340	62801	16386	1.03
汽车制造业	98997	277752	60436	2851	506743	128567	3.22
铁路、船舶、航空航天和其他运输设备制造业	5360	-19857	-915	34270	-9084	5401	0.46
电气机械和器材制造业	17202	149881	19753	15121	233908	66762	3.45
计算机、通信和其他电子设备制造业	30458	370452	53917	50069	498640	93746	5.50
仪器仪表制造业	2788	46881	5068	347	64215	14183	0.98
其他制造业	1036	7768	509		13998	5194	0.34
废弃资源综合利用业	329	1879	118		2756	548	0.02
金属制品、机械和设备修理业	2269	74030	2836	296	85178	8806	0.25
电力、热力生产和供应业	29423	351098	46148	13759	595655	210601	1.26
燃气生产和供应业	1395	34915	4914	860	41899	5558	0.20
水的生产和供应业	1612	26828	3850	120	32487	3854	0.35

6－7　规模以上工业主要经济效益指标

（2017年）

项　　　目	总资产贡献率（%）	资产负债率（%）	流动资产周转率（次/年）	成本费用利润率（%）	产品销售率（%）
总　　计	**11.57**	**56.42**	**2.53**	**6.54**	**96.89**
#亏损企业	-1.59	65.04	1.42	-5.25	96.95
国有控股企业	7.36	64.80	2.20	6.79	97.78
农村工业					
一、按轻重工业分					
轻工业	15.67	54.83	3.21	6.04	97.37
重工业	9.38	57.26	2.03	7.13	96.32
二、按企业规模分					
大型企业	10.11	63.93	2.40	6.93	95.86
中型企业	13.10	49.06	2.68	6.43	97.46
小型企业	12.80	51.81	2.60	6.20	97.46
微型企业	4.03	50.11	1.28	4.96	99.47
三、按登记注册类型分					
内资企业	10.42	56.51	2.50	6.90	97.12
国有企业	1.92	58.53	0.71	-3.56	99.52
中央企业	6.20	11.84	5.92	1.42	100.00
地方企业	0.15	77.85	0.38	-7.81	99.06
集体企业	62.53	33.21	19.77	2.50	99.75
股份合作企业	68.67	41.65	7.75	7.60	100.00
联营企业	46.86	41.64	16.45	7.98	98.30
国有联营企业					
集体联营企业	27.70	18.05	5.52	13.27	99.46
国有与集体联营企业					
其他联营企业	47.98	43.02	17.00	7.90	98.28
有限责任公司	8.78	63.70	2.79	6.87	97.71
国有独资公司	4.34	69.93	5.06	0.96	99.48
其他有限责任公司	9.90	62.14	2.54	8.31	97.32
股份有限公司	8.16	45.76	0.94	14.07	92.56
私营企业	15.76	50.46	3.32	5.94	97.31
私营独资企业	18.36	30.95	2.43	10.46	97.11
私营合作企业	101.08	35.85	9.85	12.90	100.00
私营有限责任公司	15.83	51.37	3.42	5.85	97.29
私营股份有限公司	11.83	31.70	1.49	8.28	97.70
其他企业					
港、澳、台商投资企业	10.69	59.20	2.71	3.52	95.83
合资经营企业（港或澳、台资）	11.67	56.24	2.40	5.31	97.26

6-7 续表 (2017年)

项目	总资产贡献率(%)	资产负债率(%)	流动资产周转率(次/年)	成本费用利润率(%)	产品销售率(%)
合作经营企业(港或澳、台资)	76.08	27.28	10.73	7.90	99.97
港澳台商独资经营企业	9.41	59.21	2.57	2.32	94.38
港澳台商投资股份有限公司	12.55	68.94	5.77	4.04	98.38
外商投资企业	20.71	52.41	2.45	8.88	97.19
中外合资经营企业	15.78	61.30	1.94	6.41	95.71
中外合作经营企业	20.81	50.86	2.70	10.47	99.49
外资企业	28.42	38.55	3.32	11.65	98.71
外商投资股份有限公司	30.03	38.08	5.39	4.43	98.43
四、按经济组织类型分					
独资企业	13.76	52.60	2.55	5.58	96.36
国有企业	1.92	58.53	0.71	-3.56	99.52
集体企业	62.53	33.21	19.77	2.50	99.75
私营独资企业	18.36	30.95	2.43	10.46	97.11
港澳台商独资经营企业	9.41	59.21	2.57	2.32	94.38
外资企业	28.42	38.55	3.32	11.65	98.71
合作、合伙企业	41.17	47.40	8.72	8.11	98.60
股份合作企业	68.67	41.65	7.75	7.60	100.00
国有联营企业					
集体联营企业	27.70	18.05	5.52	13.27	99.46
国有与集体联营企业					
其他联营企业	47.98	43.02	17.00	7.90	98.28
私营合伙企业	101.08	35.85	9.85	12.90	100.00
合作经营企业(港或澳、台资)	76.08	27.28	10.73	7.90	99.97
中外合作经营企业	20.81	50.86	2.70	10.47	99.49
其他企业(内资)					
股份有限公司	8.78	47.15	1.27	10.80	94.64
股份有限公司(内资)	8.16	45.76	0.94	14.07	92.56
私营股份有限公司	11.83	31.70	1.49	8.28	97.70
港澳台商投资股份有限公司	12.55	68.94	5.77	4.04	98.38
外商投资股份有限公司	30.03	38.08	5.39	4.43	98.43
有限责任公司	11.65	59.42	2.85	6.24	97.27
国有独资公司	4.34	69.93	5.06	0.96	99.48
私营有限责任公司	15.83	51.37	3.42	5.85	97.29
合资经营企业(港或澳、台资)	11.67	56.24	2.40	5.31	97.26
中外合资经营企业	15.78	61.30	1.94	6.41	95.71
其他有限责任公司	9.90	62.14	2.54	8.31	97.32

6-8 按行业分"规模以上"工业企业主要经济效益指标

(2017年)

项目	总资产贡献率(%)	资产负债率(%)	流动资产周转率(次/年)	成本费用利润率(%)	产品销售率(%)
总计	**11.57**	**56.42**	**2.53**	**6.54**	**96.89**
非金属矿采选业	197.12	30.54	19.64	12.28	100.15
农副食品加工业	19.57	57.42	3.25	6.54	97.94
食品制造业	23.19	51.35	4.32	7.85	96.18
酒、饮料和精制茶制造业	19.28	45.63	3.71	6.07	101.57
烟草制品业	-10.99	30.21	0.51	-23.62	97.39
纺织业	12.77	47.63	3.12	5.75	97.51
纺织服装、服饰业	20.10	61.67	4.40	3.03	97.42
皮革、毛皮、羽毛及其制品和制鞋业	58.22	47.31	7.25	9.77	99.01
木材加工和木、竹、藤、棕、草制品业	29.60	25.56	5.66	6.07	99.41
家具制造业	15.92	50.78	4.09	3.59	99.56
造纸和纸制品业	13.95	55.66	3.63	4.21	97.21
印刷和记录媒介复制业	10.40	30.77	2.74	3.96	98.82
文教、工美、体育和娱乐用品制造业	17.37	56.26	3.89	3.24	98.60
石油加工、炼焦和核燃料加工业	9.95	43.39	3.18	5.22	94.73
化学原料和化学制品制造业	11.94	52.97	2.39	12.01	97.45
医药制造业	17.07	32.17	1.32	16.67	92.35
化学纤维制造业	12.24	69.03	3.08	6.64	94.89
橡胶和塑料制品业	6.51	64.37	1.75	3.09	97.81
非金属矿物制品业	13.27	44.79	1.37	14.86	97.31
黑色金属冶炼和压延加工业	14.64	53.59	3.33	4.69	95.59
有色金属冶炼和压延加工业	15.73	64.21	4.27	6.46	95.34
金属制品业	12.24	51.05	2.99	4.79	96.49
通用设备制造业	9.24	50.74	1.74	4.32	97.01
专用设备制造业	7.97	42.70	1.57	5.47	94.85
汽车制造业	17.32	50.76	2.04	7.43	96.14
铁路、船舶、航空航天和其他运输设备制造业	1.41	78.81	0.57	-3.07	99.03
电气机械和器材制造业	8.25	56.15	2.11	3.32	95.23
计算机、通信和其他电子设备制造业	6.97	51.01	1.49	5.74	93.60
仪器仪表制造业	11.20	30.60	2.07	6.11	98.40
其他制造业	13.54	44.96	3.03	4.49	97.61
废弃资源综合利用业	9.67	61.97	1.58	7.54	101.84
金属制品、机械和设备修理业	27.50	56.18	9.64	18.99	99.62
电力、热力生产和供应业	5.92	68.54	3.69	6.33	99.59
燃气生产和供应业	13.38	53.56	2.79	11.36	99.56
水的生产和供应业	3.93	47.94	1.03	21.13	97.72

6-9 规模以上工业企业能源购进、消费与库存

(2017年)

能源名称	计量单位	年初库存量	购进量	合　计	工业生产消　费	非工业生产消费	年末库存量
原　煤	吨	591399.98	15818633.61	15779259.71	15679261.03	99998.68	509051.66
#无烟煤	吨	48265.23	808021.76	794916.36	794916.36		34769.57
炼焦烟煤	吨						
一般烟煤	吨	543134.75	15010610.85	14984343.35	14884344.67	99998.68	474282.09
褐　煤	吨		1.00				
洗精煤	吨	22464.02	972731.12	970539.75	970539.75		24655.39
其它洗煤	吨						
煤制品	吨	1541.52	183933.60	183213.04	183213.04		2262.08
焦　炭	吨	148520.66	2173321.49	2194493.82	2194493.82		81048.33
其它焦化产品	吨						
焦炉煤气	万立方米		10565.68	10565.68	10565.68		
高炉煤气	万立方米		53450.00	53450.00	53450.00		
转炉煤气	万立方米						
发生炉煤气	万立方米						
天然气(气态)	万立方米	6.33	51165.58	51427.18	51397.74	29.44	10.95
液化天然气(液态)	吨	332.18	21721.63	21719.65	21715.65	4.00	4.45
煤层气(煤田)	万立方米						
原　油	吨						
汽　油	吨	48.14	22451.38	22384.58	16064.23	6320.35	55.49
煤　油	吨	2.06	147.71	148.06	123.79	24.27	0.96
柴　油	吨	2891.84	55899.29	56065.55	50944.52	5121.03	2652.95
燃料油	吨	140.19	3279.52	3289.97	3123.32	166.65	104.80
液化石油气	吨	20.70	9469.64	9483.73	9428.45	55.28	4.47
炼厂干气	吨						
石脑油	吨						
润滑油	吨	18.47	235.02	218.43	218.43		13.54
石　蜡	吨	2.00	466.00	464.00	464.00		4.00
溶剂油	吨	130.25	589.83	477.77	477.77		242.31
石油焦	吨						
石油沥青	吨	53.77	2063.99	2010.37	2010.37		107.09
其它石油制品	吨	2.28	89.56	88.81	88.81		
热　力	百万千焦		2446225.57	2445494.57	2426515.83	18978.74	
电　力	万千瓦时		2204622.06	2695021.05	2663142.22	31878.83	
煤矸石用于燃料	吨						
城市垃圾用于燃料	吨						
生物质废料用于燃料	吨	170.58	44231.82	43864.96	43756.53	108.43	590.30
余热余压	百万千焦		1674.03	1674.03	1674.03		
其它工业废料用于燃料	吨		3100.00	3100.00	3100.00		
其他燃料	吨标准煤	11.00					6.00
能源合计	吨标准煤			17990003.75	17866887.80	123115.95	

6－10 规模以上工业企业主要能源品种分行业消费量

（2017年）

指　　标	综合能源消费量（吨标准煤）	原　煤（吨）	洗精煤（吨）	煤制品（吨）	焦　炭（吨）
合　计	**13496279**	**15779260**	**970540**	**183213**	**2194494**
轻工业	2068691	918766		151264	1
重工业	11427589	14860494	970540	31949	2194493
一、按工业行业门类分					
采矿业	2236				
煤炭开采和洗选业					
石油和天然气开采业					
黑色金属矿采选业					
有色金属矿采选业					
非金属矿采选业	2236				
开采辅助活动					
其他采矿业					
制造业	8326244	3666912	970540	183213	2194494
农副食品加工业	167162	98685		72	1
食品制造业	27935	668		681	
酒、饮料和精制茶制造业	24764	7451			
烟草制品业	4877				
纺织业	732703	260362		9855	
纺织服装、服饰业	8953				
皮革、毛皮、羽毛及其制品和制鞋业	66702	3212			
木材加工和木、竹、藤、棕、草制品业	13899				
家具制造业	15342				
造纸和纸制品业	29294	6795		4200	
印刷和记录媒介复制业	7316	116		207	
文教、工美、体育和娱乐用品制造业	40685	3902		2265	
石油加工、炼焦和核燃料加工业	80097		970540	92	
化学原料和化学制品制造业	1108114	1221701			
医药制造业	56630	2223			
化学纤维制造业	553359	260943		133983	
橡胶和塑料制品业	126219	14394		5118	
非金属矿物制品业	1118188	463598		26697	
黑色金属冶炼和压延加工业	3607653	1141942			2192454
有色金属冶炼和压延加工业	111478	749			
金属制品业	45638	116			25
通用设备制造业	19021	1		43	97
专用设备制造业	18673	90			
汽车制造业	99097				1917
铁路、船舶、航空航天和其他运输设备制造业	13271				
电气机械和器材制造业	40590	1195			
计算机、通信和其他电子设备制造业	143087				
仪器仪表制造业	7594				
其他制造业	15805	166856			
废弃资源综合利用业	13584	11911			
金属制品、机械和设备修理业	8514				
电力、热力、燃气及水生产和供应业	5167799	12112348			
电力、热力生产和供应业	5144559	12112348			
燃气生产和供应业	1303				
水的生产和供应业	21936				
二、按企业登记注册类型分					
国有企业	396506	461904			
集体企业	4948				
股份合作企业	77				
股份制企业	10934982	14623975	970540	178052	1437478
外商及港澳台商投资企业	2128089	684617		5118	757016
其他经济类型企业	31677	8764		43	

6－10 续表1 (2017年)

指标	天然气(气态)(万立方米)	液化天然气(液态)(吨)	汽油(吨)	煤油(吨)	柴油(吨)
合计	**51427**	**21720**	**22385**	**148**	**56066**
轻工业	11943	1757	12574	13	11851
重工业	39484	19963	9811	135	44215
一、按工业行业门类分					
采矿业					
煤炭开采和洗选业					
石油和天然气开采业					
黑色金属矿采选业					
有色金属矿采选业					
非金属矿采选业					
开采辅助活动					
其他采矿业					
制造业	51427	21720	20391	147	53601
农副食品加工业	560	102	1068		3442
食品制造业	695	20	458		399
酒、饮料和精制茶制造业	16	1238	494		48
烟草制品业	274		10		5
纺织业	864		1386	4	620
纺织服装、服饰业	28		496		277
皮革、毛皮、羽毛及其制品和制鞋业	111		2163		1325
木材加工和木、竹、藤、棕、草制品业			173		209
家具制造业			869		236
造纸和纸制品业			341		825
印刷和记录媒介复制业		2	537	6	434
文教、工美、体育和娱乐用品制造业	247	19	1236	2	727
石油加工、炼焦和核燃料加工业					60
化学原料和化学制品制造业		6	1112		536
医药制造业	402		475	1	498
化学纤维制造业			228		235
橡胶和塑料制品业	387		1494		999
非金属矿物制品业	40068	1680	1185	8	31652
黑色金属冶炼和压延加工业	3233		93	23	3427
有色金属冶炼和压延加工业	1795	18145	15		362
金属制品业	1192	81	293		152
通用设备制造业	1		1239		378
专用设备制造业	269		581	61	508
汽车制造业	989	57	1839	4	1424
铁路、船舶、航空航天和其他运输设备制造业	68		161		2841
电气机械和器材制造业	64	348	964	38	494
计算机、通信和其他电子设备制造业	162		762		129
仪器仪表制造业			620		10
其他制造业		22	74		208
废弃资源综合利用业			12		13
金属制品、机械和设备修理业			13		1127
电力、热力、燃气及水生产和供应业			1993	1	2464
电力、热力生产和供应业			1718	1	2314
燃气生产和供应业			145		150
水的生产和供应业			130		
二、按企业登记注册类型分					
国有企业			15	6	6
集体企业			11		
股份合作企业					
股份制企业	34901	20023	13620	103	44145
外商及港澳台商投资企业	16328	1697	8651	39	11887
其他经济类型企业	198		87		27

6－10　续表2　　　　(2017 年)

指　　　　标	燃料油 (吨)	液化石油气 (吨)	热　力 (百万千焦)	电　力 (万千瓦时)	生物质废料 用于燃料 (吨)	其他燃料 (吨标准煤)
合　计	**3290**	**9484**	**2445495**	**2695021**	**43865**	
轻工业	1575	2248	2320903	955223	27997	
重工业	1715	7236	124591	1739798	15868	
一、按工业行业门类分						
采矿业				1819		
煤炭开采和洗选业						
石油和天然气开采业						
黑色金属矿采选业						
有色金属矿采选业						
非金属矿采选业				1819		
开采辅助活动						
其他采矿业						
制造业	3290	9484	2445495	2051490	43865	
农副食品加工业	223	1203	899209	41259	2678	
食品制造业	261	596		11257	502	
酒、饮料和精制茶制造业	6			12433	1050	
烟草制品业				1262		
纺织业	631	2	441519	421160	1221	
纺织服装、服饰业		8		6341		
皮革、毛皮、羽毛及其制品和制鞋业	24	2		46018	2957	
木材加工和木、竹、藤、棕、草制品业				5732	6376	
家具制造业				11434	244	
造纸和纸制品业	42			13244	4771	
印刷和记录媒介复制业			7333	4494		
文教、工美、体育和娱乐用品制造业		43		26446	330	
石油加工、炼焦和核燃料加工业				3567		
化学原料和化学制品制造业			3428	238180		
医药制造业	308	51	640676	16140	7486	
化学纤维制造业			298818	250936	413	
橡胶和塑料制品业	338	4	57569	73848	13484	
非金属矿物制品业	1232	803	96942	158563	561	
黑色金属冶炼和压延加工业		86		389806		
有色金属冶炼和压延加工业	101	5531		36656		
金属制品业	3	453		23499	79	
通用设备制造业	61	41		14106		
专用设备制造业	52	19		11329		
汽车制造业		258		64268	1713	
铁路、船舶、航空航天和其他运输设备制造业				6551		
电气机械和器材制造业		325		29932		
计算机、通信和其他电子设备制造业	8	60		115405		
仪器仪表制造业				5606		
其他制造业				2253		
废弃资源综合利用业				4101		
金属制品、机械和设备修理业				5667		
电力、热力、燃气及水生产和供应业				641712		
电力、热力生产和供应业				623132		
燃气生产和供应业				751		
水的生产和供应业				17829		
二、按企业登记注册类型分						
国有企业				55784		
集体企业				4013		
股份合作企业				63		
股份制企业	1892	7594	2121070	2011825	25298	
外商及港澳台商投资企业	1398	1890	324425	605850	18512	
其他经济类型企业				17487	55	

6－11 按县（市）区分“规模以上”工业总产值

（2017年）

单位：万元

项目	福州市	鼓楼区	台江区	仓山区	晋安区	马尾区	长乐区
合计	85919873	2576534	1457810	7795710	4628935	7154023	22519979
#亏损企业	4256222	148912	9899	180786	405256	596948	233196
国有控股企业	13968075	1623288	1357710	949031	137643	655646	834762
农村工业							
一、按轻重工业分							
轻工业	46131703	171718	50212	4786321	2634825	3458773	19060079
重工业	39788170	2404816	1407599	3009389	1994110	3695250	3459900
二、按经济类型分							
国有企业	658983				6504		332096
集体企业	239531			61711	156743		
股份合作企业	50379			50379			
联营企业	527326				4638		522688
有限责任公司	22571867	1674186	1372920	742746	560845	578264	5293428
股份有限公司	4698996	146633	14175	398388	339247	1481386	549051
私营企业	27799443	365987	64619	3293239	2022402	1529074	12126039
港、澳、台商投资企业	16369024	317022	6096	1449813	941587	2212508	2195911
外商投资企业	13004326	72706		1799433	596970	1352791	1500765
其他企业							
三、按登记注册类型分							
内资企业	56546523	2186805	1451714	4546464	3090378	3588723	18823302
港、澳、台商投资企业	16369024	317022	6096	1449813	941587	2212508	2195911
外商投资企业	13004326	72706		1799433	596970	1352791	1500765
四、按经济组织分							
独资企业	16262771	243634	6096	1850753	1249238	2552501	705536
合作、合伙企业	881186			137769	4638	41638	533911
股份有限公司	7415469	361353	14175	594090	366060	1836849	2352035
有限责任公司	61360447	1971547	1437539	5213099	3008999	2723035	18928497
五、按企业规模分							
大型企业	31670652	1595800	1349999	2311718	426582	2507349	10441120
中型企业	29984127	228757	15787	3511185	3162084	2305214	7539296
小型企业	23679876	699937	88905	1940025	1012531	2303071	4484811
微型企业	585218	52040	3120	32782	27737	38388	54752

6-11 续表 (2017年) 单位:万元

项　目	福清市	闽侯县	连江县	罗源县	闽清县	永泰县	平潭县
合　计	**17327851**	**9604966**	**5970833**	**4373641**	**1675371**	**590964**	**243258**
#亏损企业	2099677	174401	245341	86470	14518	18244	42574
国有控股企业	2502947	2397229	690335	2411793	218981	52113	136598
农村工业							
一、按轻重工业分							
轻工业	7124224	3691604	3875413	395462	499147	344535	39391
重工业	10203626	5913362	2095419	3978179	1176224	246429	203867
二、按经济类型分							
国有企业	130457	27031	162894				
集体企业	8076		2311	10690			
股份合作企业							
联营企业							
有限责任公司	5156799	850150	2478225	3156562	307710	192067	207966
股份有限公司	1464687	215096			59424	30908	
私营企业	1951114	3698501	896776	348947	1173070	320310	9364
港、澳、台商投资企业	7656629	797412	497953	198810	53914	31745	9624
外商投资企业	960088	4016775	1932673	658633	81253	15934	16305
其他企业							
三、按登记注册类型分							
内资企业	8711133	4790778	3540207	3516199	1540204	543285	217330
港、澳、台商投资企业	7656629	797412	497953	198810	53914	31745	9624
外商投资企业	960088	4016775	1932673	658633	81253	15934	16305
四、按经济组织分							
独资企业	5393030	1857531	2268041	36538	57889	29321	12663
合作、合伙企业	9606	30973	93425		26302	2925	
股份有限公司	1483544	310350			59424	30908	6682
有限责任公司	10441671	7406112	3609367	4337103	1531756	527810	223913
五、按企业规模分							
大型企业	6351292	2325428	1482404	2784161		94800	
中型企业	6913058	2734018	1784339	839661	762042	134999	53687
小型企业	3909830	4539298	2558931	749819	906781	355896	130041
微型企业	153671	6221	145160		6548	5269	59530

6－12 按县(市)区分“规模以上”工业分行业总产值

(2017 年)

单位:万元

项　　目	福州市	鼓楼区	台江区	仓山区	晋安区	马尾区	长乐区
合　　计	**85919873**	**2576534**	**1457810**	**7795710**	**4628935**	**7154023**	**22519979**
非金属矿采选业	188622				180417		
农副食品加工业	6853170	9042	7044	469708	37455	1082420	1100952
食品制造业	1568724		7502	163977	39239	215878	42890
酒、饮料和精制茶制造业	894084	2289	6096	323211	58986	100064	77932
烟草制品业	17847						
纺织业	10611438	7218		63840	98095	230512	9088464
纺织服装、服饰业	1531943	12319	13949	794523	401441	3338	11149
皮革、毛皮、羽毛及其制品和制鞋业	5335408			1014310	372730	377041	360988
木材加工和木、竹、藤、棕、草制品业	415300	5234		60747	119050	35803	
家具制造业	987456	2064		99754	201344	223497	86657
造纸和纸制品业	680823	9222		191616	13855	123969	67608
印刷和记录媒介复制业	575070	5754	3773	179407	189819	6136	10271
文教、工美、体育和娱乐用品制造业	2761758	23084		535292	221582	73848	151414
石油加工、炼焦和核燃料加工业	343319				4629		
化学原料和化学制品制造业	2709846	49019		156269	70621	32133	162886
医药制造业	689076	29618	11848	237257	126250	5798	
化学纤维制造业	8177381						7858045
橡胶和塑料制品业	2486591	7172		233032	355448	83476	119481
非金属矿物制品业	3924147			177788	160293	351607	333361
黑色金属冶炼和压延加工业	4926765			77360			1243867
有色金属冶炼和压延加工业	1258983				2685	556803	120752
金属制品业	1858083		3005	122537	470926	268088	158593
通用设备制造业	1498157	245089	2870	244168	276391	189191	155250
专用设备制造业	869514	37914		123248	68292	159802	110098
汽车制造业	4167227	22913		323766	181560	10287	81661
铁路、船舶、航空航天和其他运输设备制造业	637996	2538		151620	48950	130953	
电气机械和器材制造业	4906562	96381	7145	678383	394636	1071460	248079
计算机、通信和其他电子设备制造业	7243294	424304	12090	1127398	370390	1410683	66088
仪器仪表制造业	826899	76723	32491	154328	45829	395654	25661
其他制造业	181905	27899		55582			
废弃资源综合利用业	27675						
金属制品、机械和设备修理业	472219	4474		36590			
电力、热力生产和供应业	5811025	1331527	1349999		12256		792220
燃气生产和供应业	335895	71908			105766	10065	34557
水的生产和供应业	145669	72828				5516	11057

6－12 续表 （2017年） 单位：万元

项 目	福清市	闽侯县	连江县	罗源县	闽清县	永泰县	平潭县
合 计	**17327851**	**9604966**	**5970833**	**4373641**	**1675371**	**590964**	**243258**
非金属矿采选业		8205					
农副食品加工业	2261436	461073	1294786	77043	10096	18669	23445
食品制造业	358295	97604	575107	9175	5799	39994	13265
酒、饮料和精制茶制造业	66315	156604	67735	9136	25717		
烟草制品业				17847			
纺织业	229498	536966	150543	4452		201851	
纺织服装、服饰业	57818	188984	2338		7165	38918	
皮革、毛皮、羽毛及其制品和制鞋业	1535361	249964	1417250	2009	3032	2723	
木材加工和木、竹、藤、棕、草制品业	78256	41728	12733	32314	19570	9865	
家具制造业	204070	136558		11321	16421	5769	
造纸和纸制品业	109525	87492	20234	17291	40011		
印刷和记录媒介复制业	170932	2460	6519				
文教、工美、体育和娱乐用品制造业	315003	1229542	126954	5070	55424	24545	
石油加工、炼焦和核燃料加工业	127314	47198		153764		10414	
化学原料和化学制品制造业	1730591	34878	377403	48856	11820	35371	
医药制造业	253576	17237			7491		
化学纤维制造业	174166		138747	6422			
橡胶和塑料制品业	1090896	202955	67093	216079	106077	2201	2682
非金属矿物制品业	748118	928300	181678	64294	897811	35356	45542
黑色金属冶炼和压延加工业	9085		14434	3428863	106328	46829	
有色金属冶炼和压延加工业	504691	70740	3312				
金属制品业	263537	362704	185631	9502	3848	9714	
通用设备制造业	152241	192386	22104	2455	16011		
专用设备制造业	211286	130169	8613	20093			
汽车制造业	174822	3370128	2090				
铁路、船舶、航空航天和其他运输设备制造业	26847		214574	2983			59530
电气机械和器材制造业	1330226	801778	216602	8444	48247	5181	
计算机、通信和其他电子设备制造业	3753663	69054					9624
仪器仪表制造业	2610	23048	3472		23933	43150	
其他制造业	86604	11820					
废弃资源综合利用业		6157		21518			
金属制品、机械和设备修理业			369302	40900	8133		12821
电力、热力生产和供应业	1255871	105402	477765	148465	209593	60414	67516
燃气生产和供应业	30252	12176	5374	9913	52844		3040
水的生产和供应业	14948	21656	8436	5434			5795

6－13 按县(市)区分“规模以上”工业主要财务指标

(2017 年)

单位:万元

项 目	企业单位数(个)	工业总产值	工业销售产值	#出口交货值	资产总计	#流动资产合计
福州市	**2213**	**85919873**	**83244663**	**14984860**	**69953612**	**33158571**
鼓楼区	105	2576534	2551012	106366	3984011	1363263
台江区	18	1457810	1447523	5171	1911629	314620
仓山区	317	7795710	7640717	2492359	4232651	2900947
晋安区	158	4628935	4578209	1334950	1735900	1069960
马尾区	148	7154023	6986877	1672711	5789795	3827440
长乐区	389	22519979	21754055	745883	14618899	7393829
福清市	374	17327851	16387322	4562550	22213955	8646569
闽侯县	353	9604966	9388660	2031239	5901679	3554274
连江县	128	5970833	5893689	1790507	4474824	1996903
罗源县	56	4373641	4150764	32739	2686739	1223611
闽清县	106	1675371	1649752	146897	1210099	514614
永泰县	44	590964	573321	46126	615188	210640
平潭县	17	243258	242761	17363	578244	141902

6－13　续表1　　　　　　　　　　　　（2017年）　　　　　　　　　　　　单位：万元

项　　目	固定资产合计	固定资产原价	负债合计	#流动负债合计	所有者权益合计	主营业务收入
福州市	**25296386**	**40798842**	**39467872**	**27257585**	**30135766**	**82492554**
鼓楼区	1581502	2607656	2047681	1334626	1802190	2552285
台江区	1192387	2083772	1296599	852689	611699	1446817
仓山区	733675	1661419	1989280	1794792	2238611	7590281
晋安区	300763	701224	620339	551336	1108708	4572704
马尾区	1069801	2041314	3051059	2738744	2738735	6979897
长乐区	5568972	10443150	7641625	6677980	6954228	21494673
福清市	9271484	11911265	14350228	7280917	7792670	16140089
闽侯县	1351262	2500110	3249868	2707114	2651807	9262450
连江县	1979962	2731445	2625800	1340051	1785997	5783515
罗源县	1116535	1809111	1505079	1382707	1181660	4208348
闽清县	565187	1449444	234371	154693	975125	1634542
永泰县	241459	394653	367757	245656	247431	587189
平潭县	323398	464279	488185	196281	46907	239764

6－13 续表 2 （2017 年） 单位:万元

项 目	主营业务成本	主营业务税金及附加	利润总额	应交所得税	利税总额	本年应交增值税
福州市	**71176488**	**423789**	**5153807**	**473182**	**7250368**	**1643790**
鼓楼区	2169613	13455	121780	14387	199210	62869
台江区	1389224	4431	18160	3346	56881	32784
仓山区	6351002	57801	374456	64144	695582	262154
晋安区	4051013	48714	157273	14152	274540	67919
马尾区	6236571	26348	292474	31526	432303	111907
长乐区	18376676	39479	1402165	64642	1664577	215482
福清市	14153221	51591	1128560	115452	1549087	359610
闽侯县	7826070	125079	461972	75026	862187	273170
连江县	4639569	28664	783532	18259	907292	93825
罗源县	3892642	15885	204883	38317	300292	79494
闽清县	1355656	9368	193716	27958	263859	59176
永泰县	532380	1894	20329	2482	39559	17286
平潭县	202851	1080	－5491	3491	5000	8114

6－13 续表3 （2017年） 单位:万元

项目	全部从业人员年平均人数（人）	总资产贡献率（%）	资产负债率（%）	流动资产周转率（次/年）	成本费用利润率（%）	产品销售率（%）
福州市	**638156**	**11.57**	**56.42**	**2.53**	**6.54**	**96.89**
鼓楼区	17835	5.79	51.40	1.88	4.92	99.01
台江区	4614	4.35	67.83	4.62	1.26	99.29
仓山区	126145	17.09	47.00	2.71	5.12	98.01
晋安区	55641	15.95	35.74	4.28	3.58	98.90
马尾区	47947	8.46	52.70	1.86	4.25	97.66
长乐区	102112	13.12	52.27	2.93	6.94	96.60
福清市	125859	8.29	64.60	1.92	7.13	94.57
闽侯县	85131	15.29	55.07	2.64	5.25	97.75
连江县	28600	21.75	58.68	2.91	15.75	98.71
罗源县	13434	12.04	56.02	3.58	4.91	94.90
闽清县	22304	22.48	19.37	3.21	13.32	98.47
永泰县	6744	7.80	59.78	2.79	3.59	97.01
平潭县	1790	1.43	84.43	1.70	－2.14	99.80

6－14　规模以上工业企业科技活动情况

（2017 年）　　单位：万元

项　　目	企业数（个）	#有 R&D 活动	#有研发机构	R&D 人员合计（人）	R&D 经费内部支出	R&D 经费外部支出
总　　计	**2213**	**609**	**213**	**31386**	**1019644**	**44734**
一、按企业规模分						
大中型企业	568	234	119	24071	837565	39507
大型企业	85	51	35	12304	508731	17155
中型企业	483	183	84	11767	328834	22352
小型企业	1584	371	94	7289	181837	5227
微型企业	61	4		26	242	
二、按隶属关系分组						
中　央	21	8	5	2186	98349	17772
省（自治区、直辖市）	50	18	12	2047	65927	7500
地（区、市、州、盟）	79	35	19	2358	52522	1974
县（区、市、旗）						
街　道						
镇						
乡						
居委会						
村委会						
其　他	2008	537	169	23318	757748	17473
三、按登记注册类型分						
内资企业	1655	464	153	19245	607836	32221
国有企业	8	3	1	341	6663	19
集体企业	12	1	1	5	12	
股份合作企业	1					
联营企业	5					
国有联营企业						
集体联营企业	2					
国有与集体联营企业						
其他联营企业	3					
有限责任公司	455	143	44	7509	253953	20585
国有独资公司	23	4	1	989	6392	15076
其他有限责任公司	432	139	43	6520	247561	5509
股份有限公司	80	57	27	3999	105322.7	7606
私营企业	1094	260	80	7391	241885	4011
私营独资企业	11	3		11	200	
私营合伙企业	5	1	1	5	102	
私营有限责任公司	1048	241	74	6495	206307	3456
私营股份有限公司	30	15	5	880	35277	555
其他企业						
港、澳、台商投资企业	306	78	33	5853	236235	1494
合资经营企业（港或澳、台资）	100	31	14	2162	66254	858
合作经营企业（港或澳、台资）	3					
港、澳、台商独资经营企业	193	42	16	3397	159703	73
港、澳、台商投资股份有限公司	10	5	3	294	10278	562
其他港澳台投资企业						
外商投资企业	252	67	27	6288	175574	11020
中外合资经营企业	83	30	10	4555	129437	8308
中外合作经营企业	5	1		20	695	31
外资企业	157	36	17	1713	45442	2681
外商投资股份有限公司	4					
其他外商投资企业	3					

6－14 续表1 （2017年） 单位：万元

项　　目	专利申请数（件）	#发明专利（件）	新产品开发项目数（项）	新产品销售收入	引进境外技术经费支出	技术改造经费支出
总　　计	**5671**	**2109**	**2833**	**8780465**	**30410**	**456910**
一、按企业规模分						
大中型企业	3349	1481	1500	7597922	28936	394771
大型企业	1332	593	520	5149981	11958	186343
中型企业	2017	888	980	2447941	16978	208428
小型企业	2305	624	1328	1182024	1474	61981
微型企业	17	4	5	519		158
二、按隶属关系分组						
中　央	728	478	142	410827	650	168784
省（自治区、直辖市）	417	143	261	1138581	1526	29990
地（区、市、州、盟）	330	183	199	363173		7419
县（区、市、旗）						
街　道						
镇						
乡						
居委会						
村委会						
其　他	3987	1287	2175	6396459	28235	231470
三、按登记注册类型分						
内资企业	4027	1581	2072	4267830	27572	396212
国有企业	22	5	21	157669	167	1547
集体企业				1293		56
股份合作企业						
联营企业						
国有联营企业						
集体联营企业						
国有与集体联营企业						
其他联营企业						
有限责任公司	1671	931	791	1700425	652	230524
国有独资公司	561	417	99	9435		123069
其他有限责任公司	1110	514	692	1690990	652	107455
股份有限公司	752	302	401	1181065	8198	31118
私营企业	1582	343	859	1227378	18555	132967
私营独资企业			2	50		18
私营合伙企业			1			60
私营有限责任公司	1448	267	740	1092074	11113	132889
私营股份有限公司	134	76	116	135254	7441	
其他企业						
港、澳、台商投资企业	785	227	412	2568490	344	45478
合资经营企业（港或澳、台资）	206	35	155	706902	134	27889
合作经营企业（港或澳、台资）						
港、澳、台商独资经营企业	454	149	227	1843948	209	17564
港、澳、台商投资股份有限公司	125	43	30	17640		25
其他港澳台投资企业						
外商投资企业	859	301	349	1944144	2495	15220
中外合资经营企业	543	234	178	1177713		12337
中外合作经营企业	10	2	1			
外资企业	306	65	170	766431	2495	2883
外商投资股份有限公司						
其他外商投资企业						

6-14 续表2 (2017年) 单位:万元

项目	企业数(个)	#有R&D活动	#有研发机构	R&D人员合计(人)	R&D经费内部支出	R&D经费外部支出
四、按国民经济行业分						
采矿业	4					
有色金属矿采选业						
非金属矿采选业	4					
制造业	2150	605	211	29999	993517	28718
农副食品加工业	199	51	19	1280	41535	878
食品制造业	58	16	3	252	5705	59
酒、饮料和精制茶制造业	36	9	3	178	6522	164
烟草制品业	1	1	1	41	1349	9
纺织业	280	31	17	1860	60049	342
纺织服装、服饰业	69	6	1	365	14765	
皮革、毛皮、羽毛及其制品和制鞋业	124	6	5	338	12304	47
木材加工及木、竹、藤、棕、草制品业	28	5	1	33	832	5
家具制造业	57	1	2	16	402	
造纸及纸制品业	52	5	1	30	679	7
印刷业和记录媒介的复制	40	4	2	155	3213	
文教、工美、体育和娱乐用品制造业	132	19	9	374	10473	
石油加工、炼焦及核燃料加工业	5	2	1	41	2314	20
化学原料及化学制品制造业	59	21	4	618	43065	27
医药制造业	23	15	9	740	12021	954
化学纤维制造业	31	15	8	1601	78521	706
橡胶和塑料制品业	118	24	5	612	26458	75
非金属矿物制品业	162	59	27	2311	44503	558
黑色金属冶炼和压延加工业	31	5	3	364	52129	1475
有色金属冶炼和压延加工业	14	5	2	408	21965	250
金属制品业	65	22	4	457	15269	415
通用设备制造业	76	31	8	1467	43000	4313
专用设备制造业	69	28	6	579	21103	920
汽车制造业	89	40	14	2002	60590	9102
铁路、船舶、航空航天和其他运输设备制造业	21	6	2	552	12025	712
电气机械和器材制造业	137	63	13	2212	62107	607
计算机、通信和其他电子设备制造业	111	80	30	9776	316400	5228
仪器仪表制造业	42	24	9	1141	19979	1701
其他制造业	8	4	1	128	1931	100
废弃资源综合利用业	4	1		13	277	
金属制品、机械和设备修理业	9	6	1	55	2033	43
电力、热力、燃气及水生产和供应业	59	4	2	1387	26127	16016
电力、热力生产和供应业	35	3	2	1373	26113	16003
燃气生产和供应业	13					
水的生产和供应业	11	1		14	15	14

6－14 续表3 （2017年） 单位：万元

项 目	专利申请数（件）	#发明专利（件）	新产品开发项目数（项）	新产品销售收入	引进境外技术经费支出	技术改造经费支出
四、按国民经济行业分						
采矿业						
有色金属矿采选业						
非金属矿采选业						
制造业	5071	1679	2736	8780321	29760	322944
农副食品加工业	235	110	234	415571		11792
食品制造业	139	48	72	46169		198
酒、饮料和精制茶制造业	72	8	21	12350		3128
烟草制品业	21	9	12			15499
纺织业	179	35	79	329050	11025	79439
纺织服装、服饰业	29		17			
皮革、毛皮、羽毛及其制品和制鞋业	201	13	27	463003		1482
木材加工及木、竹、藤、棕、草制品业	31	16	7	8501		865
家具制造业	42	15	6	8600		
造纸及纸制品业	32	8	5	18132		356
印刷业和记录媒介的复制	31	4	8	14391		754
文教、工美、体育和娱乐用品制造业	130	12	39	58722		1978
石油加工、炼焦及核燃料加工业	1	1	1			
化学原料及化学制品制造业	124	23	62	306823	1359	6520
医药制造业	89	34	126	150086		2666
化学纤维制造业	194	30	156	840965		28896
橡胶和塑料制品业	153	49	110	302096		8852
非金属矿物制品业	246	109	116	295523		52780
黑色金属冶炼和压延加工业	56	6	16	67416		61989
有色金属冶炼和压延加工业	105	42	52	304063		6069
金属制品业	96	15	48	59892	50	2162
通用设备制造业	416	189	113	448153	156	1172
专用设备制造业	143	38	123	96447	6724	85
汽车制造业	491	83	262	738181	2838	12209
铁路、船舶、航空航天和其他运输设备制造业	36	5	57	185510	167	1501
电气机械和器材制造业	457	91	277	367929		12617
计算机、通信和其他电子设备制造业	1011	608	512	3056589	7441	9647
仪器仪表制造业	251	66	151	144353		46
其他制造业	15	3	12	28343		4
废弃资源综合利用业	14	2	5	3868		
金属制品、机械和设备修理业	31	7	10	9598		237
电力、热力、燃气及水生产和供应业	600	430	97	143	650	133967
电力、热力生产和供应业	600	430	95	143	650	130969
燃气生产和供应业						
水的生产和供应业			2			2998

6－15 民用车辆拥有量

(2017年)

单位:辆

项目	总计	营运	非营运	校车	进口	个人	新注册	报废
合计	**1430701**	**83371**	**1340981**	**778**	**94863**	**1249708**	**171325**	**19151**
一、汽车	**1183662**	**69686**	**1113198**	**778**	**94558**	**1023355**	**150043**	**16521**
载客汽车	1057057	24451	1031828	778	94129	952941	134877	9990
#大型	9361	7487	1643	231	71	145	828	845
中型	5174	1380	3247	547	151	996	376	576
小型	1037981	15584	1022397		92539	947701	133120	8280
微型	4541		4541		1368	4099	553	289
#轿车	730252	15227	715025		42414	674254	81049	5705
载货汽车	120784	44918	75866		397	68543	14241	6092
#重型	23433	20123	3310		289	3411	4036	895
中型	2343	1646	697			863	150	330
轻型	94932	23135	71797		108	64206	10055	4853
微型	76	14	62			63		14
#普通载货	52503	4644	47859		106	38092	5591	2833
其它汽车	5821	317	5504		32	1871	925	439
#三轮汽车								
低速货车	261	73	188			247	2	14
二、摩托车	**227496**	**3**	**227493**		**303**	**225463**	**19375**	**2433**
普通	223428	3	223425		303	221408	19364	2258
轻便	4068		4068			4055	11	175
三、拖拉机(农机部门数据)	**5571**							
四、挂车	**13972**	**13682**	**290**		**2**	**890**	**1907**	**197**

补充资料:机动车驾驶员2095338人,其中汽车驾驶员1911665人。

6-16 运输线路长度

（2017年）

单位:公里

项　　目	福州市	市区	福清市	闽侯县	连江县	罗源县	闽清县	永泰县
公路通车里程合计	**7922.450**	**1368.840**	**1268.107**	**1376.793**	**957.110**	**599.326**	**1021.023**	**1331.251**
#国　道	1188.831	186.193	219.903	248.903	187.479	74.076	84.837	187.440
省　道	701.606	154.574	98.947	118.091	84.064	54.949	94.979	96.002
县　道	1457.811	197.566	153.792	296.068	144.895	123.740	274.735	267.025
乡　道	4574.202	830.517	795.465	713.731	540.672	346.561	566.472	780.784
等级公路	**10436.345**	**1777.976**	**2012.242**	**1654.359**	**1149.634**	**905.466**	**1277.666**	**1659.002**
#高速公路	588.394	113.535	100.368	162.799	87.224	25.615	52.560	46.293
一　级	87.155	53.269		33.886				
二　级	885.622	206.210	192.592	107.602	150.055	41.503	98.801	88.859
三　级	1068.436	216.057	230.730	127.447	82.872	49.961	117.230	244.139
四　级	7806.738	1188.905	1488.552	1222.625	829.483	788.387	1009.075	1279.711

注：1.公路通车里程不含专用公路、村道；2.等级公路划分时含专用公路、村道。

主要统计指标解释

工业 指从事物质产品生产活动的部门,工业生产活动主要包括以下几个方面:对自然资源的开采,如采矿、晒盐等,但禽兽捕猎和水产捕捞按国家标准《国民经济行业分类和代码》的划分,均属农业生产活动,不包括在工业生产活动内。对农副产品的加工、再加工,如粮油加工、食品加工、轧花、缫丝、纺织、制革等。对采掘品的加工、再加工,如冶金加工、石油加工、化学加工、机械加工、木材加工等,以及电力、煤气及水的生产和供应等。对工业品的修理、翻新,如机器设备的修理、交通运输工具(包括小卧车)的修理等。拆船业也是工业生产活动。

工业总产值 指以货币表现的工业企业在报告期内生产的工业最终产品或提供工业性劳务活动的总价值量。它是反映一定时间内工业生产总规模和总水平的重要标志,是计算工业生产发展速度和主要比例关系,计算工业产品销售率和其他经济指标的重要依据。

工业增加值 指工业企业在报告期内以货币表现的工业生产活动的最终成果。工业增加值有两种计算方法:一是生产法,即工业总产出减去工业中间投入;二是收入法,即从收入的角度出发,根据生产要素在生产过程中应得到的收入份额计算,具体构成项目有固定资产折旧、劳动者报酬、生产税净额、营业盈余,这种方法也称要素分配法。

轻工业 指主要提供生产消费品和制作手工工具工业。按其所使用的原料不同,可分为两大类:(1)以农产品为原料的轻工业,是指直接或间接以农产品为基本原料的轻工业。主要包括食品制造、饮料制造、烟草加工、纺织、缝纫、皮革和毛皮制作、造纸以及印刷等工业;(2)以非农产品为原料的轻工业,是指以工业品为原料的轻工业。主要包括文教体育用品、化学药品制造、合成纤维制造、日用化学制品、日用玻璃制品、日用金属制品、手工工具制造、医疗器械制造、文化和办公用机械制造等工业。

重工业 指为国民经济各部门提供物质技术基础的主要生产资料的工业。按其生产性质和产品用途,可以分为下列三类:(1)采掘(伐)工业,是指对自然资源的开采,包括石油开采、煤炭开采、金属矿开采、非金属矿开采和木材采伐等工业;(2)原材料工业,指向国民经济各部门提供基础材料、动力和燃料的工业。包括金属冶炼及加工、炼焦及焦炭化学、化工原料、水泥、人造板以及电力、石油和煤炭加工等工业;(3)加工工业,是指对工业原材料进行再加工制造的工业。包括装备国民经济各部门的机械设备制造工业、金属结构、水泥制品等工业,以及为农业提供的生产资料如化肥、农药等工业。

固定资产原值 指企业在建造、购置、安装、改建、扩建、技术改造某项固定资产时所支出的全部货币总额。它一般包括买价、包装费、运杂费和安装费等。

固定资产净值 指固定资产原价减去历年已提折旧额后的净额。

流动资产 流动资产是指可以在一年或者超过一年的一个经营周期内变现或者运用的资产,包括货币资金、短期投资、应收票据、实收股利、实收利息、应收帐款、预付货款、其他应收款、实收补贴款、存货、待摊费用、一年内到期的长期债权投资和其他流动资产等。

利税总额 指企业利润总额、产品销售税金及附加和应交增值税之和。

资金利税率 指在一定时期内已实现的利润、税金总额与同期的资产(固定资产净值和流动资产)平均总额之比。

工业增加值率 指在一定时期内工业增加值占工业总产出的比重,反映降低中间消耗的经济效益。

流动资产周转次数 指在一定时期内流动资产完成的周转次数,反映流动资产的周转速度。

主营业务收入 指企业经营和提供劳务等主要经营业务取得的业务总额。

全员劳动生产率 指根据产品的价值量指标计算的平均每一个职工在单位时间内的产品生产量。目前全员劳动生产率是将工业企业的工业增加值除以同一时期从业人员的平均人数来计算。

公路里程 也称“公路通车里程”，是反映公路建设发展规模的重要指标，也是计算运输网密度等指标的基础资料；是指实际达到交通部制定的公路工程技术标准规定的等级的公路长度。它包括大中城市的郊区公路以及通过小城镇街道的公路里程，也包括桥梁、渡口的长度，但不包括城市的街道以及厂矿、林区和农业生产用道的里程，两条或多条公路共同经由同一路段，只计算一次，不得重复计算里程长度。

7 固定资产投资

7-1 全社会固定资产投资完成额

(1994-2017年)

单位:万元

年份	全社会固定资产投资额	#基本建设	更新改造	房地产开发投资	其他投资
1994	1377148	410693	117593	470743	102894
1995	1747461	569613	157881	549959	197686
1996	1891344	571186	189701	519497	253707
1997	2198600	619227	186848	476460	474280
1998	2556799	882479	211613	505414	284088
1999	2609877	900993	252372	593645	229434
2000	2375269	517043	268441	758488	295738
2001	2608253	756176	275303	895214	221033
2002	3028329	917561	288114	999867	304074
2003	4257211	1283778	375388	1670394	311244
2004	5266318	1185421	461519	2238298	771774
2005	6032595			2220270	
2006	7323412			3011836	
2007	10014521			3764663	
2008	12527105			3136079	
2009	16467177			3617991	
2010	23174379			6706940	
2011	27202827			9564451	
2012	32664861			9722667	
2013	38698351			12647907	
2014	44275880			14550729	
2015	48939072			13811248	
2016	52180695			16794355	
2017	58233857			16941798	

注:1.2005年起固定资产投资不再以基本建设、更新改造和其他投资划分,而将其统称为城镇项目投资,2012年起改为项目投资。
2.2017年起,投资数据为固定资产投资(不含农户投资)。

7－2 项目投资完成情况

（2006－2017 年）　　单位:万元

项　　目	2006 年	2007 年	2008 年	2009 年	2010 年	2011 年
总　　计	**3681993**	**5144570**	**7903876**	**10768157**	**14115734**	**15817803**
＃国有经济控股	1607833	2027886	3207652	4879751	8329521	8602923
＃住　宅	64385	57571	35746	337020	394434	294081
按国民经济行业分						
农、林、牧、渔业	21881	30750	43331	89942	138025	202050
采矿业	17936	800	9395	9266	10254	
制造业	1170340	1887170	2541741	2688890	3106642	4283413
电力、热力、燃气及水的生产和供应业	692474	677292	1290841	1701059	2025989	2227985
建筑业	17219	22415	11265	44393	85682	31279
交通运输、仓储及邮政业	398535	455261	792119	1320076	2127521	2430993
信息传输、软件和信息技术服务业	126612	150800	475030	672645	788868	1072544
批发和零售业	37905	86287	234718	420104	677820	413219
住宿和餐饮业	27300	52438	73107	170370	161250	372722
金融业	54014	82756	113263	114210	201919	137885
房地产业	26171	12267	63764	339988	938717	628179
租赁和商务服务业	30718	67403	168531	238676	605833	91553
科学研究和技术服务业	6372	26905	20087	47672	79453	59820
水利、环境和公共设施管理业	368294	757752	1037370	1698924	1952645	1986722
居民服务、修理和其他服务业	10090	4516	3729	20079	48132	41076
教　育	232878	217352	232744	334733	358059	439796
卫生和社会工作	53268	68239	98203	174105	170702	144980
文化、体育和娱乐业	40684	192313	211056	145882	249241	387092
公共管理、社会保障和社会组织	349302	351854	483582	537143	388982	866495
按三次产业分						
第一产业	21881	30750	43331	89942	138025	202050
第二产业	1897969	2587677	3853242	4443608	5228567	6542677
第三产业	1762143	2526143	4007303	6234607	8749142	9073076

注:1. 本表 2015 年及以前年度不含高速公和铁路投资。
2. 本表 2011 年以前数据为城镇项目投资,2012 年起数据为项目投资。
3. 2012 年起执行《国民经济行业分类》(GDB/T 4754－2011)。

7－2　续表　（2006－2017年）　单位:万元

项　　目	2012年	2013年	2014年	2015年	2016年	2017年
总　　计	**21638878**	**25022342**	**28478980**	**33285590**	**35049246**	**41292059**
#国有经济控股	11789409	12346879	14107117	16072393	20102580	24291167
#住　宅	108265	233095	70351	44753	507483	132263
按国民经济行业分						
农、林、牧、渔业	445638	406628	568994	620812	631612	775370
采矿业	7462	4167	24665	81426	35500	19651
制造业	5960256	7629936	7747347	8935880	10088588	11597546
电力、热力、燃气及水的生产和供应业	2322676	2733746	3914291	3346585	3851385	3278312
建筑业	45629	104502	513215	1077454	432756	231784
交通运输、仓储及邮政业	2851712	3486600	3811605	3655873	4872552	1415888
信息传输、软件和信息技术服务业	1037605	1047494	755963	1489490	1883727	4811442
批发和零售业	684771	1045152	1339812	2019190	657071	409863
住宿和餐饮业	586982	409074	505920	515523	413990	2111067
金融业	194741	293587	174811	279597	333270	48476
房地产业	1514442	1682728	1370330	2269847	2731201	1717830
租赁和商务服务业	466281	636381	633814	527007	344136	761177
科学研究和技术服务业	71561	154540	119269	120710	258313	303479
水利、环境和公共设施管理业	3086312	3071619	4341755	5516115	6136454	11274140
居民服务、修理和其他服务业	133098	87053	74447	164923	97719	186382
教　育	648421	548601	518074	691168	696273	621938
卫生和社会工作	156270	253928	310835	437728	345010	581126
文化、体育和娱乐业	595674	672142	1159509	774391	741500	652245
公共管理、社会保障和社会组织	829347	754464	594324	761871	498189	494343
按三次产业分						
第一产业	445638	406628	568994	620812	577558	675576
第二产业	8336023	10472351	12199518	13441345	14394677	15115654
第三产业	12857217	14143363	15710468	19223433	20077011	25500829

7－3 房地产开发投资情况

项　　目	单 位	1990 年	1995 年	2000 年	2005 年	2006 年	2007 年	2008 年	2009 年
完成投资额	**万元**	**39178**	**549959**	**758488**	**2220270**	**3011836**	**3764663**	**3136079**	**3617991**
按经济类型分									
国有经济	万元	15117	138579	153831	114735	238345	353732	287194	162836
集体经济	万元	6803	42013	57057	157396	131971	139816	217156	224160
其他经济	万元	17258	369367	547600	1948139	2641520	3271115	2631729	3230995
按构成分									
#建筑工程	万元	31167	377911	533277	1425189	1469573	1893265	2133196	2367528
安装工程	万元	1371	35730	22201	95726	109178	126400	145323	138266
设备工器具购置	万元	1685	11665	20588	19408	7790	8734	17440	17106
按工程用途分									
商业营业用房	万元	6073	68010	103134	171875	208634	150235	158889	203354
住　宅	万元	22955	357930	461013	1588398	2028782	2704938	2239851	2521901
办公楼	万元	9246	82476	84642	49015	23143	26872	28085	39777
其　他	万元	904	41543	109699	410982	751277	882618	709254	852959
按隶属关系分									
中　央	万元	1527	3272	5516				252	
地　方	万元	37651	546687	752972	2220270	3011836	3764663	3135827	3617991
新增固定资产	万元	14418	356867	502619	790832	954632	877325	678775	1076320
施工面积	万平方米	164.68	923.83	1236.99	2023.33	2126.41	2431.91	2520.39	2635.06
#住　宅	万平方米	117.75	643.06	873.12	1714.72	1809.35	2083.42	2155.02	2244.38
本年竣工面积	万平方米	67.28	328.86	323.56	501.43	479.54	474.07	329.15	485.90
#住　宅	万平方米	50.86	260.77	255.90	448.11	411.12	411.80	294.68	423.59
土地购置费	万元	4087	23177	111815	467989	1248672	1658440	653667	897691
商品房屋销售额	万元	26907	275644	490304	2702461	2921840	3343512	2044541	4576114
#住　宅	万元	9956	171757	382120	2373901	2470916	2903189	1790644	4175460

注：1. 2005 年起商品房销售额包括现房和期房两部分，以前年份只统计现房部分，不包括期房部分。

2. 2008 年为经济普查代年报；2011 年房地产企业实行网络直报，与快报比数据有变动。

7－3 续表

项　　目	单　位	2010 年	2011 年	2012 年	2013 年	2014 年	2015 年	2016 年	2017 年
完成投资额	**万元**	**6706940**	**9634087**	**9722667**	**12647907**	**14550729**	**13811248**	**16794355**	**16941798**
按经济类型分									
国有经济	万元	498897	711343	1161179	1414648	1386959	1670773	1961903	1016347
集体经济	万元	219469	267039	63341	79718	48950	45028	43255	5707
其他经济	万元	5988574	8655705	8498147	11153541	13114820	12095447	14789197	15919744
按构成分									
#建筑工程	万元	3311464	4937192	6487181	8163735	9598181	8802608	10115138	9213887
安装工程	万元	196939	288755	488344	1045565	1293555	1114049	1654360	1946632
设备工器具购置	万元	17156	12371	27687	67222	93710	96233	75224	77169
按工程用途分									
商业营业用房	万元	482384	864472	878689	1203579	2219297	2565794	2416658	1986392
住　宅	万元	3842829	6800822	6284804	8654077	9265800	8566533	11235935	11769854
办公楼	万元	249356	532640	811513	1082242	1369490	1113150	1231799	1131738
其　他	万元	2132371	1436153	1747661	1708009	1696142	1565771	1909963	2053814
按隶属关系分									
中　央	万元	11393	47198	10806	3556	580	52664	3939	23901
地　方	万元	6695547	9586889	9711861	12644351	14550149	13758584	16790416	16917897
新增固定资产	万元	945411	1756326	1693930	2677016	2859755	3992627	3774517	4901153
施工面积	万平方米	3599.46	4939.00	5704.68	6871.04	7598.91	7800.01	7760.77	7947.59
#住　宅	万平方米	2908.55	3819.54	4275.69	4961.57	5108.45	4992.32	4919.79	5070.58
本年竣工面积	万平方米	345.81	541.43	534.33	832.55	833.86	1064.05	823.82	1155.74
#住　宅	万平方米	294.57	457.87	402.46	605.83	600.12	745.09	524.62	765.17
土地购置费	万元	2924155	3996054	2296969	2924812	3353251	3491957	4717669	4929399
商品房屋销售额	万元	5029944	6321066	9414937	14117852	10350054	10659342	13542937	18635494
#住　宅	万元	4183336	5082318	7812616	11226626	8252471	8488111	11292827	13466619

7－4 按三次产业分固定资产投资

（1990－2017年）

单位:亿元

年 份	合 计	第一产业	第二产业	第三产业
1990	21.98	0.10	11.90	9.98
1991	29.60	0.25	13.16	16.19
1992	52.51	0.43	17.76	34.32
1993	84.99	0.92	25.56	58.51
1994	110.19	0.89	30.66	78.64
1995	147.51	0.65	46.85	100.01
1996	153.41	1.42	47.91	104.08
1997	175.68	2.13	73.89	99.66
1998	188.36	3.37	69.44	115.55
1999	197.64	2.70	57.37	137.57
2000	183.97	1.11	55.19	127.67
2001	203.44	1.79	56.80	144.85
2002	250.96	1.94	61.83	187.19
2003	364.08	2.17	86.14	275.77
2004	465.70	1.72	140.57	323.41
2005	536.56	2.43	164.34	369.79
2006	696.69	2.19	189.80	504.70
2007	946.54	3.08	258.77	684.69
2008	1163.67	4.33	385.32	777.82
2009	1544.60	8.99	444.36	1091.25
2010	2231.69	13.80	522.86	1695.03
2011	2656.60	20.21	654.27	1982.12
2012	3234.77	44.56	833.60	2356.61
2013	3834.22	40.66	1047.24	2746.32
2014	4388.62	56.90	1219.95	3111.77
2015	4853.61	62.08	1344.13	3447.40
2016	5184.36	57.76	1439.47	3687.14
2017	5823.39	67.56	1511.57	4244.26

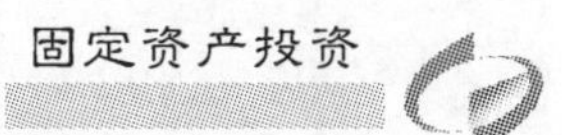

7－5　房地产开发企业主要指标

（2017 年）　　单位：万元、平方米

指标名称	计划总投资	自开始建设累计完成投资	本年完成投资	住宅投资	#90 平方米以下	144 平方米以上	别墅、高档公寓
总计	**78998243**	**78171666**	**16941798**	**11769854**	**4489314**	**1628901**	**325307**
一、按控股情况分							
国有控股	9175104	10570774	2395369	2077504	1456796	178735	15936
集体控股	178251	285368	37962	37536	22278	136	
私人控股	48857693	46935049	11467917	7780069	2374387	1046978	223535
港澳台商控股	5894029	6007940	616978	447878	113466	133514	33300
外商控股	688610	722137	119041	26202	9449	169	
其　他	14204556	13650398	2304531	1400665	512938	269369	52536
二、按隶属关系分							
中　央	277060	156271	23901	15864	15864		
省（自治区、直辖市）	2170920	2384700	116625	44952	20138	4546	
地区（州、盟、省辖市）	11197886	12713648	1938961	1705988	1154216	153535	53565
县（区、市、旗）	10016464	10042407	1436120	989434	353721	208010	34833
其　他	55335913	52874640	13426191	9013616	2945375	1262810	236909
三、按营业状态分							
营　业	76847218	76495562	16357248	11408899	4418272	1510042	325307
停业（歇业）	425956	247978	104045	32943		150	
当年关闭							
其　他	1725069	1428126	480505	328012	71042	118709	
四、按企业资质等级分							
一　级	3272349	3334838	652652	565680	320500	6731	1158
二　级	8805970	10857845	1461483	1250208	857353	131273	
三　级	23153044	24829726	2836555	1884064	721344	321007	36925
四　级	3579247	3167267	602356	419006	67380	141862	72905
暂　定	38487736	34777038	10931387	7379085	2511161	931856	214319
其　他	1699897	1204952	457365	271811	11576	96172	
五、按登记注册类型分							
内资企业	71835104	71127828	15976953	11077897	4365186	1470283	243242
港澳台商投资企业	6474529	6392581	694767	514695	114679	158449	82065
外商投资企业	688610	651257	270078	177262	9449	169	

7－5 续表1　　(2017年)　　单位:万元、平方米

指标名称	办公楼投资	商业营业用房投资	其他用房投资	本年新增固定资产	待开发土地面积	本年购置土地面积	本年土地成交价款	房屋施工面积
总　计	**1131738**	**1986392**	**2053814**	**4901153**	**1356475**	**1586904**	**1772088**	**79475928**
一、按控股情况分								
国有控股	48832	63562	205471	510942		74416	63867	11802837
集体控股		76	350	189683				330367
私人控股	805640	1547669	1334539	3201865	1136899	1239532	1449248	46052255
港澳台商控股	23316	39413	106371	221505	50036	50036	15921	7420392
外商控股	31131	50774	10934		133255			1000981
其　他	222819	284898	396149	777158	36285	222920	243052	12869096
二、按隶属关系分								
中　央	4460		3577					284707
省(自治区、直辖市)	37814	15651	18208			12991	19500	1788366
地区(州、盟、省辖市)	29438	88289	115246	41269		42281	14703	11155195
县(区、市、旗)	60877	264239	121570	1583657				12456901
其　他	999149	1618213	1795213	3276227	1356475	1531632	1737885	53790759
三、按营业状态分								
营　业	1081137	1933645	1933567	4895341	1135026	1558159	1751038	77792402
停业(歇业)	5560	31913	33629	2167	12724			324969
当年关闭								
其　他	45041	20834	86618	3645	208725	28745	21050	1358557
四、按企业资质等级分								
一　级		15029	71943	360876		31442	86800	2963590
二　级	16755	73155	121365	426656		42281	14703	11708660
三　级	209603	314878	428010	2327235	199907	113599	8772	23697994
四　级	38774	58690	85886	292436		19144	29664	4075682
暂　定	825106	1438791	1288405	1403975	1067574	1223597	1477349	35711198
其　他	41500	85849	58205	89975	88994	156841	154800	1318804
五、按登记注册类型分								
内资企业	1077312	1895954	1925790	4797691	1122908	1486592	1609067	71907929
港澳台商投资企业	23316	39665	117091	103462	50036	50036	15921	6816344
外商投资企业	31110	50773	10933		183531	50276	147100	751655

7－5　续表2　　　　　　　　　　　　（2017年）　　　　　　　　　　　　单位：万元、平方米

指标名称	#本年新开工面积	房屋竣工面积	竣工房屋价值	商品房销售面积合计	住宅	#90平方米以下	144平方米以上	别墅、高档公寓
总　　计	**12124383**	**11557373**	**3513090**	**16854646**	**12768001**	**3281391**	**1799975**	**391141**
一、按控股情况分								
国有控股	1028403	1325611	428284	1946536	1801044	1078508	20623	3080
集体控股		203535	71237	243553	208412	103306		
私人控股	9263207	6979931	2105040	11838417	8650340	1777520	1325670	298812
港澳台商控股	458577	730319	210733	854682	725455	48961	77918	57684
外商控股	54638			64457	5099	784	4097	4097
其　他	1319558	2317977	697796	1907001	1377651	272312	371667	27468
二、按隶属关系分								
中　央	90696							
省（自治区、直辖市）	185572			423868	331126	152390	133109	30482
地区（州、盟、省辖市）	473818	120531	39681	2287106	1979246	1047529	46490	102041
县（区、市、旗）	1083880	3818563	1093407	3361467	2855795	619722	307137	57876
其　他	10290417	7618279	2380002	10782205	7601834	1461750	1313239	200742
三、按营业状态分								
营　业	11659759	11538314	3507553	16715381	12668176	3250417	1793413	391141
停业（歇业）	214137	7607	2167	702	702	702		
当年关闭								
其　他	250487	11452	3370	138563	99123	30272	6562	
四、按企业资质等级分								
一　级	178560	1024924	350327	205455	131689	38535	29846	2626
二　级	303983	876126	302287	2573646	2333141	1041750	181017	55597
三　级	2195060	5723229	1593796	6233914	4873634	1023366	1017383	123250
四　级	474303	762757	209778	572024	396717	73982	86412	52140
暂　定	8292138	2866819	969254	7059975	4891402	1099004	450694	153431
其　他	680339	303518	87648	209632	141418	4754	34623	4097
五、按登记注册类型分								
内资企业	11595774	11230326	3420400	15866396	11960585	3231149	1695575	310631
港澳台商投资企业	458577	327047	92690	933729	802409	49458	100303	76413
外商投资企业	70032			54521	5007	784	4097	4097

7-5 续表3 (2017年) 单位:万元、平方米

指标名称	办公楼销售面积	商业营业用房销售面积	其他房屋销售面积	出租面积	#商业营业用房	待售面积	#住宅	商品房销售额
总　计	**1195529**	**1122624**	**1768492**	**85774**	**85774**	**4614886**	**1277554**	**18635494**
一、按控股情况分								
国有控股		9600	135892			18305	6867	1823563
集体控股		44	35097			18607	18607	231099
私人控股	950694	906844	1330539	85774	85774	3656750	782196	12573646
港澳台商控股	51472	30476	47279			167525	57278	1065752
外商控股	32921	23199	3238			29761	15319	115941
其　他	160442	152461	216447			723938	397287	2825493
二、按隶属关系分								
中　央								
省(自治区、直辖市)	19215	16884	56643			9258	3211	666453
地区(州、盟、省辖市)	122410	67659	117791			138255	69757	2647334
县(区、市、旗)	2758	197938	304976	70774	70774	2030700	551423	2297650
其　他	1051146	840143	1289082	15000	15000	2436673	653163	13024057
三、按营业状态分								
营　业	1195529	1115586	1736090	85774	85774	4584833	1252479	18444993
停业(歇业)						11140	11140	276
当年关闭								
其　他		7038	32402			18913	13935	190225
四、按企业资质等级分								
一　级	1337	22864	49565			383295	277547	264681
二　级	102293	20235	117977			188772	32159	2557597
三　级	213623	380040	766617			3158601	762005	5962718
四　级	43897	62104	69306			263405	131674	743314
暂　定	788224	633868	746481	85774	85774	599292	57366	8813407
其　他	46155	3513	18546			21521	16803	293777
五、按登记注册类型分								
内资企业	1115386	1072116	1718309	85774	85774	4334553	1137648	17271757
港澳台商投资企业	51472	29665	50183			250572	124587	1267366
外商投资企业	28671	20843				29761	15319	96371

7－5　续表4　　　　(2017年)　　　　单位:万元、平方米

指标名称	住宅销售额	#90平方米以下住房	144平方米以上住房	别墅、高档公寓	办公楼销售额	商业营业用房销售额	其他房屋销售额
总　计	**13466619**	**3208553**	**2469211**	**636786**	**2269116**	**1643618**	**1256141**
一、按控股情况分							
国有控股	1616892	939088	58246	3886		17913	188758
集体控股	195959	91418				43	35097
私人控股	8854184	1790029	1681197	499971	1652210	1227001	840251
港澳台商控股	876583	66415	133936	52470	124689	35643	28837
外商控股	4570	771	3606	3606	76270	33572	1529
其　他	1918431	320832	592226	76853	415947	329446	161669
二、按隶属关系分							
中　央							
省(自治区、直辖市)	532711	240268	215988	59406	56004	38338	39400
地区(州、盟、省辖市)	2191484	950433	146060	212973	191171	153690	110989
县(区、市、旗)	1905695	371378	257080	55896	3489	262362	126104
其　他	8836729	1646474	1850083	308511	2018452	1189228	979648
三、按营业状态分							
营　业	13319314	3139619	2464834	636786	2269116	1620560	1236003
停业(歇业)	276	276					
当年关闭							
其　他	147029	68658	4377			23058	20138
四、按企业资质等级分							
一　级	181479	53577	50594	4391	2818	35413	44971
二　级	2236782	924568	285075	109261	153165	66649	101001
三　级	4640906	819624	1341522	163860	405346	444862	471604
四　级	511461	70902	133006	108517	115204	85184	31465
暂　定	5742183	1337048	628617	247151	1467933	1006220	597071
其　他	153808	2834	30397	3606	124650	5290	10029
五、按登记注册类型分							
内资企业	12383532	3140200	2267478	516359	2080493	1582278	1225454
港澳台商投资企业	1078598	67582	198127	116821	124689	33392	30687
外商投资企业	4489	771	3606	3606	63934	27948	

7－6 房地产开发企业资金来源情况

（2017 年）

单位：万元

指标名称	本年资金来源合计	上年末结余资金	本年资金来源小计	国内贷款	利用外资	自筹资金	其他资金来源	#定金及预收款	个人按揭贷款	本年各项应付款合计
总　计	**28454928**	**6685883**	**21769045**	**3172315**	**2881**	**7533433**	**11060416**	**6323246**	**3194298**	**1562593**
一、按控股情况分										
国有控股	3939394	1026541	2912853	390124		937012	1585717	906774	111756	293571
集体控股	208091	166223	41868				41868	3082	6524	3331
私人控股	18345591	3964822	14380769	1926295		5713975	6740499	3834922	2284231	1014703
港澳台商控股	1318687	470752	847935	202200	2881	138717	504137	270424	174452	61005
外商控股	184725	11368	173357			79314	94043	44316	10727	14944
其　他	4458440	1046177	3412263	653696		664415	2094152	1263728	606608	175039
二、按隶属关系分										
中　央	27617	7637	19980	1600		17820	560	560		7931
省（自治区、直辖市）	440424	120444	319980	6302		109784	203894	130017	72347	49251
地区（州、盟、省辖市）	3958015	951218	3006797	745932		194787	2066078	1158268	248558	228259
县（区、市、旗）	3320943	897107	2423836	41250		1259008	1123578	594104	397556	106930
其　他	20707929	4709477	15998452	2377231	2881	5952034	7666306	4440297	2475837	1170222
三、按营业状态分										
营　业	27699728	6594687	21105041	3028815	2881	7258775	10814570	6088809	3188429	1519029
停业（歇业）	117041	588	116453	10600		103523	2330		510	24358
当年关闭										
其　他	638159	90608	547551	132900		171135	243516	234437	5359	19206
四、按企业资质等级分										
一　级	831424	368048	463376	46072		113208	304096	129356	108577	222051
二　级	2942876	922285	2020591	249002		136601	1634988	857733	263591	74121
三　级	6896895	1159844	5737051	483711		1676445	3576895	1944205	1431971	207952
四　级	1370842	542614	828228	98400		130768	599060	355332	156458	30272
暂　定	15841945	3554655	12287290	2227830	2881	5306624	4749955	2902100	1205129	963687
其　他	570946	138437	432509	67300		169787	195422	134520	28572	64510
五、按登记注册类型分										
内资企业	26740121	6288466	20451655	2815515		7320283	10315857	5803510	3011076	1487157
港澳台商投资企业	1371132	388138	982994	186800	2881	138717	654596	477520	174452	61005
外商投资企业	343675	9279	334396	170000		74433	89963	42216	8770	14431

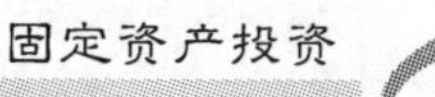

7-7 房地产开发企业主要财务指标

（2017年）

单位：万元

指标名称	企业数（个）	年末从业人数（人）	资产总计	流动资产合计	#存货	固定资产原价	累计折旧	#本年折旧
总计	**580**	**22301**	**107201711**	**90139881**	**36837838**	**989935**	**244477**	**40870**
一、按控股情况分								
国有控股	49	1651	2552419	2220500	724218	53271	14896	1722
集体控股	11	315	467596	434156	109125	818	693	26
私人控股	383	13679	92681814	76417954	29274690	834470	195071	32023
港澳台商控股	55	3030	5528719	5346425	3047908	51111	17471	3313
外商控股	21	873	1853254	1697239	1277105	6406	4709	962
其他	61	2753	4117910	4023608	2404792	43859	11637	2824
二、按隶属关系分								
中央	3	135	72217	69357	21740	171	160	2
省（自治区、直辖市）	27	908	641223	459358	221717	21325	9062	551
地区（州、盟、省辖市）	53	1919	5643957	4916774	2379370	46521	11771	1799
县（区、市、旗）	17	490	3597090	3351958	1026919	6662	2904	348
其他	480	18849	97247223	81342434	33188092	915257	220580	38170
三、按营业状态分								
营业	533	20829	104428005	87437185	35243610	953428	237871	38763
停业（歇业）	20	565	876636	847563	447303	32380	3969	1367
当年关闭	1	9	36139	36024	32255	246	131	37
其他	26	898	1860931	1819109	1114670	3881	2507	703
四、按企业资质等级分								
一级	15	572	469594	379619	220905	1653	1171	60
二级	44	1125	2436914	2170430	612438	52342	14330	1678
三级	145	6717	55155419	42740147	14663513	431713	142291	13930
四级	66	2688	18735050	15929462	6551294	212389	19269	8275
暂定	284	10621	28543804	27101113	13675018	287957	64911	16224
其他	26	578	1860931	1819109	1114670	3881	2507	703
五、按登记注册类型分								
内资企业	505	19825	101616596	84802753	33471175	941790	229927	37288
港澳台商投资企业	58	2123	4774596	4560105	2821555	45038	12629	3261
外商投资企业	17	353	810519	777022	545107	3107	1921	322

7－7　续表1　　(2017年)　　单位:万元

指标名称	负债合计	实收资本	主营业务收入	商品房屋销售收入	房屋出租收入	其他收入	主营业务成本	主营业务税金及附加
总　计	**85956061**	**9321011**	**11163028**	**10829221**	**47420**	**278937**	**6662318**	**769721**
一、按控股情况分								
国有控股	2299308	241310	1629631	137318	10482	1752	1259082	13640
集体控股	399043	92011	30543	2833	315	1080	26834	283
私人控股	73775171	8006083	7062329	8210528	33991	275760	4029347	636615
港澳台商控股	4194061	543856	558151	878090	943	192	303311	56117
外商控股	1581321	157348	55145	226408	1242	115	26294	4734
其　他	3707158	280402	1827229	1374044	449	39	1017451	58333
二、按隶属关系分								
中　央	72181	4805	6095	167		147	5521	13
省(自治区、直辖市)	524680	127140	1105659	33130	4552	1606	672403	4979
地区(州、盟、省辖市)	4743929	682569	1819294	389840	12144	129876	1359025	54598
县(区、市、旗)	2784640	735821		446705	1882	2225		72546
其　他	77830631	7770676	8231981	9959379	28843	145084	4625369	637587
三、按营业状态分								
营　业	83527061	9091933	10939001	9674082	47283	278898	6507777	711516
停业(歇业)	765204	58783	99995	678638	93		57868	33366
当年关闭	34157	7647						
其　他	1629639	162648	124032	476501	45	39	96673	24839
四、按企业资质等级分								
一　级	443934	46780	774898	31839	1360	682	401386	4051
二　级	2147605	278541	1099869	108311	9437	2150	801001	9872
三　级	42901862	4104475	4255997	3790570	15175	240577	2158353	321386
四　级	15915554	1839631	238648	1386079	17207	32334	170409	157579
暂　定	22917467	2888936	4541903	5035920	4196	3156	3026068	251995
其　他	1629639	162648	251714	476501	45	39	105102	24839
五、按登记注册类型分								
内资企业	81025218	8911860	10661192	9263365	46972	278784	6357225	707912
港澳台商投资企业	4164235	340560	457550	1477840	403	154	285313	51302
外商投资企业	766608	68590	44286	88016	45		19780	10507

7-7 续表2 (2017年) 单位:万元

指标名称	营业利润	投资收益	销售费用	管理费用	财务费用	利润总额	应交所得税	应付职工薪酬	应交增值税
总计	**1491952**	**111263**	**388318**	**365932**	**328151**	**1471521**	**317625**	**283660**	**258350**
一、按控股情况分									
国有控股	-1982	18704	2856	8025	29051	-2351	1176	5157	1031
集体控股	-1468		349	1380	3039	-1455	553	1091	56
私人控股	1235870	78052	293184	301656	273098	1231409	272596	228686	215379
港澳台商控股	106560	7389	21518	23378	8799	99309	14557	19917	15066
外商控股	11379		8216	8079	11888	10967	2532	6984	5069
其他	141594	7118	62194	23415	2277	133642	26213	21825	21751
二、按隶属关系分									
中央	-146			173	-1	-145	6	135	
省(自治区、直辖市)	-6234	32	1321	3530	4989	-6444	338	1962	287
地区(州、盟、省辖市)	81443	18519	14600	16730	30788	82454	21865	13828	2740
县(区、市、旗)	57028	3	7977	9182	19024	56611	18581	9980	11958
其他	1359861	92709	364420	336317	273351	1339045	276835	257755	243365
三、按营业状态分									
营业	1388638	111645	331385	346896	327611	1375198	291412	266245	237569
停业(歇业)	81128		37702	8691	79	78079	21333	4246	13120
当年关闭	-1781		1493	284	4	-1785	222	262	
其他	23967	-382	17738	10061	457	20029	4658	12908	7662
四、按企业资质等级分									
一级	-6762		1163	2086	4838	-6811	101	1473	62
二级	3635	18704	2042	6998	27253	3327	1627	4696	1024
三级	607216	41417	97121	148200	184280	619647	133625	93933	66862
四级	150030	29641	67144	58406	65024	142405	58306	51628	48885
暂定	713867	21882	203110	140181	46301	692924	119308	119022	133854
其他	23967	-382	17738	10061	457	20029	4658	12908	7662
五、按登记注册类型分									
内资企业	1333938	104145	318959	337100	322386	1321854	288912	257014	234513
港澳台商投资企业	166007	7118	58883	22576	5676	161647	28685	19528	25338
外商投资企业	-7993		10476	6256	89	-11980	28	7118	-1500

7-8 按县(市)区分固定资产投资完成情况

(2017年)　　单位:万元

县(市)区	固定资产投资		项目投资		房地产开发投资	
	绝对数	比上年增长(%)	绝对数	比上年增长(%)	绝对数	比上年增长(%)
福州市	**58233857**	**12.3**	**41292059**	**17.8**	**16941798**	**0.9**
市　区	29744208	11.0	19225001	18.4	10519207	-0.3
鼓楼区	5254872	14.5	4601075	21.4	653797	-18.4
台江区	1712749	-34.4	979710	-37.4	733039	-30.0
仓山区	6584050	17.9	3111085	91.3	3472965	-12.2
晋安区	6598902	17.7	4071513	16.9	2527389	19.0
马尾区	3537577	14.2	1772540	13.9	1765037	14.6
长乐区	6056058	21.7	4689078	20.5	1366980	26.1
福清市	10095159	16.4	8454110	13.2	1641049	36.3
闽侯县	5614188	21.6	2773893	31.1	2840295	13.6
连江县	4419634	-6.8	3771027	-3.7	648607	-21.5
罗源县	1676421	21.6	1586494	21.4	89927	25.4
闽清县	919705	18.5	737772	22.3	181933	5.3
永泰县	1116319	25.3	838001	93.5	278318	-39.2
平潭县	4648223	17.1	3905761	31.9	742462	-26.3

7－9 按登记注册类型分固定资产投资

（2017 年）

单位：万元

指标名称	绝对数	比上年增长（%）	指标名称	绝对数	比上年增长（%）
总　计	**58233857**	**12.3**	港澳台商投资企业	1728702	－14.6
内资企业	55142487	12.8	港澳台合资经营企业	591968	－22.7
国有企业	13263180	28.1	港澳台合作经营企业	10850	
集体企业	1001940	－34.9	港澳台独资经营企业	967415	－15.5
股份合作企业	0	－100.0	港澳台商投资股份有限公司	143267	27.0
联营企业	62668	－11.8	其他港澳台商投资企业	15202	
国有联营企业	35154	21.6	外商投资企业	1361586	47.0
集体联营企业	6840		中外合资经营企业	508505	24.9
国有与集体联营企业			中外合作经营企业	2950	
其他联营企业	20674	－51.0	外资企业	824289	93.3
有限责任公司	22173221	－1.8	外商投资股份有限公司	25750	－72.2
国有独资公司	5712655	30.5	其他外商投资企业	92	
其他有限责任公司	16460566	－9.5	个体经营	1082	
股份有限公司	2085918	4.6	个体户		
私营企业	15403880	37.2	个人合伙	1082	
其他企业	1151680	3.5			

主要统计指标解释

全社会固定资产投资 是以货币表现的建造和购置固定资产活动的工作量。它是反映固定资产投资规模、速度、比例关系和使用方向的综合性指标。全社会固定资产投资指各种登记注册经济类型的投资。按照报表管理种类，全社会固定资产投资总额分为项目投资、房地产开发投资和农户固定资产投资。

房地产开发投资 指各种登记注册类型的房地产开发法人单位统一开发的包括统代建、拆迁还建的住宅、厂房、仓库、饭店、宾馆、度假村、写字楼、办公楼等房屋建筑物，配套的服务设施，土地开发工程（如道路、给水、排水、供电、供热、通讯、平整场地等基础设施工程）和土地购置的投资；不包括单纯的土地开发和交易活动。

固定资产投资额 指以货币形式表现的在一定时期内建造和购置固定资产的工作量以及与此有关的费用的总称。

计划总投资 指在建的建设工程按照总体设计（或按设计概算或预算）规定的内容全部建成计划需要的总投资。没有总体设计的建设工程，分别按报告期施工工程的计划总投资合计数填报。单纯购置单位应填报单纯购置的计划总投资。计划总投资是反应固定资产投资在建总规模的重要指标，也是检查工程进度，计算建设周期的依据之一。

本年完成投资 指从本年1月1日起至报告期完成的全部投资额。本年完成投资是反映本年的实际投资规模，计算有关投资效果，进行国民经济核算和经济分析的重要指标。

完成投资额是以货币表示的工作量指标，包括实际完成的建筑安装工程价值，设备、工具、器具的购置费，以及实际发生的其他费用。没用到工程实体的建筑材料、工程预付款和没有进行安装的需要安装的设备等，不能计入投资完成额。

建筑工程 指各种房屋、建筑物的建造工程，又称建筑工作量。这部分投资额必须兴工动料，通过施工活动才能实现，是固定资产投资额的重要组成部分。

安装工程 指各种设备、装置的安装工程，又称安装工作量。在安装工程中，不包括被安装设备本身价值。

本年新增固定资产 指在报告期已经完成建造和购置过程，并已交付生产或使用单位的固定资产的价值，包括已经建成投入生产或交付使用的工程投资和达到固定资产标准的设备、工具、器具的投资及有关应摊入的费用。属于增加固定资产价值的其他建设费用，应随同交付使用的工程一并计入新增固定资产。

房屋施工面积 指报告期内施工的全部房屋建筑面积。包括本期新开工的房屋建筑面积、上期跨入本期继续施工的房屋建筑面积、上期停缓建在本期恢复施工的房屋建筑面积、本期竣工的房屋建筑面积以及本期施工后又停缓建的房屋建筑面积。多层建筑应填各层建筑面积之和。

房屋竣工面积 指报告期内房屋建筑按照设计要求已全部完工，达到住人和使用条件，经验收鉴定合格或达到竣工验收标准，可正式移交使用的各栋房屋建筑面积的总和。

竣工面积以房屋单位工程（栋）为核算对象，在整栋房屋符合竣工条件后按其全部建筑面积一次性计算，而不是按各栋施工房屋中已完成的部分或层次分割计算。

商品房销售面积 指报告期内出售商品房屋的合同总面积（即双方签署的正式买卖合同中所确定的建筑面积）。本月销售面积指从本月1日起至本月最后一天止出售商品房屋的合同总面积。商品房销售面积由现房销售面积和期房销售面积两部分组成。

商品房销售额 指报告期内出售商品房屋的合同总价款（即双方签署的正式买卖合同中所确定的合同总价）。本月销售额指从本月1日起至本月最后一天止出售商品房屋的合同总价款。该指标与商品房销售面积同口径，由现房销售额和期房销售额两部分组成。

待售面积 指报告期末已竣工的可供销售或出租的商品房屋建筑面积中，尚未销售或出租的商品房屋建筑面积，包括以前年度竣工和本期竣工的房屋面积，但不包括报告期已竣工的拆迁还建、统建代建、公共配套建筑、房地产公司自用及周转房等不可销售或出租的房屋面积。按照商品房待售时间的长短可以划分为待售一年以下、待售一到三年（含一年）和待售三年以上（含三年）。

8 建筑业

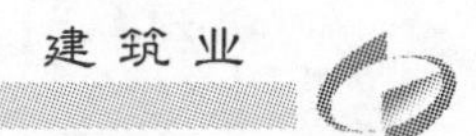

8-1 按登记注册类型分建筑业总承包、专业承包施工企业生产情况

(2017年)

项目	单位	总计	按登记注册类型分			
			#国有及国有控股企业	内资企业	港、澳、台商投资企业	外商投资企业
建筑业企业个数	个	1022	51	1008	13	1
签订的合同额	万元	76780530	27449852	74870818	1832253	77459
上年结转合同额	万元	33261227	15562841	32719540	497458	44230
本年新签合同额	万元	43519302	11887011	42151278	1334794	33230
承包工程完成情况						
直接从建设单位承揽工程完成的产值	万元	34289399	6373244	33378187	863211	48001
自行完成施工产值	万元	34169216	6348644	33287033	834182	48001
分包出去工程的产值	万元	120183	24600	91154	29029	
从建设单位以外承揽工程完成的产值	万元	1645918	148102	1645918		
建筑业总产值	万元	35815134	6496746	34932950	834182	48001
#装饰装修产值	万元	1539680	100699	1531080	8600	
在外省完成的产值	万元	16522650	1366758	16027762	494203	685
建筑业总产值按构成分						
建筑工程产值	万元	32499294	5810583	31771020	687717	40556
安装工程产值	万元	3130435	663244	2977256	146186	6994
其他产值	万元	185404	22919	184674	279	451
竣工产值	万元	17585302	2412018	17058145	488517	38640
房屋建筑施工面积	平方米	288101142	53255363	270856262	16946482	298398
#本年新开工面积	平方米	92965473	11899012	88874491	3816775	274207
年末自有施工机械设备(净值)	万元	589603	100809	588083	1520	
年末自有施工机械设备(总台数)	台	67332	15707	66760	572	
年末自有施工机械设备(总功率)	千瓦	2582381	816785	2573610	8771	
计算建筑业劳动生产率的平均人数	人	1409788	220381	1375118	32865	1805
年末从业人数	人	1383517	206798	1351766	30461	1290
#工程技术人员	人	116841	15012	115998	775	68
主要建筑材料消耗量						
钢　材	吨	20752942	20068813	20068813	640674	43455
木　材	立方米	11727949	11683324	11683324	33025	11600
水　泥	吨	86059617	84998872	84998872	970965	89780
平板玻璃(重量箱)	重量箱	11640480	11460650	11460650	179830	
平板玻璃(平方米)	平方米	51543939	50461593	50461593	1082346	
铝　材	吨	1101918	1093995	1093995	7391	532
房屋建筑竣工面积	平方米	62444631	7314851	59858743	2428837	157051
住　宅	平方米	47326511	6546071	44959276	2367235	
商业及服务用房	平方米	3125445	128470	3125445		
办公用房	平方米	3222400	52912	3218186	4214	
科研、教育、医疗用房	平方米	864785		834369	30416	
文化、体育、娱乐用房	平方米	160647	30170	133675	26972	
厂房及建筑物	平方米	7534463	557228	7377412		157051
仓　库	平方米	206745		206745		
其他用房	平方米	3635		3635		
房屋竣工价值	万元	11629303	1554393	11125161	474302	29840
住　宅	万元	8945618	1320257	8482895	462723	
商业及服务用房	万元	671492	75907	671492		
办公用房	万元	594523	10891	593367	1156	
科研、教育、医疗用房	万元	159290		151114	8177	
文化、体育、娱乐用房	万元	33305	10900	31059	2246	
厂房及建筑屋	万元	1181108	136437	1151268		29840
仓　库	万元	42771		42771		
其他用房	万元	1197		1197		

8－2 按行业分建筑业总承包、专业承包施工企业生产情况

(2017 年)

项目	单位	总计	按国民经济行业分			
			房屋建筑业	土木工程建筑业	建筑安装业	建筑装饰和其他建筑业
建筑业企业个数	个	1022	484	219	118	201
签订的合同额	万元	76780530	62825390	9399225	2374861	2181054
上年结转合同额	万元	33261227	28406164	3449682	1004537	400844
本年新签合同额	万元	43519302	34419226	5949543	1370324	1780210
承包工程完成情况						
直接从建设单位承揽工程完成的产值	万元	34289399	26082823	5328944	1277245	1600386
自行完成施工产值	万元	34169216	26019200	5303569	1253773	1592673
分包出去工程的产值	万元	120183	63623	25376	23472	7713
从建设单位以外承揽工程完成的产值	万元	1645918	822768	793181	13802	16167
建筑业总产值	万元	35815134	26841969	6096749	1267575	1608840
#装饰装修产值	万元	1539680	852562	116261	5977	564880
在外省完成的产值	万元	16522650	13042182	2456587	467979	555902
建筑业总产值按构成分						
建筑工程产值	万元	32499294	25669000	5088038	418711	1323545
安装工程产值	万元	3130435	1051039	967148	834941	277308
其他产值	万元	185404	121930	41563	13924	7987
竣工产值	万元	17585302	13125204	3216016	478358	765724
房屋建筑施工面积	平方米	288101142	275525742	11421499	298816	855085
#本年新开工面积	平方米	92965473	87467353	5124337		373783
年末自有施工机械设备(净值)	万元	589603	319706	202692	33601	33605
年末自有施工机械设备(总台数)	台	67332	34883	23700	5195	3554
年末自有施工机械设备(总功率)	千瓦	2582381	1159595	1084304	230148	108334
计算建筑业劳动生产率的平均人数	人	1409788	1037718	266945	39567	65558
年末从业人数	人	1383517	1051642	243415	32047	56413
#工程技术人员	人	116841	78434	25074	6156	7177
主要建筑材料消耗量						
钢　材	吨	20752942	17027035	3144686	177689	403532
木　材	立方米	11727949	9631640	1478632	32187	585490
水　泥	吨	86059617	69994482	13856872	267872	1940391
平板玻璃(重量箱)	重量箱	11640480	10011703	1031875	38573	558329
平板玻璃(平方米)	平方米	51543939	44205769	4804523	187370	2346277
铝　材	吨	1101918	923847	93750	23508	60813
房屋建筑竣工面积	平方米	62444631	57547021	4260038		637572
住　宅	平方米	47326511	44365595	2324649		636267
商业及服务用房	平方米	3125445	2671580	452560		1305
办公用房	平方米	3222400	2989058	233342		
科研、教育、医疗用房	平方米	864785	553657	311128		
文化、体育、娱乐用房	平方米	160647	152647	8000		
厂房及建筑物	平方米	7534463	6634494	899969		
仓　库	平方米	206745	176355	30390		
其他用房	平方米	3635	3635			
房屋竣工价值	万元	11629303	10771925	741855		115523
住　宅	万元	8945618	8423247	407007		115364
商业及服务用房	万元	671492	609340	61992		160
办公用房	万元	594523	548923	45600		
科研、教育、医疗用房	万元	159290	108448	50843		
文化、体育、娱乐用房	万元	33305	30525	2780		
厂房及建筑屋	万元	1181108	1012822	168286		
仓　库	万元	42771	37424	5347		
其他用房	万元	1197	1197			

8－3 按企业资质等级分建筑业总承包施工企业生产情况

（2017 年）

项目	单位	总计	按企业资质等级分			
			特级	一级	二级	三级以下
建筑业企业个数	个	666	8	71	158	429
签订的合同额	万元	73037127	33115303	21839851	10719910	7362063
上年结转合同额	万元	32378121	18961288	8289165	3547579	1580090
本年新签合同额	万元	40659006	14154016	13550686	7172331	5781974
承包工程完成情况						
直接从建设单位承揽工程完成的产值	万元	31709602	7668582	12407525	6509427	5124068
自行完成施工产值	万元	31627426	7663536	12366730	6488365	5108796
分包出去工程的产值	万元	82176	5046	40795	21062	15273
从建设单位以外承揽工程完成的产值	万元	1141420	111975	492723	365452	171269
建筑业总产值	万元	32768845	7775511	12859453	6853817	5280065
#装饰装修产值	万元	1013531	250608	248513	210957	303452
在外省完成的产值	万元	15233086	3242206	7317534	3420822	1252525
建筑业总产值按构成分						
建筑工程产值	万元	30421378	7622671	11494972	6426377	4877358
安装工程产值	万元	2194275	140852	1340209	392281	320933
其他产值	万元	153193	11988	24272	35159	81774
竣工产值	万元	15703973	3238911	6267152	3486012	2711899
房屋建筑施工面积	平方米	287543019	103240806	116401174	46566310	21334729
#本年新开工面积	平方米	92521134	27208885	35211611	18924889	11175749
年末自有施工机械设备(净值)	万元	533286	84202	133002	160686	155395
年末自有施工机械设备(总台数)	台	60138	10127	17062	18843	14106
年末自有施工机械设备(总功率)	千瓦	2380638	644830	594942	642416	498450
计算建筑业劳动生产率的平均人数	人	1290737	276596	477781	273060	263300
年末从业人数	人	1278534	264860	501606	267080	244988
#工程技术人员	人	104226	16247	28254	29103	30622
主要建筑材料消耗量						
钢材	吨	20029633	5002691	7854375	4462978	2709589
木材	立方米	11176784	2491908	3622349	3095026	1967501
水泥	吨	82824888	20395840	32807123	16119765	13502160
平板玻璃(重量箱)	重量箱	11135937	2069869	3896898	2219958	2949212
平板玻璃(平方米)	平方米	49196500	10366915	16395952	9960707	12472926
铝材	吨	1012713	229218	404663	197282	181550
房屋建筑竣工面积	平方米	62075045	15312699	23441725	14632346	8688275
住宅	平方米	47319490	13468332	19688367	9821402	4341389
商业及服务用房	平方米	3105670	188717	1826820	871229	218904
办公用房	平方米	3222400	638061	449958	831560	1302821
科研、教育、医疗用房	平方米	859085	3200	185647	169226	501012
文化、体育、娱乐用房	平方米	160647	30170	12393	49812	68272
厂房及建筑物	平方米	7197373	984219	1152136	2832962	2228056
仓库	平方米	206745		122769	56155	27821
其他用房	平方米	3635		3635		
房屋竣工价值	万元	11583038	2888559	4671883	2462956	1559642
住宅	万元	8944403	2528674	3877151	1726713	811865
商业及服务用房	万元	668216	37129	462514	126992	41581
办公用房	万元	594523	127091	67912	161175	238345
科研、教育、医疗用房	万元	157865	620	33860	34584	88801
文化、体育、娱乐用房	万元	33305	10900	4321	6895	11189
厂房及建筑屋	万元	1140760	184145	200245	393956	362414
仓库	万元	42771		24684	12641	5446
其他用房	万元	1197		1197		

8－4 按企业资质等级分建筑业专业承包施工企业生产情况

（2017 年）

项目	单位	总计	按企业资质等级分		
			一级	二级	三级以下
建筑业企业个数	个	356	59	149	148
签订的合同额	万元	3743403	1905498	913803	924102
上年结转合同额	万元	883106	539433	199950	143724
本年新签合同额	万元	2860296	1366065	713853	780378
承包工程完成情况					
直接从建设单位承揽工程完成的产值	万元	2579797	1148377	684317	747103
自行完成施工产值	万元	2541790	1142121	667162	732507
分包出去工程的产值	万元	38007	6256	17155	14596
从建设单位以外承揽工程完成的产值	万元	504498	455853	16331	32315
建筑业总产值	万元	3046288	1597974	683493	764821
#装饰装修产值	万元	526149	287165	171801	67183
在外省完成的产值	万元	1289564	920589	175326	193649
建筑业总产值按构成分					
建筑工程产值	万元	2077916	1230150	443431	404336
安装工程产值	万元	936161	355830	235011	345320
其他产值	万元	32211	11995	5051	15165
竣工产值	万元	1881329	1078736	370192	432401
房屋建筑施工面积	平方米	558123	19656	533285	5182
#本年新开工面积	平方米	444339	14406	426301	3632
年末自有施工机械设备(净值)	万元	56317	22047	13691	20579
年末自有施工机械设备(总台数)	台	7194	2591	2721	1882
年末自有施工机械设备(总功率)	千瓦	201743	76302	76167	49274
计算建筑业劳动生产率的平均人数	人	119051	56682	28444	33925
年末从业人数	人	104983	51758	25731	27494
#工程技术人员	人	12615	4291	4190	4134
主要建筑材料消耗量					
钢　材	吨	723309	421720	181771	119818
木　材	立方米	551165	320909	149336	80920
水　泥	吨	3234729	2143484	750214	341031
平板玻璃(重量箱)	重量箱	504543	229702	99498	175343
平板玻璃(平方米)	平方米	2347439	1003964	564916	778559
铝　材	吨	89205	46627	23117	19461
房屋建筑竣工面积	平方米	369586	18470	348394	2722
住　宅	平方米	7021		5604	1417
商业及服务用房	平方米	19775	18470		1305
办公用房	平方米				
科研、教育、医疗用房	平方米	5700		5700	
文化、体育、娱乐用房	平方米				
厂房及建筑物	平方米	337090		337090	
仓　库	平方米				
其他用房	平方米				
房屋竣工价值	万元	46265	3117	42822	326
住　宅	万元	1215		1049	166
商业及服务用房	万元	3277	3117		160
办公用房	万元				
科研、教育、医疗用房	万元	1426		1426	
文化、体育、娱乐用房	万元				
厂房及建筑屋	万元	40348		40348	
仓　库	万元				
其他用房	万元				

8－5 按县(市)区分建筑业总承包、专业承包施工企业生产情况

(2017年)

项目	单位	福州市	鼓楼区	台江区	仓山区	晋安区	马尾区	长乐区
建筑业企业个数	个	1022	231	63	50	126	57	31
签订的合同额	万元	76780530	21772339	2502528	1208517	4383653	15493262	2110857
上年结转合同额	万元	33261227	10874819	721058	422333	1575363	9315383	549582
本年新签合同额	万元	43519302	10897520	1781470	786184	2808290	6177879	1561275
承包工程完成情况								
直接从建设单位承揽工程完成的产值	万元	34289399	7307864	1356880	773416	2512701	3234198	1753716
自行完成施工产值	万元	34169216	7247832	1326619	772469	2501873	3234198	1753716
分包出去工程的产值	万元	120183	60032	30261	948	10828		
从建设单位以外承揽工程完成的产值	万元	1645918	227662	460	1433	72884	32	
建筑业总产值	万元	35815134	7475493	1327079	773902	2574757	3234229	1753716
#装饰装修产值	万元	1539680	488494	120565	44750	121256	184257	127771
在外省完成的产值	万元	16522650	2975937	480847	67645	1303419	654693	868880
建筑业总产值按构成分								
建筑工程产值	万元	32499294	6668314	965175	747248	2138624	2897051	1672998
安装工程产值	万元	3130435	766960	348171	18328	433890	323175	80634
其他产值	万元	185404	40220	13734	8326	2243	14004	85
竣工产值	万元	17585302	3178897	883086	327462	1097295	919680	866547
房屋建筑施工面积	平方米	288101142	50768713	18431724	3482288	6434256	43082880	16317535
#本年新开工面积	平方米	92965473	13838489	4133334	1334605	1984720	11486336	3498916
年末自有施工机械设备(净值)	万元	589603	132641	15548	13850	57848	12781	21736
年末自有施工机械设备(总台数)	台	67332	18920	2245	584	7087	1468	3290
年末自有施工机械设备(总功率)	千瓦	2582381	905431	112405	11376	187909	47685	57788
计算建筑业劳动生产率的平均人数	人	1409788	284825	52946	35155	98068	119615	60792
年末从业人数	人	1383517	276815	45618	34958	84326	116044	61012
#工程技术人员	人	116841	28894	3284	4349	9107	6887	8689
主要建筑材料消耗量								
钢材	吨	20752942	4415085	880707	449163	1379593	1536303	819975
木材	立方米	11727949	1526848	175392	388555	635563	736523	771251
水泥	吨	86059617	13004289	1281060	1393626	5025999	7793185	3920836
平板玻璃(重量箱)	重量箱	11640480	1440109	240986	91220	246625	471125	841851
平板玻璃(平方米)	平方米	51543939	6324077	1357632	493699	1180185	3603959	3975056
铝材	吨	1101918	255145	15867	31734	73644	132814	77600
房屋建筑竣工面积	平方米	62444631	11418403	3056085	712827	1391021	3784165	3521798
住宅	平方米	47326511	9312075	2694553	297466	1090334	3527029	2462568
商业及服务用房	平方米	3125445	510497	824	118000	39080	15900	102897
办公用房	平方米	3222400	209685	21835	17149	26549	35907	414436
科研、教育、医疗用房	平方米	864785	160892	1783	2300	23823	13058	76020
文化、体育、娱乐用房	平方米	160647	38655		850			
厂房及建筑物	平方米	7534463	1179879	337090	277062	204685	182651	461646
仓库	平方米	206745	3085			6550	9620	4231
其他用房	平方米	3635	3635					
房屋竣工价值	万元	11629303	2429601	561731	182739	241069	617909	706370
住宅	万元	8945618	2070113	518013	63834	186942	560979	526844
商业及服务用房	万元	671492	95926	167	74790	6045	4610	22268
办公用房	万元	594523	51908	2794	3658	4356	9863	75261
科研、教育、医疗用房	万元	159290	32121	410	298	3528	2731	9742
文化、体育、娱乐用房	万元	33305	14623		116			
厂房及建筑屋	万元	1181108	162798	40348	40043	39400	37040	69473
仓库	万元	42771	916			799	2686	2782
其他用房	万元	1197	1197					

8－5 续表 (2017年)

项　　目	单　位	福清市	闽侯县	连江县	罗源县	闽清县	永泰县	平潭县
建筑业企业个数	个	69	82	64	17	116	80	36
签订的合同额	万元	6593035	1184636	4195630	833890	7805911	7629546	1066726
上年结转合同额	万元	2598100	445903	781867	406938	2145027	2967392	457464
本年新签合同额	万元	3994935	738733	3413763	426952	5660884	4662154	609262
承包工程完成情况								
直接从建设单位承揽工程完成的产值	万元	3020816	590653	3105999	403974	5504498	4351328	373357
自行完成施工产值	万元	3020816	577072	3105980	403323	5504498	4347589	373232
分包出去工程的产值	万元		13582	18	651		3739	125
从建设单位以外承揽工程完成的产值	万元	814	1006	21314	12		36693	1283610
建筑业总产值	万元	3021630	578077	3127294	403335	5504498	4384282	1656842
#装饰装修产值	万元	53506	25263	97103	1094	214225	60956	439
在外省完成的产值	万元	1925968	92742	1269324	152533	3018502	2244186	1467973
建筑业总产值按构成分								
建筑工程产值	万元	3001971	523190	2475678	392463	5045331	4325873	1645380
安装工程产值	万元	12311	34586	626151	1371	455518	18548	10794
其他产值	万元	7348	20301	25466	9502	3649	39861	667
竣工产值	万元	1907578	255213	1529438	101045	2288478	3014888	1215696
房屋建筑施工面积	平方米	27302229	4529289	18140759	2617916	51292287	43881782	1819484
#本年新开工面积	平方米	10077593	1940245	8943159	1001165	14868172	19377414	481325
年末自有施工机械设备(净值)	万元	76742	24180	47053	5474	75729	80040	25981
年末自有施工机械设备(总台数)	台	6235	2338	4217	474	9206	8108	3160
年末自有施工机械设备(总功率)	千瓦	326577	94847	127227	21426	303597	280993	105120
计算建筑业劳动生产率的平均人数	人	117311	25008	110962	16929	224865	169925	93387
年末从业人数	人	127133	23353	110228	14165	219102	169553	101210
#工程技术人员	人	8958	3701	9328	2391	16972	12282	1999
主要建筑材料消耗量"								
钢　材	吨	2041436	306386	1597722	221210	3730444	2659393	715525
木　材	立方米	1033319	227964	1006651	174893	2489433	2177926	383631
水　泥	吨	10319530	1281276	9855189	724837	18100827	7770020	5588943
平板玻璃(重量箱)	重量箱	1024688	172617	1632815	69940	3028489	2162733	217282
平板玻璃(平方米)	平方米	4141123	791941	6651448	460053	12610400	8868723	1085643
铝　材	吨	60301	19944	167435	26017	117417	67919	56081
房屋建筑竣工面积	平方米	6185105	662626	6441194	482723	10195631	14106031	487022
住　宅	平方米	4938572	154964	4334086	219360	6493428	11425755	376321
商业及服务用房	平方米	366489	46140	843876	69040	527379	484593	730
办公用房	平方米	92120	35902	398455		1217542	752820	
科研、教育、医疗用房	平方米	125639	36709	58970	11168	310550	36351	7522
文化、体育、娱乐用房	平方米	8000	26972			80890	5280	
厂房及建筑物	平方米	623298	354630	803447	183155	1525110	1337536	64274
仓　库	平方米	30987	7309	2360		40732	63696	38175
其他用房	平方米							
房屋竣工价值	万元	1124165	119873	1244520	73834	1813489	2405610	108394
住　宅	万元	914490	28394	877996	36994	1137967	1940631	82420
商业及服务用房	万元	69476	12040	192034	9205	117325	67408	200
办公用房	万元	19222	5728	75138		208041	138555	
科研、教育、医疗用房	万元	24356	5927	12786	3047	54783	8121	1442
文化、体育、娱乐用房	万元	2780	2246			12748	792	
厂房及建筑屋	万元	86280	64219	86268	24588	275324	237456	17872
仓　库	万元	7561	1320	298		7301	12647	6460
其他用房	万元							

8-6 建筑业盈利总承包、专业承包施工企业数及利润总额

(2017年)

项　　目	单　位	福州市	鼓楼区	台江区	仓山区	晋安区	马尾区	长乐区
企业个数	个	**902**	**201**	**52**	**40**	**104**	**51**	**31**
施工总承包	个	600	69	19	24	46	33	26
特　级	个	8	3				1	
一　级	个	67	16	2	1	9	1	5
二　级	个	143	19	8	7	12	6	6
三级以下	个	382	31	9	16	25	25	15
专业承包	个	302	132	33	16	58	18	5
一　级	个	49	25	6	2	5	3	
二　级	个	123	60	12	4	29	5	3
三级以下	个	130	47	15	10	24	10	2
利润总额	**万元**	**982837**	**188376**	**32132**	**17330**	**55634**	**83993**	**30898**
施工总承包	万元	858623	123836	26524	5786	34428	77901	29873
特　级	万元	157173	25317				55252	
一　级	万元	258231	59880	20898	1488	17094	541	7058
二　级	万元	196587	10176	4539	2109	5400	14446	3985
三级以下	万元	246631	28464	1086	2189	11934	7662	18830
专业承包	万元	124215	64540	5608	11545	21206	6092	1025
一　级	万元	38966	22625	2942	674	2231	2781	
二　级	万元	24543	10053	2161	993	6523	1709	683
三级以下	万元	60706	31862	505	9878	12452	1602	343

8－6 续表 （2017 年）

项　　目	单 位	福清市	闽侯县	连江县	罗源县	闽清县	永泰县	平潭县
企业个数	个	**66**	**65**	**62**	**16**	**110**	**74**	**30**
施工总承包	个	55	61	60	12	104	70	21
特　级	个					1	3	
一　级	个	9	1	7		9	5	2
二　级	个	20	11	13	5	12	20	4
三级以下	个	26	49	40	7	82	42	15
专业承包	个	11	4	2	4	6	4	9
一　级	个	2	1		2	1		2
二　级	个	6	1	1		1		1
三级以下	个	3	2	1	2	4	4	6
利润总额	**万元**	**72200**	**18710**	**69291**	**14275**	**223424**	**135084**	**41490**
施工总承包	万元	71291	16539	67369	11184	222748	134549	36594
特　级	万元					23516	53089	
一　级	万元	46155	55	22170		54368	10839	17684
二　级	万元	19374	5915	21106	6492	55061	39728	8255
三级以下	万元	5762	10569	24093	4691	89803	30894	10655
专业承包	万元	909	2171	1922	3092	677	535	4895
一　级	万元	48	760		2771	32		4104
二　级	万元	733	1353	312		4		20
三级以下	万元	129	58	1610	320	641	535	771

8－7　按行业分劳务分包企业主要指标

（2017年）

项　　目	单 位	总 计		按国民经济行业分			
			内资企业	房屋建筑业	土木工程建筑业	建筑安装业	建筑装饰和其他建筑业
企业个数	个	221	221	124	23	7	67
建筑业总产值	万元	1907670	1907670	1358122	118084	59308	372156
#装饰装修产值	万元	61605	61605	45164	302		16139
建筑业劳动生产率的平均人数	人	249564	249564	167641	9566	11995	60362
年末从业人数	人	245572	245572	164445	10180	10393	60554
#工程技术人员	人	12238	12238	8616	798	1046	1778
现场施工工人	人	220932	220932	145614	8120	9316	57882
固定资产原价	万元	33091	33091	18711	7393	125	6863
本年折旧	万元	5028	5028	2104	1594	18	1312
资产总计	万元	652013	652013	496100	56860	3610	95443
负债合计	万元	403959	403959	303486	35649	1363	63461
实收资本	万元	95862	95862	59524	9788	1613	24937
营业收入合计	万元	1892147	1892147	1344309	117127	62453	368259
#主营业务收入	万元	1821519	1821519	1303225	107049	58975	352270
主营业务成本	万元	1809709	1809709	1295736	106924	58975	348073
主营业务税金及附加	万元	23184	23184	12849	3920	2460	3956
费用合计（营业费用、管理费用、财务费用）	万元	27527	27527	18478	2464	892	5692
营业利润	万元	20645	20645	10518	3722	138	6267
利润总额	万元	20174	20174	10088	3845	138	6103
应交增值税	万元	50663	50663	36061	3053	2519	9030
应付职工薪酬（本年贷方累计发生额）	万元	12792556	12792556	8642430	540460	553968	3055698
全部从业人员年平均人数	人	245572	245572	164445	10180	10393	60554

8－8　按企业资质等级分劳务分包企业主要指标

（2017 年）

项　　目	单　位	总　计
企业个数	个	221
建筑业总产值	万元	1907670
＃装饰装修产值	万元	61605
建筑业劳动生产率的平均人数	人	249564
年末从业人数	人	245572
＃工程技术人员	人	12238
现场施工工人	人	220932
固定资产原价	万元	33091
本年折旧	万元	5028
资产总计	万元	652013
负债合计	万元	403959
实收资本	万元	95862
营业收入合计	万元	1892147
＃主营业务收入	万元	1821519
主营业务成本	万元	1809709
主营业务税金及附加	万元	23184
费用合计（营业费用、管理费用、财务费用）	万元	27527
营业利润	万元	20645
利润总额	万元	20174
应交增值税	万元	50663
应付职工薪酬（本年贷方累计发生额）	万元	12792556
全部从业人员年平均人数	人	245572

8-9 按登记注册类型分建筑业总承包、专业承包施工企业主要财务指标

（2017年）

单位：万元

项目	总计	#国有及国有控股企业	按登记注册类型分		
			内资企业	港、澳、台商投资企业	外商投资企业
年初存货	2915111	1496044	2857022	48742	9347
流动资产合计	16929405	5592258	16538778	359285	31342
#存 货	2820160	1238305	2717188	93839	9133
固定资产合计	1804641	965400	1799879	2979	1782
固定资产原价	2005272	661309	1992502	8135	4635
累计折旧	814424	228628	806207	5360	2856
#本年折旧	119409	31963	118646	486	277
在建工程	51059	22892	51055		4
资产合计	20536193	7535905	20125368	376320	34505
流动负债合计	11657892	5014592	11362194	270281	25417
非流动负债合计	1223569	710483	1223525	44	
负债合计	13056623	5725075	12759609	271596	25417
所有者权益合计	7479570	1810830	7365758	104723	9089
#实收资本	4437356	836015	4370075	57282	10000
国家资本	662610	651924	657510		5100
集体资本	82897	7629	82897		
法人资本	1121482	122007	1090786	30696	
个人资本	2541002	49555	2538882	2120	
港澳台资本	24466			24466	
外商资本	4900	4900			4900
主营业务收入	31018041	5753728	30130070	839973	47998
主营业务成本	28528452	5306150	27676356	808018	44078
主营业务税金及附加	424751	21916	421486	3141	124
其他业务利润	22242	9133	21783	370	90
销售费用	42230	4096	41557	462	211
管理费用	872067	174224	863200	6901	1966
财务费用	159788	60535	159120	300	368
#利息支出	186632	89743	186072	270	290
营业利润	949189	156218	926029	22325	835
营业外收入	29961	13888	28797	200	965
营业外支出	10872	5721	10781	65	27
建筑业企业在境外完成的营业收入	280499	280499	280499		
利润总额	968279	164385	944045	22460	1774
应交所得税	330759	36415	320239	10097	424
应付职工薪酬（本年贷方累计发生额）	7718856	1179935	7558660	144803	15392
应交增值税	648654	102312	627006	21263	385
应收工程款	2940515	816391	2756662	176724	7129
全部从业人员年平均人数（人）	1409788	220381	1375118	32865	1805
资产减值损失	13515	11046	12930	80	506
公允价值变动收益	5961	5862	5961		
投资收益	60043	53802	59159	884	

8－10 按行业分建筑业总承包、专业承包施工企业主要财务指标

（2017 年）

单位：万元

项目	总计	按国民经济行业分			
		房屋建筑业	土木工程建筑业	建筑安装业	建筑装饰和其他建筑业
年初存货	2915111	2297845	294178	199223	123866
流动资产合计	16929405	11536149	2749147	1795941	848169
#存货	2820160	2143746	315660	241214	119540
固定资产合计	1804641	1304557	326144	96876	77064
固定资产原价	2005272	1094224	594106	187544	129399
累计折旧	814424	352231	304240	97058	60894
#本年折旧	119409	55582	39467	15323	9037
在建工程	51059	31099	16997	599	2365
资产合计	20536193	13743805	3552590	2151191	1088607
流动负债合计	11657892	8177654	1890107	1114188	475944
非流动负债合计	1223569	957052	122097	129494	14926
负债合计	13056623	9194016	2092752	1248691	521163
所有者权益合计	7479570	4549789	1459839	902499	567443
#实收资本	4437356	2787483	972555	371063	306256
国家资本	662610	336168	241631	59539	25272
集体资本	82897	49800	22551	8009	2539
法人资本	1121482	817483	142078	89744	72177
个人资本	2541002	1557959	566295	213772	202976
港澳台资本	24466	21174			3292
外商资本	4900	4900			
主营业务收入	31018041	23065887	5424817	1130678	1396658
主营业务成本	28528452	21445965	4862177	976359	1243951
主营业务税金及附加	424751	320437	78597	8538	17179
其他业务利润	22242	11195	1400	8635	1012
销售费用	42230	15694	12129	9268	5140
管理费用	872067	414781	312130	85837	59319
财务费用	159788	132054	11118	11849	4767
#利息支出	186632	134596	11128	36730	4178
营业利润	949189	653661	166307	59099	70123
营业外收入	29961	10681	13684	5041	556
营业外支出	10872	4440	2975	3090	367
建筑业企业在境外完成的营业收入	280499		255433	25067	
利润总额	968279	659901	177016	61051	70311
应交所得税	330759	240649	58735	13864	17512
应付职工薪酬（本年贷方累计发生额）	7718856	5989947	1263993	181063	283853
应交增值税	648654	495568	110843	13605	28639
应收工程款	2940515	1727704	628875	333359	250578
全部从业人员年平均人数（人）	1409788	1037718	266945	39567	65558
资产减值损失	13515	8645	623	3095	1153
公允价值变动收益	5961	6056		－95	
投资收益	60043	7030	23457	13458	16098

8－11　按企业资质等级分建筑业总承包施工企业主要财务指标

（2017 年）　　单位：万元

项　目	总　计	#特　级	一　级	二　级	三级以下
年初存货	2697640	1132391	872229	497663	195357
流动资产合计	15204707	3925983	6863363	2668590	1746771
#存　货	2603592	1042111	873745	459877	227859
固定资产合计	1632542	633704	486576	265205	247057
固定资产原价	1707930	201220	778972	399605	328133
累计折旧	670501	82519	325890	156226	105867
#本年折旧	97339	14207	41471	18256	23404
在建工程	42754	13735	14528	2388	12102
资产合计	18398329	5020077	7947799	3226326	2204127
流动负债合计	10643712	3175770	5243162	1599377	625403
非流动负债合计	1207009	721284	380161	96401	9163
负债合计	11994250	3897054	5632488	1763098	701611
所有者权益合计	6404079	1123024	2315311	1463228	1502516
#实收资本	3817254	633069	1231970	925799	1026416
国家资本	617882	358900	170329	37024	51629
集体资本	73323	3503	11629	43557	14635
法人资本	944881	198666	450663	147220	148332
个人资本	2155095	72001	590760	680515	811820
港澳台资本	21174		8590	12584	
外商资本	4900			4900	
主营业务收入	28345186	6422290	11240524	5942781	4739590
主营业务成本	26190078	6054071	10540790	5434013	4161204
主营业务税金及附加	395875	23031	131472	146952	94421
其他业务利润	20042	109	14711	4669	553
销售费用	27869		5020	10043	12805
管理费用	701581	107155	203939	157759	232728
财务费用	148853	74765	59441	10165	4483
#利息支出	177610	80528	82091	11343	3649
营业利润	831949	156310	246654	189463	239522
营业外收入	26898	2612	16000	3384	4902
营业外支出	9523	1749	6469	871	433
建筑业企业在境外完成的营业收入	280499	201663	78837		
利润总额	849324	157173	256185	191976	243991
应交所得税	302471	46861	104525	79463	71621
应付职工薪酬(本年贷方累计发生额)	7198766	1605100	2880152	1501406	1212109
应交增值税	603556	110539	247322	118543	127152
应收工程款	2429126	369035	1093474	547740	418877
全部从业人员年平均人数(人)	1290737	276596	477781	273060	263300
资产减值损失	10560	6116	3553	670	220
公允价值变动收益	5863	6055	－193		
投资收益	42270	6650	18069	3356	14195

8－12 按企业资质等级分建筑业专业承包施工企业主要财务指标

(2017年)

单位:万元

项　　目	总　计	一　级	二　级	三级以下
年初存货	217471	104666	50883	61922
流动资产合计	1724699	641130	540157	543412
#存　货	216568	114890	49426	52252
固定资产合计	172099	56727	57822	57550
固定资产原价	297342	100928	92282	104132
累计折旧	143923	45882	46246	51795
#本年折旧	22070	5149	8832	8090
在建工程	8305	110	6119	2077
资产合计	2137864	753973	676149	707742
流动负债合计	1014181	391968	311954	310259
非流动负债合计	16561	720	3705	12136
负债合计	1062372	397314	332369	332689
所有者权益合计	1075492	356659	343780	375052
#实收资本	620102	181408	227510	211184
国家资本	44728	23980	5750	14998
集体资本	9574	2500		7074
法人资本	176601	49665	53028	73908
个人资本	385908	103345	167358	115204
港澳台资本	3292	1918	1374	
外商资本				
主营业务收入	2672855	1358911	644629	669315
主营业务成本	2338373	1210581	560973	566820
主营业务税金及附加	28876	11422	9985	7469
其他业务利润	2201	1158	374	669
销售费用	14362	7118	4846	2397
管理费用	170485	78050	43116	49319
财务费用	10935	3056	4900	2979
#利息支出	9021	1861	3966	3195
营业利润	117240	35714	22530	58996
营业外收入	3064	1798	631	635
营业外支出	1349	419	311	619
建筑业企业在境外完成的营业收入				
利润总额	118955	37092	22850	59013
应交所得税	28289	9056	6118	13115
应付职工薪酬(本年贷方累计发生额)	520090	232831	132821	154438
应交增值税	45098	22196	8854	14048
应收工程款	511389	234338	114622	162430
全部从业人员年平均人数(人)	119051	56682	28444	33925
资产减值损失	2956	2489	1	466
公允价值变动收益	98	98		
投资收益	17774	258	1488	16028

8－13　按县(市)区分建筑业总承包、专业承包施工企业主要财务指标

(2017年)　　单位:万元

项　　目	福州市	鼓楼区	台江区	仓山区	晋安区	马尾区	长乐区
年初存货	2915111	668925	88233	138385	158671	1083172	75553
流动资产合计	16929405	5152469	701086	646000	1152588	3704165	556028
#存　货	2820160	709570	130205	79051	175033	907566	91878
固定资产合计	1804641	432472	39016	44988	124505	599084	47535
固定资产原价	2005272	654369	77729	64813	212260	123574	62342
累计折旧	814424	244410	40764	30164	96820	40747	25212
#本年折旧	119409	35351	3031	3364	13504	7601	2943
在建工程	51059	6399	557	252	6528	13161	9421
资产合计	20536193	6734002	800775	747899	1367447	4329215	654165
流动负债合计	11657892	3289778	547161	527114	689328	3634473	397928
非流动负债合计	1223569	1009646	2919	5826	76016	96378	219
负债合计	13056623	4330389	552148	534665	786576	3733912	413721
所有者权益合计	7479570	2403613	248627	213234	580871	595303	240444
#实收资本	4437356	1206465	180349	136850	431677	367153	166787
国家资本	662610	390301	25356	35540	34801	157867	
集体资本	82897	23118	24227		3159	10206	1125
法人资本	1121482	359832	47593	33630	148556	23572	34990
个人资本	2541002	427638	78979	67680	244316	170608	130672
港澳台资本	24466	5576	4195		845		
外商资本	4900					4900	
主营业务收入	31018041	5909041	1333618	690214	2035538	3054679	1576190
主营业务成本	28528452	5432420	1206232	576205	1856988	2858658	1484433
主营业务税金及附加	424751	45887	8429	5532	29816	19140	30983
其他业务利润	22242	8483	1821	114	2115	－242	114
销售费用	42230	9982	1633	1594	7654	3259	1447
管理费用	872067	204844	89687	27111	94044	53007	26293
财务费用	159788	62804	2163	3689	6103	38665	4314
#利息支出	186632	97767	1537	3226	6040	34781	4066
营业利润	949189	184766	30613	16353	45076	80523	30527
营业外收入	29961	5564	861	458	10204	2427	960
营业外支出	10872	4893	219	82	2349	465	589
建筑业企业在境外完成的营业收入	280499	239150	41350				
利润总额	968279	185437	31255	16729	52931	82485	30898
应交所得税	330759	43164	8800	2844	18133	21657	13296
应付职工薪酬(本年贷方累计发生额)	7718856	1252086	239757	161390	558314	777385	347568
应交增值税	648654	96873	34859	9174	44183	62990	16304
应收工程款	2940515	783089	225626	106607	284808	409045	87923
全部从业人员年平均人数(人)	1409788	284825	52946	35155	98068	119615	60792
资产减值损失	13515	5077	455	－2	336	6608	15
公允价值变动收益	5961	5863				98	
投资收益	60043	50045	3230		2057	3646	771

8－13 续表　　(2017 年)　　单位:万元

项　　目	福清市	闽侯县	连江县	罗源县	闽清县	永泰县	平潭县
年初存货	165060	110169	129498	39580	139385	89631	28848
流动资产合计	857452	396271	640403	144904	1900252	833928	243859
#存　货	175570	45860	167044	51796	139604	120634	26350
固定资产合计	130927	44352	51354	26713	112233	98890	52573
固定资产原价	190744	60525	80842	27522	159247	154287	137017
累计折旧	70968	23375	33572	4346	50357	59259	94430
#本年折旧	14147	3421	6298	1081	10065	9785	8819
在建工程	9287	1873	853	2		2553	174
资产合计	1030259	499572	765610	197356	2083265	1003779	322850
流动负债合计	528392	172430	311426	84306	1088928	283729	102900
非流动负债合计	17097	86	3607	2419	1354	5999	2003
负债合计	549264	193527	320426	86727	1132251	306996	116020
所有者权益合计	480994	306045	445184	110629	951014	696783	206830
#实收资本	278913	224401	260191	77211	615688	388524	103149
国家资本		2386	2518	11044	1598	1200	
集体资本	3436		4714	3801	1818	6607	686
法人资本	40665	23919	32081	29402	285618	42225	19399
个人资本	233546	185512	220878	32963	326654	338492	83065
港澳台资本	1265	12584					
外商资本							
主营业务收入	2373713	477529	2469499	309457	5174368	4142946	1471251
主营业务成本	2223722	426678	2322685	282617	4710151	3812965	1334699
主营业务税金及附加	44627	6794	36545	7075	80174	66526	43224
其他业务利润		335	30	16	6767	2691	
销售费用	2432	888	2817	1901	5215	2944	465
管理费用	25570	21834	31977	7250	135154	102653	52644
财务费用	7234	3398	2862	972	18340	5609	3636
#利息支出	7096	2843	3111	993	17436	4638	3098
营业利润	69203	16136	67669	14261	223163	134207	36692
营业外收入	1435	591	1016	31	1039	942	4434
营业外支出	168	186	143	19	1073	632	54
建筑业企业在境外完成的营业收入							
利润总额	70470	16542	68542	14274	223128	134517	41072
应交所得税	31824	10483	37170	3938	61663	58547	19242
应付职工薪酬(本年贷方累计发生额)	708749	110006	674689	77939	1439984	1059990	310998
应交增值税	56693	11818	57245	6222	142810	78399	31083
应收工程款	194268	78846	155055	47935	262098	229191	76025
全部从业人员年平均人数(人)	117311	25008	110962	16929	224865	169925	93387
资产减值损失		80		594	306	45	1
公允价值变动收益							
投资收益		156		128	－5		16

主要统计指标解释

签订合同额 指建筑业企业在报告期直接同建设单位签订的各种国内工程合同的总价款和以前年度同建设单位签订的各种国内工程合同的未完工程跨入本年度继续施工工程合同的总价款余额。

建筑业总产值 指以货币表现的建筑业企业在一定时期内生产的建筑业产品和服务的总和。建筑业总产值包括建筑工程产值、安装工程产值和其他产值三部分内容。

劳务分包企业建筑业总产值指劳务分包企业与总承包企业或专业承包企业签定劳务分包合同后,从事建筑安装工程取得的所有劳务收入。

建筑工程产值 指列入建筑工程预算内的各种工程价值,包括:

(1)各种房屋如厂房、仓库、办公室、住宅、商店、学校、医院、俱乐部、食堂、车库、招待所等房屋建筑,按照当前预算制度规定,列入房屋工程预算内的暖气、卫生、通风、照明、煤气等设备价值及其装饰油漆工程,以及列入建筑工程预算内的各种管道(如蒸汽、压缩空气、石油、给排水等管道),电力、电讯电缆导线的敷设等工程。

(2)设备基础、支柱、操作平台、梯子、烟囱、凉水塔、水池、灰塔等建筑工程、炼焦炉、裂解炉、蒸汽炉等各种窑炉的砌筑工程及金属结构工程。

(3)为施工而进行的建筑场地的布置,工程地质勘探,原有建筑物和障碍物的拆除及平整土地,施工临时用水、电、汽、道路工程,以及完工后建筑场地的清理,环境绿化工作等。

(4)矿井的开凿、井巷掘进延伸、露天矿的剥离、石油、天然气钻井工程和铁路、公路、港口、桥梁等工程。

(5)水利工程,如水库、堤坝、灌渠以及河道整治等工程。

(6)防空、地下建筑等特殊工程。

(7)装饰装修工程。

安装工程产值 指设备安装工程价值,包括:

(1)生产、动力、起重、运输、传动和医疗、实验等各种需要安装设备的装配和安装与设备相连的工作台、梯子、栏杆等装设工程,附属于被安装设备的管线敷设工程、被安装设备的绝缘、防腐、保温、油漆等工作。

(2)为测定安装工作质量,对单个设备、系统设备进行单机试运和系统联动无负荷试运工作。

在设备安装产值中,不得包括被安装设备本身价值。

其他产值 建筑业总产值中除建筑工程、安装工程以外的产值。包括房屋构筑物修理产值、非标准设备制造产值、总包企业向分包企业收取的管理费以及不能明确划分的施工活动所完成的产值。

房屋构筑物修理产值 指房屋和构筑物的修理所完成的产值,但不包括被修理房屋、构筑物本身价值和生产设备的修理价值。

非标准设备制造产值 指加工制造没有定型的非标准生产设备的加工费和原材料价值(如化工厂、炼油厂用的各种罐、槽,矿井生产统一使用的各种漏斗、三角槽、阀门等)以及附属加工厂为本企业承建工程制作的非标准设备的价值。

竣工产值 一般是以单位工程为对象,当该工程按照设计所规定的工程内容全部完成,达到了设计规定的交工条件,经有关部门检查验收鉴定合格的单位工程价值,即为竣工产值。

主营业务收入 指企业确认的销售商品、提供劳务等主营业务的收入。根据会计"主营业务收入"科目的期末贷方余额(结转前)填报。执行2006年《企业会计准则》或2011年《小企业会计准则》的企业,如未设置该科目,以"营业收入"代替填报。

主营业务成本 指企业经营主要业务所发生的成本总额。根据会计"主营业务成本"科目的期末借方余额(结转前)填报。执行2006年《企业会计准则》或2011年《小企业会计准则》的企业,如未设置该科目,以

"营业成本"代替填报。

主营业务税金及附加 指企业经营主要业务应负担的营业税、消费税、城市维护建设税、教育费附加等。根据会计"主营业务税金及附加"科目的期末借方余额(结转前)填报。执行2006年《企业会计准则》或2011年《小企业会计准则》的企业,如未设置该科目,以"营业税金及附加"代替填报。

房屋施工面积 指报告期内施工的全部房屋建筑面积。包括本期新开工的房屋建筑面积、上期跨入本期继续施工的房屋建筑面积、上期停缓建在本期恢复施工的房屋建筑面积、本期竣工的房屋建筑面积以及本期施工后又停缓建的房屋建筑面积。多层建筑应填各层建筑面积之和。

房屋竣工面积 指报告期内房屋建筑按照设计要求已全部完工,达到住人和使用条件,经验收鉴定合格或达到竣工验收标准,可正式移交使用的各栋房屋建筑面积的总和。

竣工面积以房屋单位工程(栋)为核算对象,在整栋房屋符合竣工条件后按其全部建筑面积一次性计算,而不是按各栋施工房屋中已完成的部分或层次分割计算。

9 批发零售、住宿餐饮与旅游业

9-1 主要年份社会消费品零售总额

单位:万元

年份	社会消费品零售总额	批发和零售业	住宿和餐饮业	其他行业
1952	14728			
1957	28730			
1962	41885			
1965	40392			
1970	41312			
1975	55755			
1978	69385			
1979	81434			
1980	105652			
1981	107486			
1982	119816			
1983	132492			
1984	159722			
1985	203152			
1986	246647			
1987	284971			
1988	377931	291538	13826	45290
1989	440614	330248	16209	58669
1990	452764	331223	20587	62384
1991	506952	370231	20464	79497
1992	606802	464470	27776	78591
1993	777163	593644	43875	90776
1994	1048674	779362	58964	160914
1995	1332693	989155	106433	186642
1996	1873235	1517625	185902	111718
1997	2344414	1885178	255068	144607
1998	2770234	2249704	294374	167361
1999	3152256	2539537	368167	181403
2000	3517653	2833875	418509	196414
2001	3862850	3137011	449542	206858
2002	4306946	3485075	524865	297006
2003	4909778	4043290	608730	257757
2004	5803820	4852169	711629	240022
2005	6645454	5689260	913330	42864
2006	7790321	6716281	1024511	49529
2007	9473711	8154373	1264089	55249
2008	11446381	9862225	1519862	64294
2009	13386447	11464073	1819200	103175
2010	16242808	13917104	2190655	135049
2011	19478102	16791660	2524519	161923
2012	23198231	19669508	2920788	607935
2013	26817155	22910353	3202548	704254
2014	30629431	26506705	3430539	692187
2015	34887426	30961581	3546212	379633
2016	37631418	33513171	3948189	170058
2017	41938675	37423874	4378931	135870

9－2 限额以上批发企业基本情况

（2017年）　　单位:万元

项　　目	法人企业（个）	年末从业人员（人）	商品购进额	商品销售额	#批发额	商品年末库　存
总　　计	**1262**	**43376**	**45223821**	**49813952**	**42630277**	**2258544**
按登记注册类型分						
内资企业	1226	41597	40617638	44708005	39620476	2102757
#国有企业	13	1863	1044190	1351856	1351279	68871
集体企业	5	75	24769	27388	27261	1599
有限责任公司	302	13935	15380742	17192471	16264808	1185825
#其他有限责任公司	276	12090	10228614	11384452	10532953	605290
股份有限公司	26	6329	3476503	3668331	1707360	212664
私营企业	880	19395	20691434	22467960	20269768	633799
私营独资企业	1	2	3538	3954	3954	
私营合伙企业						
私营有限责任公司	877	19328	20659532	22433653	20245802	633586
私营股份有限公司	2	65	28364	30353	20012	213
其他企业						
港、澳、台商投资企业	28	863	1736183	1841780	1650825	75500
#港、澳、台商独资经营企业	16	277	562307	640663	617931	33005
外商投资企业	8	916	2869999	3264167	1358976	80287
#外资企业	4	331	18555	22590	15839	448

9－2 续表 (2017年) 单位:万元

项目	法人企业(个)	年末从业人员(人)	商品购进额	商品销售额	#批发额	商品年末库存
按国民经济行业分						
农、林、牧产品批发	34	1388	659157	651222	599667	316413
谷物、豆及薯类批发	11	341	413932	376356	363461	295883
种子批发	2	35	5021	5013	4911	1987
饲料批发	9	747	95416	110703	110703	15670
食品、饮料及烟草制品批发	158	7467	3739067	4506866	3772983	245030
米、面制品及食用油批发	27	1103	595287	729826	562225	76170
糕点、糖果及糖批发	7	255	69846	99345	78207	11344
果品、蔬菜批发	17	1095	573040	632034	384969	4513
肉、禽、蛋及水产品批发	47	1395	989451	1087946	890524	38352
盐及调味品批发	9	335	96905	116536	114123	6949
营养及保健品批发	2	150	39309	42178	42178	2991
酒、饮料及茶叶批发	23	1138	589344	705753	622391	41182
烟草制品批发	1	1358	676124	968425	968425	51223
其他食品批发	25	638	109761	124822	109940	12306
纺织、服装及家庭用品批发	248	8631	4767420	5263468	4920560	261733
纺织品、针织品及原料批发	56	897	1577191	1631094	1598853	16265
服装批发	68	2036	1179673	1242000	1060011	32758
鞋帽批发	51	2014	886697	965444	941228	18753
化妆品及卫生用品批发	11	417	110321	123895	101072	6518
厨房、卫生间用具及日用杂货批发	12	317	87633	130632	123367	6000
灯具、装饰物品批发	5	157	30762	33180	32449	2605
家用电器批发	26	1972	746187	926255	889519	168214
其他家庭用品批发	19	821	148956	210968	174062	10619
文化、体育用品及器材批发	53	1690	547049	695882	548282	55382
文具用品批发	17	288	167298	197334	174274	9641
图书批发	5	567	64969	73987	39485	29249
首饰、工艺品及收藏品批发	24	480	275984	377389	289810	9947
其他文化用品批发	7	355	38797	47172	44714	6545
医药及医疗器材批发	94	4459	1846459	2044617	1830192	190642
西药批发	21	1548	984135	1068463	921371	107900
中药批发	23	1354	338453	371583	325793	27133
医疗用品及器材批发	50	1557	523871	604572	583027	55609
矿产品、建材及化工产品批发	430	11373	27338023	29609322	24762551	872962
煤炭及制品批发	44	891	3454899	3734582	3652746	127032
石油及制品批发	28	4223	8372591	9004087	5112888	309239
非金属矿及制品批发	8	134	443509	447428	447428	11890
金属及金属矿批发	99	1198	3988435	4218193	4157695	79928
建材批发	170	3231	6781367	7726639	7373320	251595
化肥批发	14	281	523611	595294	574675	49064
农药批发	2	71	24825	27070	27070	550
其他化工产品批发	65	1344	3748786	3856029	3416730	43663
机械设备、五金交电及电子产品批发	214	6539	4055817	4638850	3922006	261850
农业机械批发	2	49	8393	10508	10508	2081
汽车批发	14	592	1096163	1219710	865301	63184
汽车零配件批发	8	126	70377	89965	84083	8107
摩托车及零配件批发	2	54	30749	33398	33398	5347
五金产品批发	40	601	251462	287795	266762	14388
电气设备批发	15	478	54546	61241	54787	3081
计算机、软件及辅助设备批发	28	1417	579700	654257	630287	46103
通讯及广播电视设备批发	27	847	511229	586744	534075	84387
其他机械设备及电子产品批发	78	2375	1453199	1695233	1442805	35173
贸易经纪与代理	5	1285	749069	867779	867625	34683
贸易代理	3	383	131779	280311	280156	2835
其他贸易经纪与代理	2	902	617290	587469	587469	31848
其他批发业	26	544	1521760	1535946	1406413	19849
再生物资回收与批发	3	18	24785	28989	27344	2591
其他未列明的批发	23	526	1496975	1506956	1379069	17258

9-3 限额以上零售企业基本情况

(2017年)　　单位:万元

项目	法人企业(个)	年末从业人员(人)	商品购进额	商品销售额	#批发额	商品年末库存
总计	**1158**	**73636**	**16962265**	**19893129**	**1382718**	**1001794**
按登记注册类型分						
内资企业	1114	50317	13841571	16569116	1272181	850060
#国有企业	11	597	94044	97357		6519
集体企业	22	622	81792	90475	13202	2194
有限责任公司	299	24325	6280200	7362014	658320	362177
#其他有限责任公司	295	24163	6144428	7220939	529935	361288
股份有限公司	19	1420	830680	989919	81994	30198
私营企业	758	23274	6542178	8012910	518665	448165
私营独资企业	60	1031	233344	263010	2575	18249
私营合伙企业	5	185	11226	12614		645
私营有限责任公司	683	21446	5897431	7335437	505083	400484
私营股份有限公司	10	612	400178	401849	11007	28788
其他企业	5	79	12677	16441		807
港、澳、台商投资企业	28	16457	2030531	2196496	24212	92578
#港、澳、台商独资经营企业	16	4100	221539	381141	24117	26397
外商投资企业	16	6862	1090163	1127517	86325	59156
#外资企业	12	5063	549316	586205	1098	49899

9-3 续表 (2017年) 单位:万元

项目	法人企业(个)	年末从业人员(人)	商品购进额	商品销售额	#批发额	商品年末库存
按国民经济行业分						
综合零售	166	27017	3297660	3703421	59176	147598
百货零售	47	5371	648261	948720	29056	22371
超级市场零售	91	20834	2527125	2595246	22971	118748
其他综合零售	28	812	122275	159455	7149	6480
食品、饮料及烟草制品专门零售	138	9229	1331344	1426245	230197	101242
粮油零售	9	3227	336640	341163	19332	5754
糕点、面包零售	6	1719	19251	39315		512
肉、禽、蛋及水产品零售	28	1131	175580	186444	87444	10446
营养和保健品零售	3	70	12118	14723		365
酒、饮料及茶叶零售	43	1219	573565	561317	71664	66380
烟草制品零售	3	196	46443	52489		5789
其他食品零售	37	1026	109785	127063	8384	10987
纺织、服装及日用品专门零售	109	5460	941815	1219981	100711	48719
纺织品及针织品零售	20	565	116241	127161	3624	4681
服装零售	38	2291	271260	427269	22964	22870
鞋帽零售	7	194	18151	21314		3609
化妆品及卫生用品零售	13	591	198435	222355	66431	6564
钟表、眼镜零售	5	704	49076	64525		2744
厨房用具及日用杂品零售	4	141	18774	22455		546
自行车零售	1	28	8932	11047		299
其他日用品零售	19	711	246836	307288	6546	6805
文化、体育用品及器材专门零售	90	2948	1331727	2012485	330822	114533
文具用品零售	12	292	63429	84694	7011	5327
图书、报刊零售	5	696	410882	450593	195175	53041
珠宝首饰零售	23	785	297852	352341	800	9819
工艺美术品及收藏品零售	26	530	349888	864900	382	34818
乐器零售	5	77	10769	12451	3320	1085
照相器材零售	4	42	9984	10702	4264	605
其他文化用品零售	6	89	84487	128831	99378	603
医药及医疗器材专门零售	49	5100	778882	863206	90424	68840
药品零售	43	4855	748461	820684	90424	65829
医疗用品及器材零售	6	245	30422	42522		3010
汽车、摩托车、燃料及零配件专门零售	267	14237	5776031	6552370	418753	331146
汽车零售	193	10073	4043118	4627057	48780	302872
汽车零配件零售	17	1241	297636	457804	48446	18299
摩托车及零配件零售	6	111	10787	12414		912
机动车燃料零售	51	2812	1424490	1455095	321528	9063
家用电器及电子产品专门零售	146	4510	1129726	1390694	101179	64984
家用视听设备零售	8	412	99649	114663	4986	1576
日用家电设备零售	73	2197	699441	905602	70720	41496
计算机、软件及辅助设备零售	26	649	87597	97396	9612	9900
通信设备零售	17	787	140079	145689	7210	5572
其他电子产品零售	22	465	102960	127344	8652	6441
五金、家具及室内装修材料专门零售	115	2605	1704101	1936412	44586	85798
五金零售	21	366	67132	79465	9093	6484
灯具零售	7	81	29996	32272	6958	938
家具零售	30	1199	1153408	1301210	524	59968
木制装饰材料零售	6	113	123932	128199	5625	5123
陶瓷、石材装饰材料零售	14	189	89643	132492	9424	4441
其他室内装修材料零售	25	515	226648	236204	12159	7079
货摊、无店铺及其他零售业	78	2530	670978	788316	6870	38934
生活用燃料零售	6	125	8148	9987	468	150
其他未列明的零售	18	419	83353	91730	3276	8444

9-4 限额以上批发零售贸易业商品销售类值

单位:万元

项目	2016年			2017年		
	销售合计	批发额	零售额	销售合计	批发额	零售额
总计	**49446533**	**31924079**	**17522454**	**60396083**	**37040612**	**23355471**
粮油、食品、饮料、烟酒类	7188977	4481646	2707331	5720758	2422610	3298148
服装、鞋帽、针纺织品类	4435844	3119830	1316014	4708623	3047950	1660673
化妆品类	377556	133723	243834	368799	36543	332256
金银珠宝类	1243861	300662	943199	1350238	199421	1150817
日用品类	1651663	716617	935046	1783390	599480	1183910
五金、电料类	391923	230447	161477	455684	233038	222646
体育、娱乐用品类	122739	28558	94181	164663	42340	122323
书报杂志类	466988	29782	437206	492842	228513	264329
电子出版物及音像制品类	10944	61	10884	8973	620	8353
家用电器和音像器材类	1972104	1062639	909465	2402235	1237526	1164709
中西药品类	2240170	1419684	820486	2279288	1311301	967987
文化办公用品类	1034993	679473	355519	1439131	896587	542544
家具类	1232478	433672	798806	1003712	144893	858819
通讯器材类	996295	345913	650381	1309729	479204	830525
煤炭及制品类	2528454	2528454		3836718	3711601	125117
木材及制品类	58067	58067		1073823	1073823	
石油及制品类	4265698	3037330	1228368	6068442	4468788	1599654
化工材料及制品类	4136479	4133991	2488	6075144	6075144	
金属材料类	2511027	2511027		4030613	4030613	
建筑及装潢材料类	2689437	1807838	881599	3149132	1760935	1388197
机电产品及设备类	914352	865193	49160	1147599	909025	238574
汽车类	5154527	732415	4422113	6183277	760908	5422369
种子饲料类	129088	128973	115	325794	325794	
棉麻类	124539	124539		140362	93321	47041
其他类	3568328	3013547	554781	3361332	2285884	1075448

9-5 限额以上批发零售贸易业商品购进、销售库存数量

（2017 年）

项　　目	单　位	购进量	销售量	期末库存量
大米(稻米)	千克	1162093929	814435055	1501053586
面粉(小麦面)	千克	127241364	110489257	77529240
杂　粮	千克	250443218	250237711	24940308
食用植物油	千克	579971889	578694540	32022840
猪　肉	千克	32051729	32132495	327979
牛　肉	千克	1088987	1567136	23002
羊　肉	千克	649522	710395	40067
禽　肉	千克	47607780	48861518	2960569
鲜　蛋	千克	9417857	9365271	111506
彩色电视机	台	738243	960587	21209
家用电冰箱	台	687027	697419	18134
房间空调器	台	3127440	3367367	297536
电脑(微型计算机)	台	1618806	1119206	515177
汽　车	辆	393955	371064	36285
#轿　车	辆	302539	281096	28522
水　泥	吨	14408291	16361116	125167
化学肥料	吨	1873545	1888138	305664
化学农药	吨	74438	77375	1438

9－6 限额以上批发企业年末资产及负债情况

（2017 年）

单位：万元

项目	法人企业数（个）	流动资产合计	固定资产原价	资产合计	负债合计	所有者权益合计
总计	**1262**	**18599209**	**1640040**	**23759527**	**16414707**	**7344820**
按登记注册类型分						
内资企业	1226	17578970	1304542	22126490	15378290	6748200
#国有企业	13	456174	79888	521620	151417	370203
集体企业	5	4095	1887	5714	4783	931
有限责任公司	302	5427042	393426	6777758	5009845	1767913
#其他有限责任公司	276	4039717	326179	5095861	3681564	1414297
股份有限公司	26	1421129	638889	2950336	1007616	1942720
私营企业	880	10270531	190452	11871062	9204629	2666433
私营独资企业	1	1168		1168	1054	114
私营合伙企业						
私营有限责任公司	877	10260088	190353	11859582	9196525	2663057
私营股份有限公司	2	9275	99	10312	7050	3262
其他企业						
港、澳、台商投资企业	28	532945	49037	641037	422399	218638
#港、澳、台商独资经营企业	16	203042	42560	263813	164655	99157
外商投资企业	8	487294	286462	992000	614018	377982
#外资企业	4	6629	398	6763	5905	858

9－6 续表 （2017年） 单位：万元

项目	法人企业数（个）	流动资产合计	固定资产原价	资产合计	负债合计	所有者权益合计
按国民经济行业分						
农、林、牧产品批发	34	530817	25058	605201	484159	121042
谷物、豆及薯类批发	11	426352	15518	466364	420701	45664
种子批发	2	6687	2064	8957	5781	3176
饲料批发	9	44357	5858	74439	39106	35334
食品、饮料及烟草制品批发	158	1760527	292404	2286364	1128142	1158223
米、面制品及食用油批发	27	283076	15287	355510	259828	95682
糕点、糖果及糖批发	7	25262	901	26898	19564	7334
果品、蔬菜批发	17	42868	115932	164558	62957	101601
肉、禽、蛋及水产品批发	47	367902	31347	414467	340883	73584
盐及调味品批发	9	77724	15250	179051	80065	98986
营养及保健品批发	2	10617	169	11303	7035	4268
酒、饮料及茶叶批发	23	562241	51105	709937	262942	446995
烟草制品批发	1	328238	58754	351878	39283	312595
其他食品批发	25	62599	3659	72761	55585	17177
纺织、服装及家庭用品批发	248	1513357	114374	1781586	1352027	429560
纺织品、针织品及原料批发	56	292478	61994	386104	316733	69370
服装批发	68	270527	20493	314571	220902	93669
鞋帽批发	51	358940	16383	478982	276776	202206
化妆品及卫生用品批发	11	27933	843	29920	24928	4992
厨房、卫生间用具及日用杂货批发	12	26419	1108	27310	16830	10480
灯具、装饰物品批发	5	9423	1059	10398	7117	3280
家用电器批发	26	477889	3027	480664	458073	22591
其他家庭用品批发	19	49748	9469	53638	30667	22972
文化、体育用品及器材批发	53	251216	13249	351417	202464	148954
文具用品批发	17	71883	2367	113052	74237	38814
图书批发	5	80222	2500	124968	48639	76329
首饰、工艺品及收藏品批发	24	77925	5657	87346	61237	26109
其他文化用品批发	7	21187	2725	26052	18351	7701
医药及医疗器材批发	94	746603	37170	963604	643770	319834
西药批发	21	322963	19412	380115	249777	130338
中药批发	23	190781	10132	334670	208713	125957
医疗用品及器材批发	50	232858	7626	248820	185280	63540
矿产品、建材及化工产品批发	430	10368722	1047625	14038280	10064212	3974068
煤炭及制品批发	44	978519	25947	1339161	1055251	283910
石油及制品批发	28	1580003	841464	3145337	1483192	1662145
非金属矿及制品批发	8	406860	4656	461625	325286	136339
金属及金属矿批发	99	2575800	22670	3250723	2712070	538653
建材批发	170	3611431	110138	4449252	3393305	1055948
化肥批发	14	311331	4073	347805	285401	62405
农药批发	2	44857	3	44909	41529	3379
其他化工产品批发	65	859921	38675	999468	768178	231290
机械设备、五金交电及电子产品批发	214	2022365	80112	2204746	1613646	591100
农业机械批发	2	8977	266	9790	8456	1334
汽车批发	14	461202	5067	470766	440604	30161
汽车零配件批发	8	29163	2152	33087	22709	10378
摩托车及零配件批发	2	11975	318	13139	12353	787
五金产品批发	40	89753	8170	97727	68059	29668
电气设备批发	15	33370	2951	37019	23904	13116
计算机、软件及辅助设备批发	28	318371	6869	348467	194251	154216
通讯及广播电视设备批发	27	204331	3379	216510	166143	50367
其他机械设备及电子产品批发	78	865223	50940	978241	677167	301074
贸易经纪与代理	5	326944	21073	423322	329160	94162
贸易代理	3	171887	4747	255586	186296	69290
其他贸易经纪与代理	2	155057	16326	167736	142864	24872
其他批发业	26	1078659	8974	1105006	597128	507878
再生物资回收与批发	3	11625	147	11765	10747	1018
其他未列明的批发	23	1067034	8828	1093241	586381	506860

9－7　限额以上批发企业财务状况

（2017年）　　　　单位：万元

项　　目	主营业务收入	主营业务成本	主营业务税金及附加	营业利润
总　　计	**44406004**	**42216217**	**178228**	**535884**
按登记注册类型分				
内资企业	39518197	37703767	168710	349093
#国有企业	1113558	857669	116546	97988
集体企业	26498	25733	90	92
有限责任公司	15007931	14549866	19966	－50614
#其他有限责任公司	10025138	9655797	15669	－31939
股份有限公司	3515372	3253476	9668	167203
私营企业	19854839	19017024	22440	134424
私营独资企业	3671	3538	7	113
私营合伙企业				
私营有限责任公司	19822840	18986374	22263	133950
私营股份有限公司	28328	27112	170	361
其他企业				
港、澳、台商投资企业	1654902	1617100	1831	16007
#港、澳、台商独资经营企业	559730	541413	1315	6731
外商投资企业	3232906	2895350	7686	170784
#外资企业	20537	18756	35	153

9－7 续表 (2017 年) 单位:万元

项目	主营业务收入	主营业务成本	主营业务税金及附加	营业利润
按国民经济行业分				
农、林、牧产品批发	620933	611739	445	-22833
谷物、豆及薯类批发	365339	366585	204	-25472
种子批发	5013	4458	4	-104
饲料批发	109720	104579	47	1756
食品、饮料及烟草制品批发	3963426	3507318	121756	152904
米、面制品及食用油批发	645831	629486	420	-5745
糕点、糖果及糖批发	83040	75296	340	2861
果品、蔬菜批发	472224	438179	654	8001
肉、禽、蛋及水产品批发	1056235	1020532	783	3131
盐及调味品批发	106266	92161	329	1128
营养及保健品批发	40995	37931	90	692
酒、饮料及茶叶批发	617695	532200	2541	44719
烟草制品批发	827715	581284	116369	96456
其他食品批发	113425	100249	230	1661
纺织、服装及家庭用品批发	4583603	4362557	5949	32271
纺织品、针织品及原料批发	1409623	1384872	998	9610
服装批发	1113141	1060678	728	8354
鞋帽批发	820117	769267	373	6909
化妆品及卫生用品批发	107391	100050	202	1033
厨房、卫生间用具及日用杂货批发	115375	101251	630	2219
灯具、装饰物品批发	30286	26108	67	994
家用电器批发	799830	761858	2233	-11719
其他家庭用品批发	187841	158473	718	14873
文化、体育用品及器材批发	601593	552848	1940	16370
文具用品批发	174634	164578	1227	5185
图书批发	70045	52911	110	6719
首饰、工艺品及收藏品批发	314235	297255	473	3203
其他文化用品批发	42679	38104	130	1262
医药及医疗器材批发	1824389	1703405	4009	24147
西药批发	952601	909819	1835	9199
中药批发	322082	299986	584	267
医疗用品及器材批发	549706	493600	1590	14681
矿产品、建材及化工产品批发	26407117	25405945	32990	168788
煤炭及制品批发	3209824	3162826	2166	-57377
石油及制品批发	8473813	7856024	16537	287031
非金属矿及制品批发	389028	377418	307	-38
金属及金属矿批发	3643861	3600932	2114	-87927
建材批发	6584495	6394908	7211	6537
化肥批发	524120	505135	2009	2457
农药批发	24020	22461	17	262
其他化工产品批发	3557956	3486241	2628	17844
机械设备、五金交电及电子产品批发	4251217	3954294	7684	150722
农业机械批发	8981	7570	22	326
汽车批发	1185363	1170858	426	-2253
汽车零配件批发	77401	71845	174	1242
摩托车及零配件批发	31725	30749	23	37
五金产品批发	260418	239733	553	2476
电气设备批发	56230	49707	262	987
计算机、软件及辅助设备批发	554008	524549	771	22712
通讯及广播电视设备批发	495347	480928	763	1938
其他机械设备及电子产品批发	1581744	1378356	4691	123257
贸易经纪与代理	832490	805821	1481	18346
贸易代理	279011	271106	187	-753
其他贸易经纪与代理	553478	534716	1294	19099
其他批发业	1321237	1312289	1974	-4829
再生物资回收与批发	24907	24926	1302	-1633
其他未列明的批发	1296330	1287363	673	-3196

9-8 限额以上零售企业年末资产及负债情况

(2017年) 单位:万元

项目	法人企业数(个)	流动资产合计	固定资产原价	资产合计	负债合计	所有者权益合计
总计	**1158**	**4908858**	**996924**	**7161089**	**3192241**	**3968848**
按登记注册类型分						
内资企业	1114	3572599	824742	4870238	2915291	1954947
#国有企业	11	10717	5612	14404	9847	4557
集体企业	22	8562	4428	11501	7832	3670
有限责任公司	299	1594299	459160	2232060	1390349	841711
#其他有限责任公司	295	1566259	451567	2197248	1370125	827123
股份有限公司	19	432689	134673	697259	343988	353272
私营企业	758	1524555	220442	1912643	1162325	750319
私营独资企业	60	20940	6211	26027	10191	15836
私营合伙企业	5	2461	612	3487	1964	1523
私营有限责任公司	683	1447258	204999	1818579	1125583	692997
私营股份有限公司	10	53896	8620	64551	24587	39963
其他企业	5	1777	428	2370	951	1419
港、澳、台商投资企业	28	1181532	123220	2094937	171454	1923483
#港、澳、台商独资经营企业	16	101537	34219	139345	96865	42480
外商投资企业	16	154727	48961	195914	105497	90417
#外资企业	12	130538	45425	169241	84982	84259

9-8 续表 (2017年) 单位:万元

项目	法人企业数(个)	流动资产合计	固定资产原价	资产合计	负债合计	所有者权益合计
按国民经济行业分						
综合零售	166	1646565	356839	2884656	668943	2215712
百货零售	47	409919	208426	723233	477043	246190
超级市场零售	91	1206416	143643	2115826	175841	1939985
其他综合零售	28	30229	4770	45596	16059	29538
食品、饮料及烟草制品专门零售	138	179150	65168	257017	121464	135553
粮油零售	9	28073	26170	52905	35697	17208
糕点、面包零售	6	10732	4599	16750	3959	12791
肉、禽、蛋及水产品零售	28	23438	5865	33152	12775	20376
营养和保健品零售	3	2329	657	2652	1293	1358
酒、饮料及茶叶零售	43	36996	6748	45010	17958	27052
烟草制品零售	3	22423	9126	35678	7472	28206
其他食品零售	37	45306	11161	59834	39445	20389
纺织、服装及日用品专门零售	109	187350	21834	228629	122955	105674
纺织品及针织品零售	20	23916	719	24800	13731	11069
服装零售	38	79822	6598	95546	53695	41851
鞋帽零售	7	10988	522	11649	10131	1518
化妆品及卫生用品零售	13	37297	8804	54777	23329	31448
钟表、眼镜零售	5	6235	1895	8584	1785	6798
厨房用具及日用杂品零售	4	7950	686	8825	6735	2090
自行车零售	1	1825	10	1831	1026	805
其他日用品零售	19	18407	2601	21191	11710	9481
文化、体育用品及器材专门零售	90	675880	132052	971617	453283	518335
文具用品零售	12	17713	1500	19795	11535	8261
图书、报刊零售	5	270015	112229	415310	163411	251899
珠宝首饰零售	23	56159	3579	64940	32912	32028
工艺美术品及收藏品零售	26	289826	10889	424380	212824	211555
乐器零售	5	13167	687	13759	10926	2833
照相器材零售	4	4534	301	4762	3698	1065
其他文化用品零售	6	7116	453	7864	2731	5133
医药及医疗器材专门零售	49	265639	37614	333013	221444	111568
药品零售	43	246595	36507	312438	206848	105590
医疗用品及器材零售	6	19044	1107	20575	14597	5979
汽车、摩托车、燃料及零配件专门零售	267	1199741	285402	1548914	1040950	507965
汽车零售	193	1049244	196276	1300495	968481	332013
汽车零配件零售	17	69685	37162	82746	43242	39504
摩托车及零配件零售	6	4713	102	5310	1283	4028
机动车燃料零售	51	76098	51862	160363	27944	132419
家用电器及电子产品专门零售	146	377429	33012	461504	285106	176398
家用视听设备零售	8	18009	1710	19851	11408	8443
日用家电设备零售	73	214962	22747	286400	155095	131305
计算机、软件及辅助设备零售	26	34596	2977	37848	25357	12491
通信设备零售	17	63269	3802	67384	61805	5579
其他电子产品零售	22	46594	1776	50021	31441	18580
五金、家具及室内装修材料专门零售	115	224006	48690	296989	176148	120841
五金零售	21	17419	3843	20254	9260	10994
灯具零售	7	4497	228	5135	3014	2121
家具零售	30	107919	28341	156491	88585	67906
木制装饰材料零售	6	4942	6205	11469	4230	7239
陶瓷、石材装饰材料零售	14	67114	6075	73295	55454	17842
其他室内装修材料零售	25	15378	3045	22907	12274	10632
货摊、无店铺及其他零售业	78	153098	16312	178751	101949	76802
生活用燃料零售	6	6875	7317	17216	11324	5892
其他未列明的零售	18	51250	4684	58144	37942	20202

9-9 限额以上零售企业财务状况

(2017年)　　单位:万元

项　　目	主营业务收入	主营业务成本	主营业务税金及附加	营业利润
总　计	**16399916**	**14642835**	**79438**	**576986**
按登记注册类型分				
内资企业	14268771	12825509	73092	286527
#国有企业	87915	81189	196	1169
集体企业	83004	75046	555	1203
有限责任公司	6139289	5565714	18088	89147
#其他有限责任公司	6017091	5446034	17973	88581
股份有限公司	844210	797839	2808	1102
私营企业	7099599	6293490	51012	192790
私营独资企业	223220	194825	2341	9641
私营合伙企业	10879	9732	51	211
私营有限责任公司	6517565	5763818	48161	179292
私营股份有限公司	347936	325116	460	3646
其他企业	14753	12231	433	1116
港、澳、台商投资企业	1555083	1317870	5561	279289
#港、澳、台商独资经营企业	334002	256566	1292	14590
外商投资企业	576062	499456	784	11170
#外资企业	507097	436463	687	9784

9－9 续表 （2017 年） 单位:万元

项　　目	主营业务收入	主营业务成本	主营业务税金及附加	营业利润
按国民经济行业分				
综合零售	2884404	2513713	14767	275844
百货零售	855685	755670	5730	408
超级市场零售	1882776	1628397	7655	267565
其他综合零售	145944	129646	1382	7871
食品、饮料及烟草制品专门零售	1256560	1062670	8093	37513
粮油零售	291911	251310	857	3894
糕点、面包零售	35470	17067	79	3722
肉、禽、蛋及水产品零售	200047	164731	720	12965
营养和保健品零售	12584	9983	81	－1581
酒、饮料及茶叶零售	455107	384902	5052	11662
烟草制品零售	42770	36995	432	1571
其他食品零售	117273	102611	807	3973
纺织、服装及日用品专门零售	1182161	1016961	5167	59496
纺织品及针织品零售	109054	96122	655	1973
服装零售	391508	341868	1482	12648
鞋帽零售	49986	42358	123	2533
化妆品及卫生用品零售	229989	172903	1134	25409
钟表、眼镜零售	58735	45528	507	1701
厨房用具及日用杂品零售	19200	15542	105	944
自行车零售	8612	8136	31	32
其他日用品零售	301549	282465	1113	13856
文化、体育用品及器材专门零售	1751599	1526280	12272	48002
文具用品零售	76339	70539	170	2184
图书、报刊零售	373635	312261	120	17701
珠宝首饰零售	317421	292823	745	9903
工艺美术品及收藏品零售	757043	662364	5635	15351
乐器零售	11150	8707	87	673
照相器材零售	9819	9059	11	203
其他文化用品零售	111888	84262	5381	2297
医药及医疗器材专门零售	753147	672940	2084	16523
药品零售	716804	645471	1955	16011
医疗用品及器材零售	36343	27470	129	512
汽车、摩托车、燃料及零配件专门零售	4972982	4681881	10179	47725
汽车零售	4053155	3838924	7435	34984
汽车零配件零售	365642	333140	822	10775
摩托车及零配件零售	11236	9558	11	195
机动车燃料零售	542948	500260	1912	1771
家用电器及电子产品专门零售	1222508	1116687	3521	25812
家用视听设备零售	104401	98029	232	2745
日用家电设备零售	748160	682305	1896	13744
计算机、软件及辅助设备零售	94244	85167	356	3494
通信设备零售	138101	132225	284	－2267
其他电子产品零售	137602	118961	754	8096
五金、家具及室内装修材料专门零售	1679064	1468097	20927	58538
五金零售	68618	58288	188	4658
灯具零售	27583	24431	101	1138
家具零售	1134453	966337	19380	46525
木制装饰材料零售	110029	106386	239	955
陶瓷、石材装饰材料零售	108843	98565	139	1182
其他室内装修材料零售	193122	182801	642	2903
货摊、无店铺及其他零售业	697493	583607	2427	7532
生活用燃料零售	12398	8083	24	2918
其他未列明的零售	100914	91945	462	4926

9－10 限额以上住宿业基本情况

（2017年）

项　目	法人企业（个）	年末从业人员（个）	床位数（张）	餐位数（个）
总　计	**173**	**18585**	**37928**	**62580**
按住宿行业小类分				
旅游饭店	138	17209	32762	56480
一般旅馆	34	1359	5036	6100
其他住宿服务	1	17	130	
按登记注册类型分				
内资企业	159	15852	33970	54818
#国有企业	9	922	1949	2977
集体企业	1	122	196	446
有限责任公司	56	8164	14932	27691
#其他有限责任公司	54	7616	13488	26823
股份有限公司	2	392	599	607
私营企业	89	6207	16111	22997
私营独资企业	21	504	1410	2936
私营合伙企业	7	565	949	4406
私营有限责任公司	60	5120	13604	15655
私营股份有限公司	1	18	148	
其他企业	2	45	183	100
港澳台商投资企业	10	2309	2860	6362
#港澳台独资企业	5	1452	1406	3676
外商投资企业	4	424	1098	1400
#外资企业	3	394	1013	1200

9－11 限额以上餐饮业企业基本情况

（2017年）

项目	法人企业（个）	年末从业人员（个）	营业面积（平方米）	餐位数（个）
总计	**264**	**25363**	**133575**	**517652**
按餐饮行业小类分				
正餐服务	243	12975	95839	390972
快餐服务	12	12003	35920	112357
其他餐饮业	5	224	1561	11937
按登记注册类型分				
内资企业	247	13410	104507	403472
#国有企业				
集体企业				
有限责任公司	25	1660	11894	58726
#其他有限责任公司	25	1660	11894	58726
股份有限公司	1	50	3000	5500
私营企业	213	11428	87427	320367
私营独资企业	92	3265	34447	113949
私营合伙企业	16	766	5279	33040
私营有限责任公司	103	7284	46678	166941
私营股份有限公司	2	113	1023	6437
其他企业	8	272	2186	18879
港澳台商投资企业	11	2098	14954	62354
#港澳台独资企业	10	1968	14204	54854
外商投资企业	6	9855	14114	51826
#外资企业	2	254	1329	1618

9－12 限额以上住宿业经营情况

（2017 年）

单位：万元

项　　目	营业额	客房收入	餐费收入	商品销售收入	其他收入
总　　计	**565241**	**199439**	**321305**	**16347**	**28149**
按住宿行业小类分					
旅游饭店	516229	182455	294744	12718	26313
一般旅馆	48716	16689	26561	3629	1837
其他住宿服务	295	295			
按登记注册类型分					
内资企业	497183	175281	282574	14021	25308
#国有企业	20330	12241	5596		2494
集体企业	4521	1431	3031		59
有限责任公司	258130	86559	145572	9286	16713
#其他有限责任公司	246207	80820	139828	9286	16273
股份有限公司	6853	3999	2330		524
私营企业	206499	70274	125983	4724	5518
私营独资企业	12938	6295	5714	919	10
私营合伙企业	16704	3273	12922	366	144
私营有限责任公司	176459	60308	107347	3439	5364
私营股份有限公司	398	398			
其他企业	851	778	63	10	
港澳台商投资企业	54970	18602	34082	26	2260
#港澳台独资企业	37751	14133	21750	26	1842
外商投资企业	13087	5556	4649	2300	582
#外资企业	11814	5144	4241	2300	129

9－13 限额以上餐饮业企业经营情况

（2017 年）

单位：万元

项　　目	营业额	客房收入	餐费收入	商品销售收入	其他收入
总　　计	**925014**	**18533**	**895821**	**5148**	**5512**
按餐饮行业小类分					
正餐服务	568069	18248	543625	4370	1826
快餐服务	347941		344011	244	3686
其他餐饮业	1803	285	1518		
按登记注册类型分					
内资企业	691201	10394	674214	4829	1764
#国有企业					
集体企业					
有限责任公司	50271	4878	42818	1733	842
#其他有限责任公司	50271	4878	42818	1733	842
股份有限公司	2417	289	1789	173	167
私营企业	619628	5140	610813	2919	756
私营独资企业	267531	838	264778	1721	194
私营合伙企业	22810	306	22436	66	3
私营有限责任公司	327114	3995	321427	1133	559
私营股份有限公司	2173		2173		
其他企业	18885	87	18795	3	
港澳台商投资企业	115968	8139	103811	289	3729
#港澳台独资企业	112635	7513	101168	268	3686
外商投资企业	117845		117797	30	18
#外资企业	15049		15049		

9－14 限额以上住宿企业年末资产及负债情况

（2017年）

单位：万元

项目	法人企业数（个）	流动资产合计	固定资产合计	资产总计	负债合计	所有者权益合计
总计	**173**	**515866**	**487789**	**1389156**	**908244**	**480912**
按住宿行业小类分						
旅游饭店	138	507106	475901	1356767	896287	460480
一般旅馆	34	8760	11700	32199	11955	20244
其他住宿服务	1		187	189	1	188
按登记注册类型分						
内资企业	159	457497	438108	1213587	828191	385396
#国有企业	9	17049	35103	61080	8754	52327
集体企业	1	3946	3984	8454	4379	4075
有限责任公司	56	199383	277946	681404	499191	182213
#其他有限责任公司	54	192282	277331	673596	495405	178192
股份有限公司	2	12741	10262	30697	2468	28229
私营企业	89	222082	110796	429637	313365	116272
私营独资企业	21	1973	2834	4933	1044	3889
私营合伙企业	7	1974	4402	7566	1660	5906
私营有限责任公司	60	218121	103511	417074	310659	106415
私营股份有限公司	1	15	49	64	2	62
其他企业	2	2296	17	2313	33	2280
港澳台商投资企业	10	52509	39414	156008	70386	85622
#港澳台独资企业	5	35076	36327	105429	32978	72451
外商投资企业	4	5859	10267	19561	9668	9894
#外资企业	3	4477	9627	17520	9606	7914

9－15　限额以上餐饮企业年末资产及负债情况

(2017年)　　单位:万元

项　　目	法人企业数(个)	流动资产合　计	固定资产合　计	资产总计	负债合计	所有者权益合计
总　计	**265**	**116090**	**69702**	**273306**	**163487**	**109819**
按餐饮行业小类分						
正餐服务	244	75821	41955	160164	77294	82871
快餐服务	12	38807	27504	110139	84483	25656
其他餐饮业	5	635	170	1079	373	706
按登记注册类型分						
内资企业	248	93620	36255	175129	77628	97501
#国有企业						
集体企业						
有限责任公司	25	18388	9636	46987	28526	18461
#其他有限责任公司	25	18388	9636	46987	28526	18461
股份有限公司	1	3	350	2008	3	2005
私营企业	213	74017	26003	124402	48566	75837
私营独资企业	92	13341	12151	30327	7669	22658
私营合伙企业	16	4249	1007	7567	1993	5574
私营有限责任公司	103	56182	11891	85310	38432	46878
私营股份有限公司	2	245	954	1199	473	726
其他企业	9	1213	266	1732	533	1199
港澳台商投资企业	11	15632	20972	57331	57247	83
#港澳台独资企业	10	15130	20566	54664	55669	－1005
外商投资企业	6	6839	12474	40847	28612	12235
#外资企业	2	2108	29	2289	644	1645

9－16 限额以上住宿企业财务状况

（2017 年）

单位:万元

项　　目	主营业务收入	主营业务成本	主营业务税金及附加	营业利润
总　计	**530560**	**257138**	**12058**	**9255**
按住宿行业小类分				
旅游饭店	483437	225377	11234	6093
一般旅馆	46829	31546	801	3157
其他住宿服务	294	215	23	6
按登记注册类型分				
内资企业	466274	230956	11532	7421
＃国有企业	19726	5867	266	266
集体企业	4521	3281	50	355
有限责任公司	243315	117955	8043	3414
＃其他有限责任公司	231738	112006	8034	2208
股份有限公司	6404	1246	229	192
私营企业	191458	102111	2907	2960
私营独资企业	11449	8028	260	764
私营合伙企业	16012	10266	235	1093
私营有限责任公司	163621	83633	2370	1066
私营股份有限公司	377	184	42	38
其他企业	850	496	37	234
港澳台商投资企业	52669	23101	219	1667
＃港澳台独资企业	36218	11516	89	4571
外商投资企业	11617	3081	306	168
＃外资企业	10382	2425	304	320

9－17　限额以上餐饮企业财务状况

（2017 年）

单位：万元

项　　　目	主营业务收入	主营业务成本	主营业务税金及附加	营业利润
总　　计	**876938**	**604994**	**7997**	**29820**
按餐饮行业小类分				
正餐服务	548294	392743	7344	21578
快餐服务	319603	205816	541	8241
其他餐饮业	1776	1010	46	－88
按登记注册类型分				
内资企业	658197	497541	7538	25891
＃国有企业				
集体企业				
有限责任公司	47893	27023	389	759
＃其他有限责任公司	47893	27023	389	759
股份有限公司	2337	1636	65	629
私营企业	589231	453874	6663	22220
私营独资企业	258019	199867	2162	11687
私营合伙企业	22010	14466	128	1473
私营有限责任公司	307329	238013	4324	9024
私营股份有限公司	1874	1529	50	36
其他企业	18736	15008	421	2283
港澳台商投资企业	106799	47119	287	2300
＃港澳台商独资企业	104239	45551	201	1456
外商投资企业	111941	60333	172	1629
＃外资企业	14751	9920	13	198

9－18 主要年份按县(市)区分社会消费品零售总额

单位:万元

年份	福州市	市区	福清市	闽侯县	连江县	罗源县	闽清县	永泰县	平潭县
1952	14728	8328	1608	1248	831	226	455	300	619
1957	28730	15037	2909	2747	2147	775	895	755	1251
1962	41885	22684	3497	2810	2915	1095	1231	891	1195
1965	40392	20820	4122	3373	3011	1060	1185	950	1442
1970	41312	19044	4384	3346	3314	1203	1390	1186	1939
1975	55755	27905	5552	3727	4126	1561	2014	1834	2115
1978	69385	36033	7906	4923	5684	2145	2398	2331	2669
1979	81434	43828	9386	5521	6033	2593	2995	2636	3127
1980	105652	60368	11239	6721	6874	2983	3246	3032	3720
1985	203152	117103	18988	14953	12107	4557	6533	5783	5888
1990	452764	289302	37995	26646	25325	7676	12663	9283	15646
1995	1332693	818728	166820	78137	69438	26033	28074	23046	38350
2000	3517653	1902024	536112	226143	249540	72005	85088	76103	115368
2001	3862850	2097221	570959	247980	276537	80014	93290	86835	124747
2002	4306946	2360004	630288	273539	304837	89032	100394	96615	135991
2003	4909778	2926436	657047	268213	291500	90185	106719	103576	136366
2004	5803820	3704895	722751	264630	290244	99743	115412	105541	144199
2005	6645454	4639941	758526	233060	179772	109617	109380	101990	133971
2006	7790321	5524748	833096	278937	213930	125354	121935	120400	158605
2007	9473711	6832866	949737	329373	253604	146227	138375	139842	189986
2008	11446381	8265791	1142602	398241	301335	169958	164993	167466	225929
2009	13386447	9712233	1335169	516240	364159	202292	194697	195068	262738
2010	16242808	11801298	1556831	709187	442266	241189	225344	228239	314770
2011	19478102	14141775	1836430	869358	541525	275922	266098	278180	381370
2012	23198231	16822038	2160747	1071037	668280	321373	309451	330000	432855
2013	26817155	19232713	2513462	1415753	789665	369578	355976	383275	465319
2014	30629431	21724226	2927484	1747533	926790	427259	411655	442705	505347
2015	34887426	24567338	3316737	1964508	1146123	452234	437346	484242	557281
2016	37631418	26302829	3741673	2301073	1305959	491690	457993	525623	592980
2017	41938675	30989907	4274129	2767415	1565511	583209	512390	601511	644603

9－19 接待境外旅游人数

（1980－2017 年）

单位：人次

年份	合计	外国人	华侨	港澳同胞	台湾同胞
1980	26881	8234	6258	12290	99
1981	27584	9032	3442	14368	742
1982	20335	8592	1767	8957	1019
1983	42131	15706	3713	20928	1784
1984	55474	20903	3207	27822	3542
1985	53693	20836	1669	28177	3011
1986	67586	27256	2754	34388	3188
1987	73789	31118	1669	36223	4779
1988	105195	27028	2537	35849	39781
1989	110016	19563	1494	24131	64828
1990	178984	27823	2549	28883	119729
1991	148135	34656	3366	29958	80155
1992	174414	46273	4547	32654	90940
1993	162741	48717	3601	29330	81093
1994	129680	52800	3030	25664	48186
1995	127669	50381	4549	25566	47173
1996	120563	50154	3804	22870	43735
1997	129148	51315	3638	22724	51471
1998	132098	45719	4846	27059	54474
1999	249601	74603	20808	53636	100554
2000	300269	100745	36705	59496	103323
2001	288763	124814		55625	108324
2002	298003	146135		56963	94905
2003	281762	144792		59067	77903
2004	310779	177842		55147	77790
2005	308883	187642		49876	71365
2006	559602	340571		81232	137799
2007	572273	344548		83812	143913
2008	630457	361155		83525	185777
2009	605973	357898		85095	162980
2010	670206	389198		94562	186446
2011	741826	428371		98526	214929
2012	832696	477274		108172	247250
2013	905000	510274		126046	268680
2014	906886	511337		126309	269240
2015	966198	556129		128927	281142
2016	1086765	626629		149789	310347
2017	1314816	811405		159888	343523

9－20 按国别(地区)分接待外国者旅游人数

单位:人次

国别(地区)	2000年	2001年	2002年	2003年	2004年	2005年	2006年	2007年	2008年
合　计	**100745**	**124814**	**146135**	**144792**	**177842**	**187642**	**340571**	**344548**	**361155**
亚洲小计	47302	47854	56290	55826	64763	64552	93867	92406	99827
#日　本	17794	19851	21251	20708	27780	29233	40267	36027	38676
菲律宾	3592	2715	4063	2181	2412	2291	5904	5993	5924
新加坡	9201	8610	9477	13816	12818	10447	13345	13655	15763
泰　国	684	866	780	347	486	776	1028	1146	1251
印度尼西亚	3365	3192	3565	2226	3039	2912	7151	7022	8046
马来西亚	8237	5391	8343	6750	7900	6334	7641	8277	10712
美洲小计	42869	64934	76603	75966	91550	100414	214932	218164	224152
#美　国	40024	59810	72198	72907	86881	96152	192426	195815	201080
加拿大	2203	3746	3516	2629	4322	3947	17580	18067	18583
欧洲小计	8770	9454	10576	10236	16949	18848	23417	24790	27150
#英　国	1042	1684	1991	1901	2798	2456	6152	6434	6913
法　国	650	639	890	687	1099	1055	1657	1595	1326
德　国	2531	2633	2588	3632	6209	6718	3185	3795	5053
意大利	551	518	655	515	948	1293	2759	2763	2835
俄罗斯	1037	1266	981	878	1254	1204	794	555	686
大洋洲小计	1378	2015	2282	2357	3199	2736	5829	6161	6386
#澳大利亚	1172	1686	1973	2023	2866	2339	4319	4431	4630
新西兰	163	171	258	284	295	326	1139	946	1048
非洲小计	426	557	384	407	1381	1092	2526	3027	3640

9－20　续表　　　　单位:人次

国别(地区)	2009 年	2010 年	2011 年	2012 年	2013 年	2014 年	2015 年	2016 年	2017 年
合　计	**357898**	**389198**	**428371**	**477274**	**510274**	**511337**	**556129**	**626629**	**811405**
亚洲小计	95158	112202	120640	132410	292957	293567	298557	337851	493106
#日　本	35036	39878	41020	41192	97492	97695	114777	126288	210375
菲律宾	6509	6737	7285	4240	6210	6223	3865	4564	6324
新加坡	17669	18961	21678	29443	47618	47717	41028	43306	45017
泰　国	1264	1302	1813	2829	5737	5749	5062	6111	5931
印度尼西亚	7762	9283	10073	1962	24706	24757	20422	23233	23248
马来西亚	9313	13791	14698	16536	47735	47834	45034	51998	54187
美洲小计	224080	237081	256477	273467	96622	96823	95432	112140	124059
#美　国	201249	214064	232463	252671	73177	73329	70092	78486	88042
加拿大	18610	19603	18304	15742	14943	14974	17926	22093	23516
欧洲小计	28892	29731	35403	44528	80086	80253	113615	109092	110599
#英　国	6789	7200	7147	5627	16300	16334	26028	22492	19862
法　国	1444	1636	1787	2952	7933	7950	7509	6702	7703
德　国	7965	6520	8080	7987	19632	19673	22212	20069	18703
意大利	2654	2908	3368	3973	6879	6893	13237	10504	8503
俄罗斯	652	839	3289	6248	3682	3690	3113	7504	7006
大洋洲小计	6215	6420	10699	19523	27979	28037	37449	51149	58777
#澳大利亚	4367	4794	7984	14090	16735	16770	27233	29647	36278
新西兰	974	1100	2100	4685	8981	9000	8445	14429	13506
非洲小计	3553	3764	5152	7346	12631	12657	11076	16397	24864

主要统计指标解释

社会消费品零售总额 指企业(单位、个体户)通过交易直接售给个人、社会集团非生产、非经营用的实物商品金额,以及提供餐饮服务所取得的收入金额。个人包括城乡居民和入境人员,社会集团包括机关、社会团体、部队、学校、企事业单位、居委会或村委会等。

批发额 指售给国民经济各行业用于生产、经营用的商品金额。

零售额 指售给城乡居民用于生活消费和社会集团用于公共消费的商品金额。

商品购进额 指从本企业以外的单位和个人购进(包括从国外直接进口)作为转卖或加工后转卖的商品金额(含增值税)。本指标反映批发和零售业从国内外市场上购进商品的总价。

商品销售额 指对本单位以外的单位和个人出售的商品金额(包括售给本单位消费用的商品,含增值税),在批发和零售业中,本指标反映在国内市场上销售商品以及出口商品的总价。

商品库存额 对于批发和零售业法人单位和个体经营户,是指报告期末取得所有权的全部商品金额(含增值税);对于批发和零售业产业活动单位,是指报告期末实际在库且归属法人具有所有权的全部商品金额(含增值税)。这个指标反映批发和零售业的商品库存情况,以及对市场商品供应的保证程度。

营业额 指住宿和餐饮业单位在经营活动中因提供服务或销售商品等取得的全部收入(含增值税),收入主要来源于提供客房、餐费服务、商品销售和其他服务,如商务服务。不包括多产业法人企业附营的其他行业产业活动单位的餐费收入、商品销售收入等各项收入。

客房收入 指住宿和餐饮业单位在经营活动中因提供住宿服务取得的收入(含增值税)。不包括多产业法人企业附营的其他行业产业活动单位的客房收入。

餐费收入 指本单位为顾客提供就餐服务取得的收入(含增值税)。包括:经烹饪、调制加工后出售的各种食品,如主食、炒菜、凉拌菜等的收入。不包括多产业法人企业附营的其他行业产业活动单位的餐费收入。

商品销售额收入 指对本单位以外的单位和个人出售的商品金额(包括售给本单位消费用的商品,含增值税)。在住宿和餐饮业中,本指标反映住宿和餐饮业单位出售商品的销售总额(含增值税),不包括法人企业附营的其他行业产业活动单位的商品销售额。

其他收入 指提供客房、餐饮服务、商品销售以外的其他服务获得的收入(含增值税),如商务服务、健身娱乐等。

客房数 指本单位提供住宿服务的房间数,该指标按报告期内正常情况下的实有数统计。

床位数 指本单位供应旅客使用的床位数,不包括临时加床和门店内部工作人员使用的床位。该指标按报告期内正常情况下的实有数统计。

餐位数 指本单位为顾客提供就餐服务时,正常可同时容纳就餐人员的餐位数量,不包括临时加的餐位。该指标按报告期内正常情况下的实有数统计。

10 对外经济

10－1 进出口总额

（1981－2017年）

年份	进出口总额（万美元）	出口总额	进口总额	进出口总额（万元）	出口总额	进口总额
1981	394	394		701	701	
1982	682	682		1316	1316	
1983	888	888		1740	1740	
1984	2215	2215		6180	6180	
1985	1384	1384		4055	4055	
1986	1323	1323		4922	4922	
1987	3961	3961		14735	14735	
1988	16840	9290	7550	62645	34559	28086
1989	19906	14124	5782	93757	66524	27233
1990	32278	23360	8918	168491	121939	46552
1991	42568	30034	12534	231144	163085	68060
1992	65562	46969	18593	376982	270072	106910
1993	150893	93987	56906	873670	544185	329486
1994	211193	129448	81745	1801476	1104191	697285
1995	234961	156732	78229	1968973	1313414	655559
1996	303581	168315	135266	2519722	1397015	1122708
1997	375183	192861	182322	3105765	1596503	1509262
1998	379794	196157	183637	3143935	1623788	1520147
1999	371050	203578	167472	3071552	1685219	1386333
2000	511835	272947	238888	4232875	2257272	1975604
2001	537892	299856	238036	4448367	2479809	1968558
2002	638804	353425	285379	5282909	2922825	2360084
2003	829631	464279	365352	6861048	3839587	3021461
2004	1252722	744391	508331	10360011	6156114	4203897
2005	1368910	867200	501710	11053948	7002640	4051308
2006	1575456	1016452	559004	12414593	8009642	4404952
2007	1864105	1231004	633101	13878262	9164825	4713437
2008	2032422	1358759	673663	13890791	9286574	4604217
2009	1786004	1201245	584759	12195193	8202341	3992851
2010	2459967	1631423	828544	16291623	10804425	5487198
2011	3472476	2413056	1059420	21879724	15204425	6675299
2012	3105985	2113124	992861	19522669	13282041	6240628
2013	3142949	1933708	1209241	19162246	11789624	7372621
2014	3466317	2123845	1342472	21295896	13047784	8248112
2015	3334237	2111956	1222281	20654803	13122755	7532048
2016	3164780	2141984	1022796	20821731	14067886	6753845
2017	3444558	2183739	1260819	23360306	14823723	8536583

注：从1996年起为海关统计口径数据。

10－2　按主要国别(地区)分出口商品贸易额

单位:万美元

国别(地区)	2000年	2001年	2002年	2003年	2004年	2005年	2006年	2007年	2008年
总　计	**272947**	**298483**	**349140**	**464279**	**744391**	**867200**	**1016452**	**1231004**	**1358759**
亚　洲	107504	115788	136346	173379	270549	306633	321216	416836	456892
#中国香港	23882	30974	39170	53461	84719	76932	65083	63725	66605
中国澳门	615	356	94		592	222	344	429	240
日　本	42091	48061	54609	55487	81891	94095	91517	117239	124542
菲律宾	1916	2640	2795		6272	10394	9859	12285	11084
泰　国	989	1002	1454		3823	4559	5050	7956	8016
马来西亚	4145	1503	2472		12069	9827	19691	27655	37824
新加坡	5386	6658	6465		12528	16376	11306	16307	21171
阿拉伯联合酋长国	1884	2319	4424		11279	12941	12948		
欧　洲	56880	69740	78622	111319	166501	206784	256257	335613	373479
#德　国	15412	22245	24621	22445	36411	29231	34993	53696	72969
法　国	3715	2701	3866	3572	4882	11873	13750	17593	16972
意大利	4623	4986	5800	8447	7670	13192	15048	22585	27301
芬　兰	332	534	594	40814	2415	4010	3262	9135	12652
英　国	7151	7843	8589	10407	16226	20946	31156	30638	30020
丹　麦	540	531	725		1129	2765	6236	5513	6549
瑞　典	549	640	651		1219	1989	2835	4751	4475
瑞　士	842	1533	1260	1524	2489	4666	7187	9677	5244
西班牙	3351	3381	3356	4144	4837	8341	10350	22000	14853
北美洲	88011	91870	111316	147468	245699	259031	331638	330818	364212
#加拿大	6533	7984	6723	8007	12023	15942	22236	27449	28350
美　国	81478	83886	104594	139460	233676	243089	309401	303364	335862
大洋洲	4511	4255	5840	9720	19830	16907	21047	27467	26727
#澳大利亚	4040	3760	5101	8534	14148	14716	16012	22249	22799
非　洲	4961	7747	8455	10525	17879	23938	33652	41177	47262
拉丁美洲	11080	9082	8561	11862	23933	30183	51826	79750	90187
俄罗斯				1443	2749	4584	4664	7440	11696

10－2 续表 单位:万美元

国别(地区)	2009年	2010年	2011年	2012年	2013年	2014年	2015年	2016年	2017年
总 计	**1201138**	**1631423**	**2413056**	**2113124**	**1933708**	**2123845**	**2111956**	**2141984**	**2183739**
亚 洲	442614	640321	841802	840147	827281	916214	860327	921755	888603
#中国香港	61604	89947	103217	129926	141054	132695	142037	130200	107757
中国澳门	214	373	1637	425	1243	1228	659	400	812
日 本	106124	147136	156625	155158	152402	148842	131280	125258	126178
菲律宾	11929	19092	25127	31867	39758	36216	50455	67363	72610
泰 国	11071	15428	21884	21159	23019	32275	36183	52958	43735
马来西亚	52759	60905	73582	73930	77097	67615	43496	50877	46600
新加坡	21993	35637	54745	71573	55848	89148	43542	38090	43351
阿拉伯联合酋长国		23243	47047	42615	33527	38764	38189	39871	18434
欧 洲	296145	384037	622708	483501	414748	453049	421711	426085	450856
#德 国	53306	70346	126184	79560	56686	67834	70698	67368	69244
法 国	15613	19179	33943	23010	18813	21289	19150	21100	20284
意大利	23694	30833	43455	31192	26871	30097	24692	24418	23843
芬 兰	4340	6660	8950	9006	6077	4622	3279	2365	2925
英 国	29109	41880	89642	62502	50758	71618	69986	67161	61954
丹 麦	4846	6027	8210	7153	6697	9437	6773	5874	5967
瑞 典	4036	5864	8886	7036	7705	9058	8808	7885	8148
瑞 士	2329	2699	3239	4006	2614	1436	1239	1585	1429
西班牙	12932	18843	33645	21893	19188	18684	19759	22360	21853
北美洲	319300	374739	622898	481678	440615	481621	601666	521091	539819
#加拿大	22315	28949	44383	36635	31222	32932	33103	31323	35840
美 国	296985	345777	578514	445043	409391	448685	568562	489767	503973
大洋洲	28148	30961	48854	44078	42088	53859	49550	49049	51339
#澳大利亚	21343	24923	40730	37626	34297	34739	39693	39740	42237
非 洲	45496	70994	99549	113122	90072	96403	98565	105433	97740
拉丁美洲	69435	130370	177245	151955	118846	122694	124452	118530	155302
俄罗斯	9925	17729	25095	33274	36533	30434	23555	20213	28562

10－3 按主要国别(地区)分进口商品贸易额

单位:万美元

国别(地区)	2000年	2001年	2002年	2003年	2004年	2005年	2006年	2007年	2008年
总 计	**238889**	**238287**	**285379**	**365351**	**498331**	**501710**	**559004**	**633101**	**673663**
亚 洲	200716	196287	240536	307189	419006	419188	472449	512025	532102
#中国香港	2542	2135	2218	2442	2914	1948	1753	1947	1990
中国澳门	24	23	19		2	3	10	14	5
日 本	38931	36952	42635	62874	81783	72427	66490	74794	91945
菲律宾	671	1237	599		1134	1373	1664	2071	3204
泰 国	4379	4670	5839		4690	4088	7504	8613	11490
马来西亚	11737	11201	13551		16683	10787	7993	13197	17369
新加坡	3361	2230	2648		4015	2495	2568	3926	4312
阿拉伯联合酋长国	7	115	7		11	82	91		
欧 洲	17931	21785	22290	26693	33023	32175	38368	55937	65210
#德 国	1628	1443	2107	6606	8499	8617	12773	22150	28017
法 国	421	471	598	719	1039	749	821	1961	5093
意大利	1266	1696	2203	1626	2551	1620	1533	1790	3126
芬 兰	597	329	282	350	5183	669	507	1448	1335
英 国	2978	2598	1337	1940	3079	3060	2122	2421	2882
丹 麦	72	73	81		256	264	246	498	876
瑞 典	234	151	201		212	598	1093	1988	2374
瑞 士	4331	8538	8469	8534	9807	9818	10018	9283	1425
西班牙	260	91	35	76	319	500	271	394	2057
北美洲	12671	12636	10836	16585	24238	19517	24173	35953	30227
#加拿大	412	707	274	493	476	919	608	1364	1754
美 国	12252	11928	10562	16091	23762	18597	23565	34588	28466
大洋洲	1137	915	1112	2003	1877	1806	2513	2396	2832
#澳大利亚	497	226	454	935	734	1056	1330	1144	1167
非 洲	832	926	958	1075	1989	2365	4028	4809	5918
拉丁美洲	5561	5738	9646	11804	18199	19307	17212	22279	37374

10－3 续表

单位:万美元

国别(地区)	2009 年	2010 年	2011 年	2012 年	2013 年	2014 年	2015 年	2016 年	2017 年
总　计	**583940**	**828544**	**1059420**	**992861**	**1209241**	**1342472**	**1222281**	**1022796**	**1260819**
亚　洲	411439	559626	570067	557633	530142	515915	460137	507802	641809
#中国香港	2034	5927	20213	26182	5472	1857	17036	3559	1166
中国澳门			53						
日　本	69773	95468	87933	87103	74505	68977	67318	100089	145186
菲律宾	6306	10382	9584	19312	16262	23788	13731	13231	18953
泰　国	10885	18975	13475	24417	27026	23091	17350	15966	22876
马来西亚	12952	16262	14937	10915	13933	10419	13947	14474	20044
新加坡	4646	7617	9180	6989	7891	8379	7243	5335	7597
阿拉伯联合酋长国		243	265	2075	3770	860	732	2630	2606
欧　洲	67672	109646	206316	196280	378682	299859	335100	215623	238174
#德　国	22092	41003	53748	45382	51009	53172	39802	37705	46748
法　国	4875	5848	11057	8629	6772	5478	3550	4362	5883
意大利	2960	5269	6004	5815	4523	5263	5321	3618	5117
芬　兰	2150	2361	3061	4169	2002	3536	2477	1441	704
英　国	4628	6250	4745	6077	6656	7035	6548	14020	17130
丹　麦	331	177	371	844	1582	947	699	647	950
瑞　典	1230	814	2648	828	1686	2418	1507	1080	699
瑞　士	959	1644	54238	65160	243581	162372	235267	111175	103852
西班牙	2720	11292	10894	5194	6468	7099	4598	7245	11811
北美洲	37282	71197	99504	112092	166714	223980	212364	105335	140798
#加拿大	2603	9747	13385	19488	27345	47298	48145	20461	17906
美　国	34666	61425	86113	92604	139331	176617	164220	84823	122868
大洋洲	7801	9488	51695	23611	24860	123859	71277	65823	75761
#澳大利亚	5214	5797	47086	19709	19836	119984	69322	64301	70362
非　洲	13224	24147	65024	32116	18121	81743	49511	39798	51214
拉丁美洲	46521	54434	66812	76994	90711	97083	93843	88371	112902

10－4　外商直接投资合同数

（1979－2017年）

单位:项

年　　份	外商直接投资	合资企业	合作企业	独资企业
1979	5			
1980	5			
1981	3			
1982	2			
1983	4			
1984	64			
1985	73			
1986	29	19	10	
1987	56	46	9	1
1988	168	123	26	19
1989	214	131	16	67
1990	233	103	9	121
1991	286	99	16	171
1992	676	259	35	382
1993	1134	372	56	706
1994	722	216	31	475
1995	678	179	25	474
1996	412	107	10	295
1997	437	83	18	336
1998	481	109	13	359
1999	338	80	8	250
2000	295	80	6	209
2001	319	73	3	243
2002	386	52	41	293
2003	360	88	2	268
2004	414	90	5	319
2005	326	81	11	234
2006	327	83	2	242
2007	234	78		155
2008	155	31	1	123
2009	144	29	1	114
2010	186	44	1	140
2011	170	51	1	118
2012	148	47		100
2013	135	44	1	89
2014	126	41		85
2015	339	105		234
2016	483	104		379
2017	362	121		241

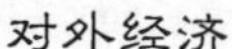

10－5 外商直接投资合同金额

（1979－2017年）

单位:万美元

年份	外商直接投资	合资企业	合作企业	独资企业
1979	105			
1980	387			
1981	104			
1982	15			
1983	106			
1984	5603			
1985	4367			
1986	909	794	115	
1987	3052	2115	767	170
1988	11781	8489	1432	1860
1989	15156	9262	656	5238
1990	27370	7693	1452	18225
1991	29601	6632	1057	21912
1992	117538	27587	7565	82386
1993	330705	64417	13476	252812
1994	220592	56769	16279	147544
1995	322706	36978	24674	261053
1996	111121	23919	2113	85088
1997	92022	16395	9497	65831
1998	111031	32927	19577	58527
1999	93426	13434	5030	74962
2000	95479	15652	1171	78656
2001	103264	20122	1944	81198
2002	150867	10236	16854	117596
2003	161412	20650	3236	135597
2004	135003	10651	－376	122331
2005	116672	12603	6581	96779
2006	142956	22989	4497	115470
2007	132371	22323		100379
2008	148883	9619	2834	130805
2009	122969	5880	2660	112371
2010	167297	22793	151	113360
2011	176966	18091	2980	147998
2012	205643	37432	18	158848
2013	205700	31244	5	146811
2014	146368	44145		102373
2015	317473	74033		243440
2016	163078	61784		101294
2017	586287	204129		382158

10－6 按行业分外商直接投资合同数

（1987－2017年）

单位：项

年份	农业	制造业	建筑业	交通运输仓储及邮政通信业信息传输计算机服务和软件业	批发零售住宿餐饮业	房地产公用事业服务业
1987	6	48	1			
1988	6	153	4	2		3
1989	8	179	1			23
1990	6	190	1		2	33
1991	8	248		3		25
1992	22	481	11		3	153
1993	56	675	46		55	134
1994	37	379	39		26	75
1995	46	414	36		39	36
1996	37	209	15		50	20
1997	29	247	13		76	16
1998	23	291	6	4	78	31
1999	26	219	6		17	39
2000	14	210		1	10	35
2001	10	228	3	1	9	23
2002	13	237	9	5	13	53
2003	12	256	8	5	11	67
2004	12	307	5	9	18	63
2005	5	240		7	26	10
2006	8	234	5	4	36	42
2007	10	131	1	3	42	57
2008	8	63	4	1	33	46
2009	4	38		2	54	46
2010	9	46	1	4	82	44
2011	8	37	1	5	74	41
2012	12	32	2	1	64	36
2013	3	14	4	9	74	31
2014	6	11	1	10	56	42
2015	9	31	3	16	207	5
2016	7	22	2	33	246	3
2017	8	40	12	27	94	7

10－7　按行业分外商直接投资合同金额

（1987－2017年）　　　单位：万美元

年　份	农　业	制造业	建筑业	交通运输仓储及邮政通信业信息传输计算机服务和软件业	批发零售住宿餐饮业	房地产公用事业服务业
1987	197	2608	215			
1988	1103	9906	119	64		589
1989	256	11095	51			3474
1990	233	20243	22		115	6752
1991	959	21744				6623
1992	1003	50540	432		3480	58127
1993	5148	134920	2280		5592	149058
1994	2637	92714	1562		1642	105230
1995	7501	251052	2036		2857	25104
1996	2983	54310	1051		3758	15021
1997	3823	50486	6692		6854	9409
1998	6588	47296	17819	375	6211	20661
1999	8560	49682	3970		4178	22143
2000	703	52199	169	10	3004	33314
2001	4727	69326	885	1454	501	17967
2002	4400	101619	8132	3463	944	22600
2003	3294	128747	3873	208	358	24932
2004	3887	93171	－1815	8458	2959	28343
2005	8141	87428	－13	5710	3893	7045
2006	6922	113480	2695	1395	3704	14760
2007	5408	73864	－71	1128	13896	38146
2008	6157	62739	1649	56	7557	70725
2009	3522	32980	761	8400	13552	63720
2010	9022	87209	－119	4406	30304	36475
2011	7411	61022	119	2618	33497	56839
2012	19238	31366	11798	2030	45849	86017
2013	1102	44503	10749	15403	61858	40512
2014	3253	31223	8248	12936	33813	56895
2015	537	65662	－3408	15111	198485	11252
2016	2051	21102	－183	24926	63773	41
2017	8633	123595	33355	15953	41975	1191

10－8　按国别(地区)分外商直接投资合同数

单位:项

国别(地区)	2000年	2001年	2002年	2003年	2004年	2005年	2006年	2007年	2008年
合　计	**295**	**319**	**386**	**360**	**414**	**326**	**327**	**234**	**155**
中国香港	119	95	140	137	158	125	142	78	63
中国澳门	7		1	3	3	4	4	1	1
日　本	27	24	33	17	24	27	25	16	13
菲律宾	2	2	3	7	3	2			
泰　国		2	1	3	1			1	
马来西亚	1	2	3	2	4	2		2	2
新加坡	7	6	10	15	13	6	12	6	4
印度尼西亚	2	4	1	2	7	4	11		1
德　国	1					2		2	2
维尔京群岛	10	22	27	25	34	22	17	19	15
英　国		1			1		2	1	1
开曼群岛	2	3	3	4	2	2	2	1	
加拿大	5	7	11	12	10	11	12	6	3
美　国	24	33	35	37	43	33	19	32	11
澳大利亚	8	12	7	9	16	16	5	14	4

10－8　续表　　单位:项

国别(地区)	2009 年	2010 年	2011 年	2012 年	2013 年	2014 年	2015 年	2016 年	2017 年
合　计	**144**	**186**	**170**	**148**	**135**	**126**	**339**	**483**	**362**
中国香港	56	72	74	50	48	57	89	80	150
中国澳门	2		1	4	1		1	2	1
日　本	7	9	9	3	5	2	17	2	9
菲律宾									
泰　国								1	
马来西亚	1	5	4	4	1		3	2	5
新加坡	5	4	5	5	6	5	6	8	14
印度尼西亚	2		1		1		2	2	
德　国			2	1		1	5	1	2
维尔京群岛	6	9	4	7	6	1	4	1	1
英　国			1			1	6	5	1
开曼群岛	1	2				1			
加拿大	3	6	5	3	2	4	4	4	3
美　国	23	10	9	7	7	6	24	19	15
澳大利亚	2	6	2	6	1	2	12	9	4

10－9　按国别(地区)分外商直接投资合同金额

单位:万美元

国别(地区)	2000年	2001年	2002年	2003年	2004年	2005年	2006年	2007年	2008年
合　计	**95479**	**103264**	**150867**	**161412**	**135003**	**116672**	**142956**	**132371**	**148883**
#中国香港	63312	43296	70300	75503	82905	51832	70580	58978	100517
中国澳门	763		711	443	89	994	381	525	－479
日　本	4080	1653	18927	2591	3886	5122	12842	3216	1034
菲律宾	98	731	473	1735	－99	151	－191	74	38
泰　国		190	150	2011	25				889
马来西亚	1045	1004	3270	207	646	412	1	2810	2601
新加坡	585	579	37	－1797	2946	2068	5076	395	5946
印度尼西亚	494	3141	1198	81	932	763	8857	－1308	2930
德　国	10	179	－7		33	86	6	－20	573
维尔京群岛	7666	12138	18907	12814	14590	22617	18211	26466	2876
英　国		－8	－95	552	－289		1291	993	－1883
开曼群岛	96	6115	4372	286	1121	2379	1651	4059	1210
加拿大	437	159	2994	1294	1495	645	3843	729	－267
美　国	7516	7666	7889	6915	10448	7375	1932	8894	2742
澳大利亚	325	562	－1	3151	1754	2997	661	1293	－15

10-9 续表

单位:万美元

国别(地区)	2009年	2010年	2011年	2012年	2013年	2014年	2015年	2016年	2017年
合　计	**122969**	**167297**	**176966**	**205643**	**205700**	**146368**	**317473**	**163078**	**586287**
#中国香港	119015	104403	118214	137328	82593	100040	192927	96289	459309
中国澳门	390		9	2507			8	5192	6
日　本	1914	2570	4101	-1856	1635	378	498	74	4571
菲律宾	-1592	-230	-66						
泰　国		2	-1000		-2		163	163	
马来西亚	-305	3325	217	-1507	-1717		230	249	7648
新加坡	384	1695	4426	4546	11503	3161	-709	4014	8750
印度尼西亚	348	223	-1989	188	777		10	156	
德　国			510	793	-500	332	732	290	4789
维尔京群岛	-8122	9659	8084	12519	18922	-63	53954	-869	162
英　国		-89	39		210	325	1544	1867	518
开曼群岛	735	6197	1419	1542	2007	1221			-1370
加拿大	520	4792	3639	951	199	483	1517	2423	9913
美　国	1104	395	1510	10948	-402	810	10038	4811	4840
澳大利亚	88	909	2807	816	2910	218	1541	2340	2148

10－10　实际利用外商直接投资

（1979－2017年）　　单位：万美元

年　　份	合　　计	合资企业	合作企业	独资企业
1979	78			
1980	167			
1981	61			
1982	154			
1983	679			
1984	1630			
1985	1539			
1986	1495	588	886	
1987	1462	498	794	170
1988	2355	2004	351	
1989	5035	2815	890	1330
1990	10193	6242	703	3248
1991	13813	5412	330	8071
1992	28452	7870	1175	19407
1993	63385	24762	2938	35685
1994	81838	42263	3004	46571
1995	105035	26106	5289	73640
1996	97590	27902	5330	64358
1997	97848	30830	5973	60746
1998	90348	27883	6177	56288
1999	90036	25183	6675	58178
2000	80087	8471	3565	66843
2001	100198	27953	3095	67754
2002	120246	28404	3162	76635
2003	130198	12332	3236	114630
2004	136042	19336	5407	99029
2005	160000			
2006	162100			
2007	170225			
2008	213034			
2009	229596			
2010	248193			
2011	268592			
2005（验资口径）	64017	9986	341	51383
2006（验资口径）	66069	8913	430	56726
2007（验资口径）	70011	11634	55	57859
2008（验资口径）	100150	24311	189	68177
2009（验资口径）	103227	16842		71491
2010（验资口径）	118524	23232		80795
2011（验资口径）	127745	10169	17	67927
2012（验资口径）	133877	23075	18	83210
2013（验资口径）	143063	20199	153	58901
2014（验资口径）	154651	30976		120600
2015（验资口径）	167852	22654		145198
2016（验资口径）	181372	97533		83839
2017（验资口径）	198527	22959		158413

10－11 按国别(地区)分实际利用外商直接投资

单位:万美元

国别(地区)	2000年	2001年	2002年	2003年	2004年	2005年	2006年	2007年	2008年
中国香港	39861	47263	51503	51940	57923	26819	26569	31728	43567
中国澳门	474	500	2358	207	1213	227	52	1525	217
日本	1679	6072	3258	23600	4818	3624	10020	1614	3344
菲律宾	258	125	1169	228	1184	508	58	209	124
泰国	174	151	769	941	500	295		56	907
马来西亚	2075	1480	2883	491	1448	630	20	353	853
新加坡	1209	1638	1299	1601	2819	2070	1119	2971	2487
印度尼西亚	509	1990	796	415	946	336	424	629	361
德国		10					61		10
法国						52	3	42	
英国	7850	1810	3558	450	267	300	400	667	179
加拿大	50	221	823	695	1398	223	401	377	452
美国	7031	13452	4791	6642	8220	2138	3613	2195	2160
澳大利亚	178	242	784	186	801	378	267	776	488
维尔京群岛	7794	11121	13351	15145	18906	12042	13579	16795	25682
开曼群岛		61	4523	3116	1269	3630	2016	2914	992
百幕大	1001	100	10852	2708	4885	1800			2123

10－11　续表　　　　单位:万美元

国别(地区)	2009年	2010年	2011年	2012年	2013年	2014年	2015年	2016年	2017年
中国香港	73079	82044	45842	72914	53236	92626	122368	110555	108569
中国澳门	105	101	128		148				
日　　本	2044	1657	4636	3232	979	1511	672	1577	1511
菲 律 宾		38		18	289				
泰　　国							153	10	
马来西亚	20	50	1968	223	1414	203		11	316
新 加 坡	2486	128	3212	4346	10336	12419	2598	4476	3757
印度尼西亚	1458	406	19	284	722	156		18	41
德　　国	500			488	178	160		170	264
法　　国									
英　　国	1			8					3
加 拿 大	359	36	400	411	265	116		20	4086
美　　国	1788	1442	986	1916	1029	1272	1148	3	604
澳大利亚	204	341	290	161	287	186			10
维尔京群岛	12172	6765	13191	8391	8186	12247	12065	19007	9313
开曼群岛	1546	3799	2020	2396	2062	3009	842	64	
百 幕 大	490		31926	561		786			5845

10－12 按县(市)区分外商直接投资合同数

单位:项

地 区	2000年	2001年	2002年	2003年	2004年	2005年	2006年	2007年	2008年
福州市	**295**	**319**	**387**	**360**	**414**	**326**	**327**	**234**	**155**
#鼓楼区	48	48	64	61	71	54	51	53	43
台江区	25	31	27	26	35	23	22	19	10
仓山区	27	47	48	46	47	38	42	29	18
晋安区	31	31	40	35	42	30	29	17	10
马尾区	31	34	53	49	30	27	28	19	12
长乐区	8	14	23	19	26	16	16	14	7
福清市	32	33	44	40	57	54	60	45	24
闽侯县	29	34	35	24	40	24	19	17	16
连江县	8	8	8	33	17	14	9	4	9
罗源县	6	4	13	10	12	13	9	12	4
闽清县	10	3	1	9	5	5	7	2	1
永泰县	5	6	2	1	3	5	2	1	
平潭县	4	1	2	2	5	3		1	

10－12　续表　　　　　　　　　　　　　　　　　　　　　　　　单位:项

地　区	2009 年	2010 年	2011 年	2012 年	2013 年	2014 年	2015 年	2016 年	2017 年
福州市	**144**	**186**	**170**	**148**	**135**	**126**	**339**	**483**	**362**
#鼓楼区	36	49	40	33	27	37	34	31	34
台江区	17	21	18	18	22	21	19	18	17
仓山区	12	19	19	16	14	11	33	16	36
晋安区	18	10	13	4	6	12	12	37	12
马尾区	5	10	16	17	16	12	189	218	121
长乐区	10	4	8	6	2	6	8	6	7
福清市	19	18	23	19	12	9	26	38	23
闽侯县	13	33	17	24	24	14	7	19	30
连江县	5	4	9	6	7	3	2	5	14
罗源县	5	3	4	2	2		1	2	9
闽清县		3	2	1	1		3	3	2
永泰县	2	2		2	1	1	2		1
平潭县	2	10							

10－13　按县(市)区分外商直接投资合同金额

单位:万美元

地　　区	2000年	2001年	2002年	2003年	2004年	2005年	2006年	2007年	2008年
福州市	**95479**	**103264**	**150867**	**161412**	**135003**	**116672**	**142956**	**132371**	**148883**
#鼓楼区	8907	9380	13173	12422	16356	14074	15291	15750	17168
台江区	7078	8462	12610	11802	12375	7941	10112	15960	16337
仓山区	7782	10156	23500	12343	15032	15050	8688	11757	31315
晋安区	1607	12024	15341	14818	18001	16362	17701	4691	5941
马尾区	4149	14544	31494	29026	11051	12911	22512	21037	21476
长乐区	4618	11724	15062	15536	18191	11613	1078	7906	5697
福清市	12056	13008	19475	53982	20225	15784	40162	17870	23790
闽侯县	12911	10950	12154	10516	9181	6654	16288	9970	10783
连江县	737	1709	2012	5141	5071	5301	4912	6899	7899
罗源县	797	1139	5052	4651	4005	4504	5153	3950	5006
闽清县	354	54	－372	823	704	463	231	74	2119
永泰县	203	2406	1352	4	774	286	285	780	854
平潭县	657	12	353	110	321	761	339	1136	

10－13　续表　　　　单位:万美元

地　　区	2009年	2010年	2011年	2012年	2013年	2014年	2015年	2016年	2017年
福州市	**122969**	**167297**	**176966**	**205643**	**205700**	**146368**	**317473**	**163078**	**586287**
#鼓楼区	19331	19755	22197	22260	23752	17056	16300	25464	18489
台江区	18438	21246	22977	23017	24257	18188	15566	14330	14274
仓山区	6609	7161	11255	18804	19750	4020	8798	13079	158195
晋安区	7630	12310	16027	5016	5267	7904	1553	2598	97588
马尾区	4829	22371	23740	25046	29314	34202	99325	65144	148816
长乐区	9353	6498	8474	9775	10300	11173	11400	11080	23631
福清市	23876	19253	23290	26877	28700	28784	28865	11680	17536
闽侯县	18419	25530	35122	56583	33492	22409	12028	11172	4782
连江县	5439	4050	4794	6029	17862	2488	2208	4671	65095
罗源县	5048	5200	5621	5660	5946	133	347	423	21248
闽清县	281	157	167	2000	4990		1128	2537	2053
永泰县	1000	1199	1500	1705	2070	11	2795	900	1500
平潭县	607	1579							

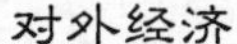

10－14 按县(市)区分实际利用外资

单位:万美元

地　　区	2000年	2001年	2002年	2003年	2004年	2005年	2006年	2007年	2008年
福州市	**80087**	**100198**	**120246**	**130198**	**136042**	**64017**	**66069**	**70011**	**100150**
#鼓楼区	4503	5646	9240	12318	15404	8123	10133	14002	17827
台江区	3010	3762	7078	9745	11895	4750	4723	6200	9113
仓山区	5048	7575	18600	15926	12418	6567	9310	12586	16403
晋安区	2509	10184	15246	17332	15850	6311	6640	4050	2732
马尾区	15080	18753	21639	21729	21050	7087	13357	13551	13746
长乐区	7191	10272	14799	15316	15523	3757	3815	4747	5824
福清市	11032	13770	20009	17069	20289	12301	12630	12867	13256
闽侯县	5727	8505	12208	13076	16015	5514	6212	9621	11291
连江县	1351	1600	1930	3115	2445	2289	2958	3876	3912
罗源县	1353	1420	996	2850	3532	1733	1821	2115	2459
闽清县	570	510	201	356	604	206	63	131	155
永泰县	361	636	1270	75	100	207	345	577	621
平潭县	576	638	465	513	304	95	450	500	556

10－14 续表 单位:万美元

地 区	2009 年	2010 年	2011 年	2012 年	2013 年	2014 年	2015 年	2016 年	2017 年
福州市	**103227**	**118524**	**127745**	**133877**	**143063**	**154651**	**167852**	**181372**	**198527**
#鼓楼区	18162	18180	19710	22687	24100	25788	28018	31670	39248
台江区	9788	11163	11910	9700	9789	12929	14222	16010	17931
仓山区	15371	15400	16180	18634	5613	14000	15066	16430	22650
晋安区	2735	10000	10510	10655	8839	9755	10544	10554	11379
马尾区	15706	25539	27999	10188	15076	21539	26157	29346	31423
长乐区	7960	7965	3615	3768	8771	11620	13889	15160	3563
福清市	13336	13810	15976	19714	21210	24180	30016	33238	40116
闽侯县	13202	13512	15040	17902	19012	20200	13667	11939	12831
连江县	3260	2027	3785	6823	8575	9094	9877	11315	13074
罗源县	2380	2381	2525	2907	3127	3138	3391	3397	3635
闽清县	160	222	279	401	425	450	487	473	561
永泰县	625	875	1113	1371	1724	1958	2116	1840	2116
平潭县	542	650							

主要统计指标解释

进出口总额 海关进出口总额指实际进出我国国境的货物总金额。包括对外贸易实际进出口货物,来料加工装配进出口货物,国家间、联合国及国际组织无偿援助物资和赠送品,华侨、港澳台同胞和外籍华人捐赠品,租赁期满归承租人所有的租赁货物,进料加工进出口货物,边境地方贸易及边境地区小额贸易进出口货物(边民互市贸易除外),中外合资经营企业、中外合作经营企业、外商独资经营企业进出口货物和公用物品,到离岸价格在规定限额以上的进出口货样和广告品(无商业价值、无使用价值和免费提供出口的除外),从保税仓库提取在中国境内销售的进口货物,以及其他进出口货物。我国规定出口货物按离岸价格统计,进口货物按到岸价格统计。

利用外资 指我国各级政府、部门、企业和其他经济组织通过对外借款、吸收外商直接投资以及用其他方式筹措的境外现汇、设备、技术等。

外商投资 指国外及港澳台地区的法人和自然人在中国大陆地区以现金、实物、无形资产、股权等方式进行投资。其中,外商直接投资是指外国投资者在非上市公司中的全部投资及在单个外国投资者所占股权比例不低于10%的上市公司中的投资。

11 价格指数

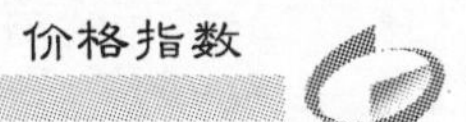

11－1　主要物价总指数

(1978 年＝100)

年　份	居民消费价格指数	城　市	农　村	商品零售价格指数	服务项目价格指数
1979	101.1			101.2	100.0
1980	107.8			108.2	110.8
1981	108.9			109.5	109.5
1982	112.9			113.8	109.5
1983	115.6			116.4	114.9
1984	120.6			120.6	126.6
1985	140.6			141.3	140.4
1986	153.0			154.2	147.7
1987	169.2			171.8	151.8
1988	216.6			221.6	179.6
1989	256.9			263.5	207.8
1990	257.2	102.4	98.5	262.2	225.9
1991	271.9	110.3	102.7	276.1	249.1
1992	294.5	120.2	108.2	296.3	289.5
1993	350.5	143.9	127.0	350.2	351.4
1994	447.8	181.7	157.9	435.3	450.6
1995	529.3	214.8	186.8	500.6	570.5
1996	568.5	233.3	198.8	524.1	684.6
1997	581.6	241.9	203.0	528.3	767.4
1998	579.3	242.6	201.6	521.4	798.1
1999	574.1	240.9	199.6	505.8	880.3
2000	583.9	247.9	202.2	498.7	1152.3
2001	578.1	245.2	199.4	486.2	1219.1
2002	572.9	245.0	196.4	475.5	1282.5
2003	577.5	246.0	198.6	464.1	1338.9
2004	603.5	257.2	207.1	475.2	1412.6
2005	619.2	265.4	211.2	480.4	1470.5
2006	626.0	267.5	214.2	479.9	1472.0
2007	653.5	278.7	224.1	494.8	1497.0
2008	682.3	290.7	234.0	516.6	1446.1
2009	676.8	288.1	232.1	508.9	1421.5
2010	698.5	297.3	239.1	523.7	1438.6
2011	732.0	311.6	250.3	544.6	1478.9
2012	748.1	318.5	256.3	550.6	1483.3
2013	767.6	327.1	262.5	556.1	1526.3
2014	781.4	333.0	267.5	559.4	1564.5
2015	794.7	338.3	272.8	556.0	1636.5
2016	813.0	346.8	277.4	559.9	1693.8
2017	821.9	351.7	278.0	561.6	1742.9

注:1. 本表中商品零售价格指数 1990～2000 年为全市数据,其他年份为市区数据。

2. 上述年份不全的指数均以开编年份的上一年价格为 100。

11－2 主要物价总指数

（上年＝100）

年份	居民消费价格指数	城市	农村	商品零售价格指数	服务项目价格指数
1951	107.8			108.4	98.2
1952	97.6			97.2	103.9
1957	100.7			100.6	101.6
1962	100.8			101.0	99.1
1965	95.9			95.6	98.9
1970	99.3			99.2	100.0
1975	100.1			100.1	99.7
1978	100.2			100.3	99.0
1979	101.1			101.2	100.0
1980	106.6			106.9	110.8
1985	116.6			117.2	110.9
1990	100.1	102.4	98.5	99.5	108.7
1995	118.2	118.2	118.3	115.0	126.6
2000	101.7	102.9	101.3	98.6	130.9
2001	99.0	98.9	98.6	97.5	105.8
2002	99.1	99.9	98.5	97.8	105.2
2003	100.8	100.4	101.1	97.6	104.4
2004	104.5	104.6	104.3	102.4	105.5
2005	102.6	103.2	102.0	101.1	104.1
2006	101.1	100.8	101.4	99.9	100.1
2007	104.4	104.2	104.6	103.1	101.7
2008	104.4	104.3	104.4	104.4	96.2
2009	99.2	99.1	99.2	99.1	98.4
2010	103.2	103.2	103.0	102.9	101.2
2011	104.8	104.8	104.7	104.0	102.8
2012	102.2	102.2	102.4	101.1	100.3
2013	102.6	102.7	102.4	101.0	102.9
2014	101.8	101.8	101.9	100.6	102.5
2015	101.7	101.6	102.0	99.4	104.6
2016	102.3	102.5	101.7	100.7	103.5
2017	101.1	101.4	100.2	100.3	102.9

注：1. 本表中1990年以前零售、消费总指数数据均为市区数据。

2. 2001年起商品零售价格总指数为市区数据。

11－3　居民消费价格分类指数

（1978年＝100）

年　份	居民消费价格总指数	#食品类	衣着类	家庭设备及用品	医疗保健	娱乐教育文化用品	居　住	服务项目价格指数
1980	107.8	114.0	99.1		99.8	101.0		110.8
1985	140.6	162.5	91.6	96.8	114.5	101.8	104.5	140.4
1990	257.2	329.2	158.9	138.6	171.6	150.3	117.2	225.9
1995	529.3	770.1	347.6	136.9	306.3	153.1	196.5	570.5
2000	583.9	780.4	390.5	134.7	379.4	137.9	319.3	1152.3
2001	578.1	760.1	360.8	132.5	395.3	139.2	327.3	1219.1
2002	572.9	740.3	355.0	129.7	381.9	136.3	351.5	1282.5
2003	577.5	752.1	332.3	125.4	375.8	145.0	363.5	1338.9
2004	603.5	822.8	317.0	122.0	361.9	155.0	379.9	1412.6
2005	619.2	860.6	302.1	121.0	361.2	163.2	401.9	1470.5
2006	626.0	879.5	290.3	121.8	363.0	159.6	422.0	1472.0
2007	653.5	963.9	281.6	123.6	372.8	159.1	435.1	1497.0
2008	682.3	1083.4	256.5	127.2	376.9	148.3	455.1	1446.1
2009	676.8	1089.9	260.6	127.3	378.8	146.5	426.9	1421.5
2010	698.5	1160.7	256.2	125.8	390.5	147.2	444.0	1438.6
2011	732.0	1284.9	258.8	128.7	404.6	144.7	467.5	1478.9
2012	748.1	1350.4	266.8	132.8	415.1	139.3	477.3	1483.3
2013	767.6	1415.2	267.6	133.9	423.8	143.3	490.7	1526.3
2014	781.4	1456.2	275.6	134.3	428.9	144.2	502.0	1564.5
2015	794.7	1473.7	285.2	135.2	455.0	145.6	513.5	1636.5
2016	813.0	1544.4	288.1	134.0	496.4	147.8	524.8	1693.8
2017	821.9	1493.4	289.3	133.7	520.2	154.2	536.3	1742.9

注：1.2016年食品类中不包含在外用膳。

2.2016年“家庭设备及用品”改成“生活用品及服务”。

3.2016年“娱乐教育文化用品”改成“教育文化和用”。

11－4　市区商品零售价格分类指数

(1978年=100)

项　　目	1980年	1985年	1990年	1995年	2000年	2001年	2002年	2003年	2004年	2005年	2006年
商品零售价格总指数	**108.2**	**141.3**	**267.9**	**529.3**	**528.9**	**515.7**	**504.4**	**492.3**	**504.1**	**509.6**	**509.1**
食品类	114.0	162.5	426.5	1024.9	1018.1	985.6	962.9	961.9	1061.0	1121.5	1135.0
#粮　食		102.2	201.7	927.2	736.8	744.1	740.4	764.8	893.3	884.4	911.8
鲜　菜		161.5	375.6	1198.9	1594.0	1579.7	1684.0	1547.6	1894.3	2237.2	2299.8
肉禽蛋		116.1	246.9	446.6	378.8	368.6	365.3	363.1	419.4	435.8	418.8
水产品		236.3	569.4	1388.8	1700.4	1549.1	1440.7	1453.7	1559.8	1729.8	1757.5
饮料烟酒类		128.0	169.8	222.0	230.8	230.1	233.1	742.6	734.4	724.9	728.5
服装鞋帽类	99.1	91.6	158.9	357.8	423.5	393.5	400.2	381.8	377.6	360.2	331.0
纺织品类		113.3	239.5	412.0	429.8	434.1	425.9	397.4	397.0	385.9	374.7
中西药品类	99.8	114.5	171.6	304.0	363.6	358.2	340.6	327.3	308.3	298.1	305.3
文化体育用品类	101.0	101.8	150.3	149.3	142.5	139.4	136.9	138.0	136.5	133.8	131.7
日用品类	100.9	96.4	144.8	196.5	195.5	189.4	187.1	184.7	181.0	180.5	178.3
家用电器类		89.2	127.6	110.3	85.9	82.0	76.6	72.2	69.7	68.5	67.9
燃料类	100.0	101.7	139.1	602.8	732.8	726.2	704.4	734.0	792.0	905.3	1042.0

注:1.2016年“文化体育用品类”改成“体育娱乐用品”。
2.2016年“家用电器类”改成“家用电器及音像器材”。

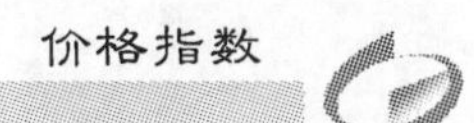

11-4 续表 (1978年=100)

项 目	2007年	2008年	2009年	2010年	2011年	2012年	2013年	2014年	2015年	2016年	2017年
商品零售价格总指数	**524.9**	**548.0**	**539.8**	**555.5**	**577.7**	**584.1**	**589.9**	**593.4**	**589.8**	**593.9**	**595.7**
食品类	1237.2	1416.6	1401.0	1503.3	1673.2	1756.9	1837.7	1885.5	1879.8	1953.1	1923.8
#粮 食	962.9	1026.5	1091.2	1248.3	1470.5	1513.1	1526.7	1564.9	1602.5	1620.1	1650.9
鲜 菜	2562.0	2848.9	2988.5	3592.2	3689.2	4526.6	4608.7	4581.0	4791.7	5572.7	4697.8
肉禽蛋	531.0	601.1	574.1	603.4	694.8	678.1	728.6	762.1	749.5	786.9	784.5
水产品	1696.0	1889.3	1951.6	2119.4	2348.3	2569.0	2658.9	2717.4	2576.1	2632.8	2751.3
饮料烟酒类	742.3	777.9	798.9	810.9	840.1	855.2	854.3	839.8	866.7	885.8	889.3
服装鞋帽类	314.5	277.4	290.2	292.8	291.0	292.2	293.4	302.5	317.0	318.3	322.8
纺织品类	354.8	354.4	366.4	349.9	361.4	390.0	392.0	377.5	368.1	368.5	351.2
中西药品类	327.9	332.2	338.2	359.5	379.6	390.6	395.3	399.3	406.9	432.9	455.8
文化体育用品类	130.4	125.1	118.2	114.5	114.2	114.1	113.1	110.4	108.9	108.1	109.0
日用品类	177.2	183.4	187.4	187.4	186.7	181.8	179.6	182.8	182.1	181.7	182.1
家用电器类	65.7	57.8	55.2	54.0	51.9	49.6	47.6	45.5	43.9	41.9	41.4
燃料类	1121.2	1234.4	1122.7	1256.3	1381.9	1417.8	1437.6	1427.5	1249.1	1189.1	1284.2

11－5　市区居民消费价格分类指数

（上年＝100）

项　　目	1995 年	2000 年	2005 年	2010 年	2011 年	2012 年	2013 年	2014 年	2015 年
居民消费价格总指数	**118.2**	**102.9**	**102.5**	**103.5**	**104.9**	**102.0**	**102.6**	**101.7**	**101.4**
食品类	123.6	99.2	105.6	107.4	111.6	104.6	104.6	102.5	100.4
粮　食	139.9	94.6	99.0	114.4	117.4	104.0	101.5	102.3	102.0
淀粉及薯类	123.7	95.7	104.7	112.0	111.7	105.4	105.4	106.4	99.8
干豆类及豆制品类	107.2	94.0	102.9	115.3	99.3	100.1	104.7	106.2	103.9
油脂类	102.8	95.0	95.9	95.2	111.9	105.8	98.7	88.9	93.7
肉禽及其制品类	118.5	95.9	104.2	101.6	119.1	98.1	105.6	99.8	106.4
蛋　类	116.2	84.0	102.7	108.6	113.1	95.7	109.6	108.7	91.0
水产品	115.6	103.0	110.9	109.0	110.8	109.1	103.4	103.0	96.0
菜　类	141.7	107.7	115.5	119.3	103.8	117.8	102.7	100.1	104.6
调味品类	130.6	94.8	100.9	103.8	103.8	102.2	105.0	104.6	103.4
糖　类	120.8	110.2	99.5	102.4	108.6	103.6	101.9	104.9	100.4
烟草类	96.9	96.2	99.1	100.0	100.0	100.0	99.8	99.9	107.0
酒和饮料	106.2	95.8	98.5	100.8	104.8	103.4	100.6	97.4	101.6
干鲜瓜果类	135.3	100.0	109.2	113.2	114.6	99.2	108.4	115.3	91.6
糕点类	121.6	106.6	96.1	96.0	103.6	104.3	100.9	100.1	100.9
奶及奶制品	127.5	100.0	94.3	100.8	101.8	104.8	106.8	106.1	101.2
其他食品	112.6	100.0	100.3	102.4	105.7	103.4	105.3	102.8	102.6
饮食业	125.7	100.0	104.2	104.8	109.1	105.7	106.8	100.9	100.1
衣着类	125.5	96.6	95.5	101.0	100.5	101.9	100.7	102.0	103.0
服　装	140.0	96.2	94.5	101.4	97.2	100.0	98.9	101.1	103.0
衣着材料	111.7	98.4	100.0	100.0	107.2	105.5	100.7	100.4	101.1
鞋袜帽及其他衣着	103.1	97.8	98.2	99.5	112.2	107.6	105.5	104.3	102.9
家庭设备及用品	103.3	99.2	99.6	98.3	102.1	104.0	101.3	99.9	101.2
#耐用消费品	102.1	99.6	98.8	98.1	99.7	99.5	99.5	99.1	97.9
家庭日用杂品	107.4	94.7	100.0	98.3	96.4	103.5	100.7	101.4	99.5
医疗保健	114.7	102.0	98.5	104.3	102.0	101.2	100.7	101.1	106.1
交通和通讯工具	101.1	102.6	97.5	98.6	101.3	99.8	100.1	99.9	97.4
娱乐、教育文化用品	102.7	93.0	103.5	101.5	98.9	96.0	103.7	100.6	100.9
居　住	108.5	106.1	104.8	103.4	105.0	102.6	103.1	103.3	103.9
#水电、燃料	111.1	105.0	109.4	105.8	104.1	106.2	106.0	101.0	97.9
服务项目价格指数	126.6	130.9	103.0	101.5	103.7	100.4	103.0	103.0	105.2
#学杂保育费	145.2	106.0	110.8	100.5	98.6	105.1	107.6	104.0	104.2

注：1. 本表中 2010 年“淀粉及薯类”不含“薯类”，“薯类”含在“菜类”中。

11－5 续表 （上年＝100）

项目(新分类)	2016年	2017年	项目(新分类)	2016年	2017年
居民消费价格总指数	**102.5**	**101.4**	其他衣着及配件	96.2	102.6
服务价格指数	**104.3**	**102.9**	衣着加工服务费	107.3	100.0
工业品价格指数	**99.6**	**101.4**	鞋　类	105.6	103.6
非食品价格指数	**102.0**	**102.3**	**三、居住**	**102.8**	**102.5**
一、食品烟酒	**103.3**	**99.3**	租赁房房租	104.3	102.1
食　品	104.8	97.6	住房保养维修及管理	102.2	100.2
粮　食	101.2	102.3	水电燃料	97.0	104.5
薯　类	116.7	74.3	自有住房	105.2	102.2
豆　类	100.8	99.7	**四、生活用品及服务**	**98.9**	**98.9**
食用油	99.7	100.8	家具及室内装饰品	98.9	97.3
菜	115.4	85.7	家用器具	95.3	97.5
畜肉类	112.6	94.1	家用纺织品	99.8	94.2
禽肉类	100.6	100.5	家庭日用杂品	101.1	98.8
水产品	102.2	104.4	个人护理用品	100.2	102.6
蛋　类	101.8	104.4	家庭服务	99.8	104.1
奶　类	97.7	102.7	**五、交通和通信**	**99.0**	**100.7**
干鲜瓜果类	93.7	101.0	交　通	99.0	102.0
糖果糕点类	100.5	100.8	通　信	98.9	98.6
调味品	99.3	100.7	**六、教育文化和娱乐**	**101.6**	**104.7**
其他食品类	101.3	100.5	教　育	101.4	103.6
茶及饮料	100.3	101.9	文化娱乐	101.7	106.0
烟　酒	102.9	99.8	**七、医疗保健**	**111.4**	**101.7**
烟　草	103.6	98.3	药品及医疗器具	106.4	105.1
酒　类	101.8	102.2	医疗服务	114.0	100.0
在外餐饮	99.9	103.7	**八、其他用品和服务**	**102.8**	**106.8**
二、衣着	**100.6**	**101.3**	其他用品类	105.2	100.8
服　装	99.1	100.7	其他服务类	100.8	112.0
服装材料	102.4	100.2			

11－6 城市居民消费价格分类指数

（上年＝100）

项　　目	1995年	2000年	2005年	2010年	2011年	2012年	2013年	2014年	2015年
居民消费价格总指数	**118.2**	**102.9**	**103.2**	**103.2**	**104.8**	**102.2**	**102.7**	**101.8**	**101.6**
食品类	123.6	99.2	105.4	106.6	111.2	105.0	105.0	102.6	100.9
粮　食	139.9	94.6	99.1	114.7	117.6	103.8	101.8	102.2	101.7
淀粉及薯类	123.7	95.7	112.5	106.1	108.4	103.5	104.3	104.9	99.8
干豆类及豆制品类	107.2	94.0	103.7	113.0	100.7	99.7	104.7	106.4	103.4
油脂类	102.8	95.0	98.2	97.9	113.6	106.1	99.6	90.8	94.7
肉禽及其制品类	118.5	95.9	102.5	103.5	119.2	100.2	104.8	100.0	106.0
蛋　类	116.2	84.0	102.5	108.2	112.9	96.1	110.3	108.4	91.2
水产品	115.6	103.0	110.3	106.1	109.3	108.7	106.2	102.7	97.9
菜　类	141.7	107.7	119.0	118.2	102.8	118.2	103.7	100.5	104.7
调味品类	130.6	94.8	101.6	98.8	104.1	101.8	106.4	105.1	102.8
糖　类	120.8	110.0	99.1	107.2	108.5	102.8	101.1	103.2	99.8
烟草类	96.9	96.2	99.1	102.5	100.3	99.9	99.6	99.9	106.7
干鲜瓜果类	135.3	100.0	107.5	109.1	118.0	99.9	105.5	114.0	95.6
糕点类	121.6	106.6	97.2	95.4	103.9	103.6	101.5	100.8	101.5
奶及奶制品	127.5	100.0	94.7	100.5	102.2	103.6	105.4	105.4	100.7
其他食品	112.6	100.0	101.1	104.5	106.3	104.4	103.7	100.8	103.0
饮食业	125.7	100.0	102.5	103.3	107.1	106.1	107.3	101.8	100.4
衣着类	125.5	96.6	96.7	98.7	100.3	102.6	100.1	103.9	103.7
服　装	140.0	96.2	96.3	99.2	98.1	101.1	99.5	103.6	103.2
衣着材料	111.7	98.4	101.0	104.8	112.2	104.3	100.7	100.3	100.8
鞋袜帽及其他衣着	103.1	97.8	97.2	96.5	107.6	106.9	101.9	104.8	104.8
家庭设备及用品	103.3	99.2	99.3	98.4	102.2	103.9	101.1	100.4	100.8
#耐用消费品	102.1	99.6	97.2	98.0	99.5	100.2	99.3	99.2	97.9
家庭日用杂品	107.4	94.7	101.2	97.9	98.9	103.0	100.6	101.3	99.9
医疗保健	114.7	102.0	100.3	103.1	103.2	102.2	102.3	102.1	109.1
交通和通讯工具	101.1	102.6	98.1	99.2	100.9	99.5	99.7	100.0	97.6
娱乐、教育文化用品	102.7	93.0	104.6	100.7	98.6	96.1	103.3	100.2	101.0
居　住	108.5	106.1	107.1	104.4	105.2	102.4	102.9	102.7	102.6
#水电、燃料	111.1	105.0	110.3	106.4	104.0	104.4	104.2	100.7	98.2
服务项目价格指数	126.6	130.7	103.9	101.4	103.1	100.3	103.1	102.7	104.8
#学杂保育费	145.2	206.0	112.4	100.3	97.0	105.1	106.7	106.8	106.0

注：本表中2010年“淀粉及薯类”不含“薯类”，“薯类”含在“菜类”中。

11－6　续表　　　　　　　　　　　　（上年＝100）

项目(新分类)	2016 年	2017 年	项目(新分类)	2016 年	2017 年
居民消费价格总指数	**102.5**	**101.4**	其他衣着及配件	96.2	102.6
服务价格指数	**104.3**	**102.9**	衣着加工服务费	107.3	100.0
工业品价格指数	**99.6**	**101.4**	鞋　类	105.6	103.6
非食品价格指数	**102.0**	**102.3**	**三、居　住**	**102.8**	**102.5**
一、食品烟酒	**103.3**	**99.3**	租赁房房租	104.3	102.1
食　品	104.8	97.6	住房保养维修及管理	102.2	100.2
粮　食	101.2	102.3	水电燃料	97.0	104.5
薯　类	116.7	74.3	自有住房	105.2	102.2
豆　类	100.8	99.7	**四、生活用品及服务**	**98.9**	**98.9**
食用油	99.7	100.8	家具及室内装饰品	98.9	97.3
菜	115.4	85.7	家用器具	95.3	97.5
畜肉类	112.6	94.1	家用纺织品	99.8	94.2
禽肉类	100.6	100.5	家庭日用杂品	101.1	98.8
水产品	102.2	104.4	个人护理用品	100.2	102.6
蛋　类	101.8	104.4	家庭服务	99.8	104.1
奶　类	97.7	102.7	**五、交通和通信**	**99.0**	**100.7**
干鲜瓜果类	93.7	101.0	交　通	99.0	102.0
糖果糕点类	100.5	100.8	通　信	98.9	98.6
调味品	99.3	100.7	**六、教育文化和娱乐**	**101.6**	**104.7**
其他食品类	101.3	100.5	教　育	101.4	103.6
茶及饮料	100.3	101.9	文化娱乐	101.7	106.0
烟　酒	102.9	99.8	**七、医疗保健**	**111.4**	**101.7**
烟　草	103.6	98.3	药品及医疗器具	106.4	105.1
酒　类	101.8	102.2	医疗服务	114.0	100.0
在外餐饮	99.9	103.7	**八、其他用品和服务**	**102.8**	**106.8**
二、衣　着	**100.6**	**101.3**	其他用品类	105.2	100.8
服　装	99.1	100.7	其他服务类	100.8	112.0
服装材料	102.4	100.2			

11－7 农村居民消费价格分类指数

（上年＝100）

项目	1995年	2000年	2005年	2010年	2011年	2012年	2013年	2014年	2015年
居民消费价格总指数	**118.3**	**101.3**	**102.0**	**103.0**	**104.7**	**102.4**	**102.4**	**101.9**	**102.0**
食品类	122.2	98.2	103.4	106.3	109.5	105.4	104.4	103.7	101.8
粮　食	136.4	85.6	99.3	115.8	114.6	105.7	101.8	101.7	101.8
淀粉及薯类	122.1	98.1	103.4	104.4	121.1	108.8	100.8	100.2	106.8
干豆类及豆制品类	112.0	101.6	102.9	115.2	102.3	99.5	104.8	106.3	103.2
油脂类	107.7	98.1	99.0	103.1	111.4	105.2	99.6	94.6	95.3
肉禽及其制品类	120.5	96.5	104.5	101.8	118.3	104.4	103.9	101.2	104.9
蛋　类	117.9	85.2	102.2	107.8	114.1	95.2	112.1	108.2	93.8
水产品	109.9	103.8	104.8	102.8	105.9	106.5	105.9	106.5	98.9
菜　类	146.2	105.7	113.3	119.8	96.6	117.8	107.4	101.2	107.6
调味品类	119.3	96.5	99.3	105.5	103.7	102.3	103.8	102.4	100.9
糖　类	128.0	111.3	101.9	110.0	115.3	103.7	101.3	98.5	100.8
烟草类	93.8	110.1	99.8	101.3	100.1	100.2	100.1	100.0	106.4
干鲜瓜果类	127.7	100.1	100.7	108.5	113.1	104.2	108.9	120.5	97.1
糕点类	116.4	98.9	98.7	105.4	106.3	104.5	101.4	101.5	100.7
奶及奶制品	122.7	99.8	101.2	100.5	102.8	100.2	104.8	109.3	99.1
其他食品	109.3	96.4	101.4	103.0	105.6	100.9	104.6	103.5	100.5
饮食业	127.1	99.3	101.5	101.1	103.6	103.4	103.1	102.5	102.6
衣着类	119.7	98.5	93.9	97.1	103.1	104.5	100.7	100.8	102.9
服　装	121.2	99.7	92.9	97.2	102.3	104.7	100.4	101.0	102.7
衣着材料	111.5	97.4	103.2	100.7	112.1	104.2	102.1	100.9	101.7
鞋袜帽及其他衣着	124.7	96.2	95.2	96.7	105.3	103.7	101.4	100.2	103.5
家庭设备及用品	107.3	98.0	99.1	100.0	102.6	101.1	100.1	100.0	100.5
#耐用消费品	106.4	97.1	97.5	99.2	98.7	99.2	98.6	100.0	100.4
家庭日用杂品	119.6	99.2	99.5	100.3	104.5	102.2	100.3	100.2	99.9
医疗保健	111.9	103.5	99.2	102.9	104.5	103.5	101.7	102.1	111.7
交通和通讯工具	104.9	94.4	98.6	99.6	100.9	100.3	100.2	100.4	98.3
娱乐、教育文化用品	104.6	96.3	106.0	99.8	97.7	96.9	101.8	101.8	101.0
居　住	111.6	106.5	105.0	103.1	105.5	101.4	102.3	101.2	101.5
#水电、燃料	115.2	111.4	108.7	103.5	103.8	101.5	101.3	101.5	99.4
服务项目价格指数	126.0	129.6	104.4	100.8	102.1	100.3	102.6	101.9	104.0
#学杂保育费	141.3	179.9	110.3	100.4	96.4	103.2	102.5	103.6	106.0

注：本表中2010年“淀粉及薯类”不含“薯类”，“薯类”含在“菜类”中。

11－7 续表 （上年＝100）

项目(新分类)	2016年	2017年	项目(新分类)	2016年	2017年
居民消费价格总指数	**101.7**	**100.2**	其他衣着及配件	101.2	104.1
服务价格指数	**100.4**	**102.8**	衣着加工服务费	102.8	100.7
工业品价格指数	**100.8**	**103.7**	鞋　类	99.9	99.8
非食品价格指数	**100.8**	**101.9**	**三、居　住**	**99.8**	**101.1**
一、食品烟酒	**104.0**	**93.6**	租赁房房租	102.0	99.9
食　品	104.9	93.7	住房保养维修及管理	99.9	103.6
粮　食	99.2	98.5	水电燃料	99.9	102.2
薯　类	111.2	90.2	自有住房	99.5	99.7
豆　类	101.2	73.9	**四、生活用品及服务**	**100.1**	**103.1**
食用油	101.0	99.9	家具及室内装饰品	99.4	100.0
菜	111.1	84.2	家用器具	97.8	101.6
畜肉类	114.2	95.1	家用纺织品	103.8	109.8
禽肉类	99.3	100.9	家庭日用杂品	101.3	105.7
水产品	105.6	97.4	个人护理用品	101.2	102.1
蛋　类	93.8	89.3	家庭服务	101.8	100.1
奶　类	100.0	105.8	**五、交通和通信**	**99.0**	**102.1**
干鲜瓜果类	97.0	93.9	交　通	98.9	102.4
糖果糕点类	100.1	73.2	通　信	99.2	101.5
调味品	101.0	81.6	**六、教育文化和娱乐**	**101.2**	**102.7**
其他食品类	99.3	91.0	教　育	101.4	101.4
茶及饮料	99.8	81.2	文化娱乐	100.8	106.3
烟　酒	103.1	99.7	**七、医疗保健**	**101.9**	**115.7**
烟　草	103.6	98.2	药品及医疗器具	107.0	145.7
酒　类	102.2	102.2	医疗服务	100.3	106.2
在外餐饮	101.9	90.2	**八、其他用品和服务**	**102.2**	**105.1**
二、衣　着	**103.0**	**96.4**	其他用品类	103.0	97.0
服　装	103.9	95.0	其他服务类	101.2	114.0
服装材料	102.4	100.2			

11－8 市区商品零售价格分类指数

（上年＝100）

项目	1995年	2000年	2005年	2010年	2011年	2012年	2013年	2014年	2015年
商品零售价格总指数	**114.4**	**98.8**	**101.1**	**102.9**	**104.0**	**101.1**	**101.0**	**100.6**	**99.4**
食品类	125.2	98.8	105.7	107.3	111.3	105.0	104.6	102.6	99.7
粮　食	139.1	94.8	99.0	114.4	117.8	102.9	100.9	102.5	102.4
油脂类	102.8	95.1	95.9	94.7	111.7	106.2	98.7	88.8	93.8
肉禽蛋	119.2	93.8	103.9	105.1	117.2	97.6	107.5	104.6	98.4
水产品	116.2	102.6	110.9	108.6	110.8	109.4	103.5	102.2	94.8
鲜　菜	146.3	109.1	118.1	120.2	102.7	122.7	101.8	99.4	106.1
干　菜	110.3	92.4	98.2	109.9	107.5	101.1	105.5	105.5	97.7
鲜　果	135.9	100.5	110.8	116.1	117.2	98.6	111.9	120.5	90.2
干　果	125.6	91.5	99.4	107.1	105.7	101.4	95.4	92.8	99.2
其他食品类	125.1	101.3	100.3	102.4	105.7	103.4	105.3	102.8	102.6
饮食业	125.7	100.0	104.2	103.7	109.1	105.7	106.9	100.9	100.1
饮料烟酒类	102.6	94.7	98.7	101.5	103.6	101.8	99.9	98.3	103.2
饮　料	104.5	89.7	96.3	98.3	102.8	103.2	101.1	98.7	102.6
烟　酒	101.7	97.1	99.0	101.6	103.6	101.8	99.6	98.0	103.9
服装、鞋帽类	125.1	96.5	95.4	100.9	99.4	100.4	100.4	103.1	104.8
服　装	140.5	95.4	94.5	101.1	97.6	98.2	99.5	100.0	103.4
鞋	103.9	97.5	98.1	98.9	106.9	108.4	102.7	110.0	109.8
其他衣着	116.6	99.7	97.2	109.3	101.7	96.0	101.8	125.2	101.6
纺织品类	110.7	98.1	97.2	95.5	103.3	107.9	100.5	96.3	97.5
中西药品类	115.2	101.7	96.7	106.3	105.6	102.9	101.2	101.0	101.9
#中　药	120.8	104.9	91.4	113.3	113.3	106.0	102.6	100.7	103.1
西　药	108.9	100.0	100.4	102.6	100.7	101.0	99.4	100.1	101.0
化妆品类	104.7	97.6	99.4	102.0	96.7	102.0	101.5	100.9	100.3
书报杂志类	108.5	107.1	100.3	100.6	99.9	103.8	109.9	100.6	105.7
文化体育用品类	100.8	99.4	98.0	97.8	99.7	99.9	99.1	97.7	98.7
日用品类	109.7	99.1	99.7	100.0	99.6	97.4	98.8	101.8	99.6
家用电器类	99.5	92.3	98.3	97.9	96.2	95.5	95.9	95.5	96.5
首饰类	97.0	101.5	103.0	101.8	107.4	97.3	94.5	97.8	97.5
燃料类	106.1	114.4	114.3	111.9	110.0	102.6	101.4	99.3	87.5
建筑装璜材料类	94.4	101.4	97.1	101.1	100.7	98.0	99.1	98.7	98.8

11－8 续表 （上年＝100）

项目（新分类）	2016 年	2017 年	项目（新分类）	2016 年	2017 年
商品零售价格指数	**100.7**	**100.3**	烟 草	103.6	98.3
一、食 品	**103.9**	**98.5**	酒 类	101.8	102.2
粮 食	101.1	101.9	**三、服装、鞋帽**	**100.4**	**101.4**
薯 类	116.7	74.3	服 装	99.1	100.6
豆 类	100.8	99.7	鞋帽袜	104.5	103.6
食用油	99.7	100.7	其他衣着配件	100.3	100.6
菜	115.3	85.7	**四、纺织品**	**100.1**	**95.3**
畜肉类	112.6	94.1	**五、家用电器及音像器材**	**95.5**	**98.9**
禽肉类	100.6	100.5	**六、文化办公用品**	**99.3**	**101.7**
水产品	102.2	104.5	**七、日用品**	**99.8**	**100.2**
蛋 类	101.8	104.4	**八、体育娱乐用品**	**99.2**	**99.9**
奶 类	97.7	102.7	**九、交通、通信用品**	**98.6**	**97.4**
干鲜瓜果类	93.8	101.0	**十、家具**	**99.3**	**96.9**
糖果糕点类	100.5	100.8	**十一、化妆品**	**100.1**	**103.1**
调味品	99.3	100.7	**十二、金银饰品**	**111.5**	**102.9**
其他食品类	101.3	100.5	**十三、中西药品及医疗保健用品**	**106.4**	**105.3**
在外餐饮	99.9	103.7	**十四、书报杂志及电子出版物**	**101.4**	**102.4**
二、饮料、烟酒	**102.2**	**100.4**	**十五、燃料**	**95.2**	**108.0**
茶及饮料	100.3	101.9	**十六、建筑材料及五金电料**	**100.2**	**98.2**

11－9　按县(市)分主要物价指数

(2017年,上年＝100)

县(市)	居民消费价格指数	#非食品价格指数	#服务项目价格指数	#消费品价格指数	食品烟酒	衣　着
福州市	**101.1**	**102.2**	**102.9**	**100.0**	**98.0**	**100.4**
市　区	101.4	102.3	102.9	100.4	99.3	101.3
福清市	100.4	101.6	101.5	99.7	97.5	102.7
闽侯县	102.0	102.8	103.8	101.1	100.4	99.4
连江县	101.0	101.9	102.5	100.2	99.2	100.9
罗源县	99.9	100.4	98.8	100.5	98.8	101.5
闽清县	100.8	102.1	103.1	99.4	97.4	100.8
永泰县	100.4	101.4	101.0	100.1	98.3	102.3
平潭县	100.2	101.0	101.6	99.4	97.9	100.8

县(市)	居　住	生活用品及服务	交通和通信	教育文化和娱乐	医疗保健	其他用品和服务
福州市	**102.2**	**99.8**	**101.0**	**104.3**	**104.8**	**106.5**
市　区	102.5	98.9	100.7	104.7	101.7	106.8
福清市	99.0	100.4	100.6	101.4	109.1	107.3
闽侯县	101.9	103.0	100.4	101.4	112.3	108.9
连江县	101.1	100.2	100.7	102.4	105.9	106.4
罗源县	92.8	99.9	101.8	103.4	109.4	107.5
闽清县	100.2	101.4	101.4	103.4	106.4	110.0
永泰县	100.3	101.7	101.0	102.9	99.3	108.0
平潭县	100.6	100.3	100.9	101.7	102.4	107.0

11－10　工业生产者出厂价格指数

(上年＝100)

项　　目	2005 年	2006 年	2007 年	2008 年	2009 年	2010 年
工业生产者出厂价格总指数	**100.45**	**98.65**	**100.12**	**100.73**	**97.00**	**103.09**
一、按轻重工业分						
轻工业	99.04	97.00	99.04	99.78	97.09	102.83
以农产品为原料	100.80	100.40	103.21	102.66	98.55	102.94
以非农产品为原料	98.25	95.41	97.37	98.67	96.20	102.73
重工业	103.27	101.84	102.57	102.87	96.85	103.67
采掘工业	99.34	105.54	113.95	125.47	108.25	105.16
原料工业	104.01	100.46	102.75	101.94	100.59	101.76
加工工业	102.64	103.03	102.24	103.52	92.64	105.71
二、按两大部类分						
生产资料	100.49	98.08	99.84	100.02	95.54	103.96
采掘工业	99.34	105.54	113.95	125.47	108.25	105.16
原料工业	103.81	100.65	102.81	101.41	99.89	104.39
加工工业	99.24	97.29	99.06	99.57	94.21	103.78
生活资料	100.41	100.71	101.24	103.62	101.01	101.40
食　品	100.65	100.84	101.90	104.10	100.75	102.61
衣　着	100.57	100.60	100.60	103.29	101.05	101.29
一般日用品	101.09	101.34	102.01	103.96	100.92	100.32
耐用消费品	98.54	98.65	98.42	101.12	101.59	100.11
三、按工业行业大、中类分						
非金属矿采选业	99.35	105.54	113.95	125.47	108.25	105.16
土砂石开采	98.85	105.63	114.45	126.36	108.86	103.91
采　盐	101.62	103.13	101.24	100.61	99.50	122.28
农副食品加工业	100.89	99.70	103.49	106.91	99.53	103.07
谷物磨制	97.21	100.56	107.84	105.13	100.59	101.13
饲料加工	100.90	97.98	106.22	111.73	98.69	103.01
植物油加工	82.13	104.40	124.64	127.90	75.86	106.21
屠宰及肉类加工	109.58	96.97	101.59	103.77	100.31	100.47
水产品加工	101.51	101.01	100.53	103.26	100.72	104.31

注:2012 年国家统计局开始使用国民经济行业分类新标准(GB/T 4754—2011)。

11－10 续表1 （上年＝100）

项 目	2011年	2012年	2013年	2014年	2015年	2016年	2017年
工业生产者出厂价格总指数	**103.23**	**98.89**	**98.94**	**98.53**	**96.70**	**98.41**	**104.07**
一、按轻重工业分							
轻工业	108.94	98.70	99.32	99.03	97.00	97.49	103.57
以农产品为原料	108.05	99.83	100.56	99.96	98.39	99.92	101.44
以非农产品为原料	110.53	96.73	97.13	97.37	94.53	93.64	107.01
重工业	99.45	99.04	98.69	98.19	96.51	99.05	104.41
采掘工业	100.66	99.39	99.12	99.71	103.33	111.81	100.07
原料工业	103.19	99.71	99.44	96.98	93.50	98.91	104.87
加工工业	98.47	98.85	98.49	98.50	97.26	99.08	104.27
二、按两大部类分							
生产资料	103.16	97.81	98.38	97.76	95.55	97.76	104.83
采掘工业	100.66	99.39	99.12	99.71	103.33	111.81	100.07
原料工业	110.89	96.96	98.29	95.60	90.55	94.94	107.22
加工工业	100.91	98.09	98.40	98.38	96.97	98.93	103.83
生活资料	103.44	101.72	100.40	100.54	99.74	100.54	101.60
食 品	108.82	106.12	101.32	99.29	100.09	101.56	101.47
衣 着	100.60	98.48	101.00	102.84	99.21	100.35	101.74
一般日用品	101.66	101.03	99.37	99.95	100.48	100.25	102.33
耐用消费品	102.31	101.31	98.96	98.95	99.22	98.88	100.55
三、按工业行业大、中类分							
非金属矿采选业	100.66	99.39	99.12	99.71	103.33	111.81	100.07
土砂石开采	100.66	99.39	99.12	99.71	103.33	111.81	100.07
采 盐							
农副食品加工业	107.47	106.78	101.48	98.81	99.35	101.18	100.28
谷物磨制	107.78	103.43	106.63	102.24	100.15	100.43	102.41
饲料加工	103.14	104.59	102.07	99.35	97.99	96.68	97.95
植物油加工	114.88	99.46	91.92	88.92	97.16	108.01	100.60
屠宰及肉类加工	102.64	103.15	99.64	100.45	100.07	100.35	99.71
水产品加工	108.43	111.36	102.13	99.01	100.31	102.32	101.55

11-10 续表2 （上年=100）

项　　目	2005年	2006年	2007年	2008年	2009年	2010年
蔬菜、水果和坚果加工	101.31	101.06	99.89	102.20	102.75	101.15
其他农副食品加工	99.05	99.80	107.78	109.08	102.56	101.75
食品制造业	100.14	99.55	103.60	108.65	100.77	102.69
焙烤食品制造	99.88	100.17	103.60	100.75	100.84	103.39
糖果、巧克力及蜜饯制造	100.00		111.11	112.27	100.00	104.70
方便食品制造	101.67	99.01	102.55	105.80	100.44	102.99
乳制品制造	99.95	100.12	100.00	112.27	102.50	100.00
罐头食品制造	100.00	100.07	100.10	102.35	100.00	100.53
调味品、发酵制品制造	100.17	99.79	102.88	113.14	100.20	100.00
其他食品制造	100.17	101.04	111.42	120.94	100.29	101.64
酒、饮料和精制茶制造业	100.33	101.13	101.38	101.65	100.03	101.76
酒的制造	101.17	100.79	103.05	101.56	100.00	101.45
软饮料制造	98.07	101.96	100.95	99.64	100.29	102.73
精制茶加工	104.47	99.25	100.94	106.50	99.67	100.77
纺织业	100.07	100.63	105.02	95.54	92.79	108.21
棉纺织及印染精加工	99.86	100.70	105.81	95.19	92.38	109.62
毛纺织和染整精加工	99.91	98.88	100.00	100.00		
纺织制成品制造	102.78	102.36	101.46	101.78	97.85	99.47
针织或钩针编织物及其制品制造	100.77	99.47	99.47	98.88	96.92	
纺织服装、服饰业	100.01	101.93	101.49	103.11	101.72	100.07
纺织服装制造	98.92	100.56	99.74	102.13	101.01	99.74
纺织面料鞋的制造	104.94	105.26	108.34	107.30	106.42	104.35
皮革、毛皮、羽毛及其制品和制鞋业	102.17	100.32	101.42	99.05	101.75	101.94
皮革鞣制加工	106.38	103.85	104.04	107.90	100.47	89.16
皮革制品制造	101.46	99.82	102.01	97.57	101.86	103.58
羽毛(绒)加工及制品制造	101.25	100.49	100.00	100.00	100.00	100.00
制鞋业						
木材加工及木、竹、藤、棕、草制品业	102.87	104.03	109.43	105.58	100.83	100.02
人造板制造	103.69	105.17	112.70	100.99	100.02	100.17
木制品制造	101.09	103.56	104.16	107.22	104.18	104.60
竹、藤、棕、草制品制造	100.58	100.47	114.01	119.99	100.00	99.44

11-10 续表3 （上年=100）

项目	2011年	2012年	2013年	2014年	2015年	2016年	2017年
蔬菜、水果和坚果加工	105.67	99.29	102.45	105.39	99.44	102.18	99.13
其他农副食品加工	104.36	99.03	110.65	101.43	99.36	99.80	100.58
食品制造业	113.21	103.76	102.21	101.24	101.00	100.08	99.84
焙烤食品制造	100.00	100.00	100.00	100.00	100.00	100.00	100.00
糖果、巧克力及蜜饯制造	157.49	100.00	100.00	100.00	100.00	100.00	100.76
方便食品制造	105.17	106.85	103.00	100.64	101.51	101.04	98.25
乳制品制造	111.60	100.23	101.37	101.82	97.86	93.81	97.64
罐头食品制造	116.34	103.23	93.00	103.03	107.04	102.17	105.68
调味品、发酵制品制造	100.00	100.00	100.00	100.00	100.00	96.71	95.69
其他食品制造	103.06	98.96	104.03	107.27	101.95	100.20	100.17
酒、饮料和精制茶制造业	100.56	99.96	99.60	100.32	99.96	101.80	99.80
酒的制造	104.33	101.04	100.00	100.00	100.00	95.89	89.47
软饮料制造	99.79	99.64	98.94	100.21	99.54	101.24	100.03
精制茶加工	100.66	100.24	101.05	100.76	100.98	103.49	101.36
纺织业	113.53	92.62	98.11	97.35	96.12	98.19	102.40
棉纺织及印染精加工	119.62	91.98	97.94	96.44	94.54	97.82	102.95
毛纺织和染整精加工							
纺织制成品制造	101.26						
针织或钩针编织物及其制品制造	98.79	90.34	98.46	99.04	98.88	98.95	101.10
纺织服装、服饰业	102.33	100.63	99.69	98.65	99.09	98.52	101.12
纺织服装制造	102.46	100.63	99.69	98.65	99.09	98.50	100.95
纺织面料鞋的制造	101.54						
皮革、毛皮、羽毛及其制品和制鞋业	100.93	100.53	102.42	105.23	99.34	101.36	102.02
皮革鞣制加工							
皮革制品制造	100.94	100.45	105.97	101.85	100.00	101.45	99.95
羽毛(绒)加工及制品制造	100.84	101.02	103.68	100.94	99.28	99.20	99.73
制鞋业		100.48	101.48	106.50	99.20	101.59	102.84
木材加工及木、竹、藤、棕、草制品业	99.25	101.96	99.97	100.04	100.91	101.12	100.44
人造板制造	100.04	100.30	100.60	99.90	99.98	99.99	101.33
木制品制造	102.14	106.30	101.09	102.31	99.73	101.39	99.51
竹、藤、棕、草制品制造	97.95	101.83	99.25	99.49	101.84	102.08	100.78

11－10　续表4　　　　（上年＝100）

项　　目	2005年	2006年	2007年	2008年	2009年	2010年
家具制造业	101.09	101.73	98.05	101.80	103.32	100.01
木质家具制造	103.62	100.04	97.37	99.68	98.82	99.99
金属家具制造	98.44	104.11	98.54	103.74	107.07	100.00
其他家具制造	101.57	100.00	100.00	100.00	101.53	
造纸及纸制品业	100.80	100.02	100.44	103.34	97.44	105.69
造　纸	100.72	100.86	101.66	106.80	91.65	115.01
纸制品制造	100.82	99.68	99.97	102.01	100.31	100.64
印刷和记录媒介复制业	101.73	100.25	100.60	110.02	96.10	101.28
印　刷	101.95	100.21	100.57	110.19	96.12	101.29
装订及其他印刷服务活动	99.95	100.00	103.93	95.79		
文教、工美、体育和娱乐用品制造业	101.08	99.93	100.10	101.21	99.95	100.07
文教办公用品制造	97.90	99.68	100.22	100.64	99.21	100.15
体育用品制造	102.30	100.00	100.00	101.37	100.07	99.99
乐器制造	100.00	100.00	100.00	104.53	100.91	102.79
玩具制造	99.97	100.34	100.18	99.50	99.96	100.13
化学原料和化学制品制造业	110.00	95.64	113.03	113.05	100.32	104.05
基础化学原料制造	110.21	95.30	114.79	114.85	87.66	115.02
肥料制造	114.26	97.47	110.30	136.97	101.07	101.40
涂料、油墨、颜料及类似产品制造	103.41	93.97	103.54	100.86	99.99	104.41
合成材料制造	83.74	97.08	108.74	105.86	94.36	99.99
专用化学产品制造	104.44	101.68	103.03	104.17	109.14	99.77
日用化学产品制造	101.37	106.93	101.70	101.61	108.40	100.29
医药制造业	100.01	101.32	99.95	100.72	101.86	104.45
化学药品制剂制造	101.53	101.31	99.94	100.62	100.62	100.17
中成药制造	102.46	101.70	100.08	101.01	100.79	103.02
兽用药品制造	83.70	97.49	100.00	100.79	101.22	100.79
化学纤维制造业	101.61	103.73	104.06	91.88	87.16	122.09
合成纤维制造	101.61	103.73	104.06	91.88	87.16	122.09
橡胶和塑料制品业	104.26	100.65	104.06	109.27	99.35	103.87
橡胶制品业	104.26	100.65	100.46	109.27	99.10	104.50

11－10 续表5 （上年＝100）

项　　目	2011年	2012年	2013年	2014年	2015年	2016年	2017年
家具制造业	103.57	104.24	103.02	100.94	99.08	100.83	100.44
木质家具制造	105.33	106.25	104.53	101.83	99.70	100.98	100.67
金属家具制造	100.51	100.82	99.95	99.83	99.95	100.12	100.11
其他家具制造	100.00	100.00	100.00	98.92	97.07	100.31	99.17
造纸及纸制品业	101.31	97.01	96.24	99.09	100.07	98.03	104.84
造　纸	102.34	93.70	93.00	98.03	98.98	99.54	100.01
纸制品制造	101.11	97.63	96.82	99.28	100.28	97.84	105.44
印刷和记录媒介复制业	100.97	99.38	99.43	99.72	99.91	99.06	106.17
印　刷	100.97	99.38	99.43	99.72	99.91	99.06	106.17
装订及其他印刷服务活动							
文教、工美、体育和娱乐用品制造业	103.66	100.68	100.51	100.59	100.74	97.96	100.19
文教办公用品制造	113.98	102.02	99.06	98.36	100.30	99.73	100.12
体育用品制造	96.40	99.31	98.78	99.54	100.21	100.85	100.09
乐器制造	105.66	101.63	107.23	100.00	103.21	100.62	100.00
玩具制造	98.56	98.61	100.38	98.93	99.14	106.44	98.37
化学原料和化学制品制造业	101.37	101.07	99.55	99.69	98.87	96.92	110.04
基础化学原料制造	94.33	101.68	98.92	100.06	99.46	100.49	122.16
肥料制造	100.00	100.00	100.00	100.00	100.00	98.81	101.24
涂料、油墨、颜料及类似产品制造	103.51	100.68	99.88	100.04	98.94	89.52	100.56
合成材料制造	99.86	95.74	97.69	98.68	88.89	102.24	110.70
专用化学产品制造	100.64	102.82	99.84	99.29	100.13	99.93	99.82
日用化学产品制造	102.19	102.72	98.62	97.39	100.47	99.96	98.05
医药制造业	102.55	100.92	99.96	99.81	100.99	101.53	100.07
化学药品制剂制造	93.30	96.08	98.27	100.24	100.74	101.87	100.41
中成药制造	107.29	104.15	101.36	102.31	106.81	100.57	100.04
兽用药品制造	100.99	110.58	100.00	104.27	100.00	99.94	99.82
化学纤维制造业	131.26	90.84	94.92	91.87	82.82	88.12	111.42
合成纤维制造	131.26	90.84	94.92	91.87	82.82	88.12	111.42
橡胶和塑料制品业	106.35	99.67	99.01	99.95	98.12	100.10	101.88
橡胶制品业	106.50	101.77	97.08	99.33	97.43	98.34	98.32

11－10 续表6 （上年＝100）

项　　目	2005年	2006年	2007年	2008年	2009年	2010年
塑料制品业	104.69	100.32	100.56	103.44	94.34	102.29
非金属矿物制品业	97.54	100.76	99.40	102.51	100.71	104.21
水泥、石灰和石膏的制造	88.55	101.59	100.00	90.83	100.00	122.26
石膏、水泥制品及类似制品制造	101.09	103.96	101.07	119.03	101.57	100.18
砖瓦、石材等建筑材料制造	99.43	100.54	100.26	101.88	100.48	101.43
玻璃制造	99.23	100.06	97.77	98.89	101.86	99.05
石墨及其他非金属矿物制品制造	100.00	100.00	100.00	100.00	100.00	100.00
黑色金属冶炼和压延加工业	101.39	92.17	109.28	125.20	82.26	109.86
炼　钢						
黑色金属铸造						
钢压延加工	98.25	91.76	109.55	134.19	81.49	107.47
铁合金冶炼	100.83	100.88	100.70	125.08	98.77	
有色金属冶炼和压延加工业	114.78	126.27	102.38	92.35	80.79	114.82
常用有色金属冶炼	114.55	148.72	123.10	64.88	81.46	
稀有稀土金属冶炼	176.92	77.51	93.97	146.90	66.80	88.80
有色金属合金制造	100.52	111.24	101.64	97.73	93.16	111.40
有色金属压延加工	104.59	126.23	102.33	92.35	82.91	118.52
金属制品业	100.06	98.40	99.74	104.98	99.44	100.18
结构性金属制品制造	102.76	98.40	99.35	102.63	99.92	99.39
金属工具制造	103.32	95.92	93.49	110.79	102.69	105.63
金属丝绳及其制品的制造	98.16	97.64	104.89	111.46	89.22	103.14
搪瓷制品制造	100.00	100.04	99.92	100.00	99.46	100.00
金属制日用品制造	100.00	100.30	100.00	100.00	99.98	100.91
通用设备制造业	103.98	97.12	98.90	111.56	93.31	104.93
锅炉及原动机制造	100.10	97.03	95.23	98.28	94.21	102.45
金属加工机械制造	100.08	100.00	101.45	105.49	100.87	99.74

11－10 续表7 （上年＝100）

项 目	2011年	2012年	2013年	2014年	2015年	2016年	2017年
塑料制品业	103.47	99.62	99.05	99.97	98.13	100.16	102.00
非金属矿物制品业	105.78	97.22	98.61	99.68	98.08	99.02	101.74
水泥、石灰和石膏的制造	113.60	84.12	98.99	101.93	82.73	88.54	106.62
石膏、水泥制品及类似制品制造	113.55	92.23	91.98	98.97	100.51	98.50	102.74
砖瓦、石材等建筑材料制造	104.72	100.37	100.01	99.61	100.38	101.27	100.76
玻璃制造	98.98	96.99	97.61	99.78	100.00	100.00	100.95
石墨及其他非金属矿物制品制造	131.10	101.63	101.26	100.00	100.00	100.00	100.00
黑色金属冶炼和压延加工业	109.84	89.06	92.94	92.06	83.57	101.11	126.31
炼 钢	114.75	85.52	97.80	87.84	75.15	104.45	129.16
黑色金属铸造		105.76	99.57	96.57	98.36	95.87	101.32
钢压延加工	107.85	89.81	90.70	93.57	86.30	99.97	125.92
铁合金冶炼						88.78	117.45
有色金属冶炼和压延加工业	111.43	94.71	94.73	95.12	95.29	96.71	103.24
常用有色金属冶炼							
稀有稀土金属冶炼							
有色金属合金制造						91.02	100.27
有色金属压延加工	111.43	94.71	94.73	95.12	95.29	96.88	103.33
金属制品业	97.44	98.36	97.78	100.34	97.38	96.55	101.18
结构性金属制品制造	99.75	99.70	100.10	99.72	99.72	100.48	101.28
金属工具制造	110.87	102.18	81.02	94.67	100.00	100.00	107.97
金属丝绳及其制品的制造	112.33	93.81	91.11	97.69	99.92		
搪瓷制品制造	100.00	100.00	100.00	100.00	100.00		
金属制日用品制造	100.06	100.24	99.98	99.85	100.00	100.00	100.00
通用设备制造业	106.24	100.86	100.29	99.99	100.04	98.40	99.32
锅炉及原动机制造	102.24	97.57	100.10	101.42	100.97	100.54	101.09
金属加工机械制造							

11－10　续表8　　　　（上年＝100）

项　　目	2005年	2006年	2007年	2008年	2009年	2010年
泵、阀门、压缩机及类似机械的制造	101.68	109.91	107.62	107.29	88.54	103.25
轴承、齿轮和传动部件制造	104.90	95.32	98.30	119.00	92.30	105.62
烘炉、风机、衡器、包装等设备制造	100.03	100.55	98.63	105.17	99.55	100.42
金属铸、锻加工	105.92	92.43	101.02	120.07	95.10	109.25
专用设备制造业	100.70	98.73	97.45	95.27	99.27	99.76
采矿、冶金、建筑专用设备制造	96.25	95.01	90.07	103.61	97.68	100.03
化工、木材、非金属加工专用设备制造	103.90	98.39	98.40	96.82	98.47	100.92
食品、饮料、烟草及饲料生产专用设备制造	101.04	100.05	100.11	100.00		
农、林、牧、渔专用机械制造	102.84	99.11	100.00	109.26	100.00	
医疗仪器设备及器械制造	99.02	100.17	101.88	102.04	99.95	100.00
环保、社会公共服务及其他专用设备制造	72.26	100.00	94.33	84.36	101.27	98.98
汽车制造业	100.85	100.34	99.04	98.69	98.52	99.89
汽车整车制造	98.61	100.24	98.96	98.80	98.47	99.66
汽车零部件及配件制造						
铁路、船舶、航空航天和其他运输设备制造业						
船舶及相关装置制造	105.55	102.09	99.53	97.40	98.93	100.89
电气机械和器材制造业	106.66	116.95	106.43	95.66	95.78	104.61
电机制造	97.12	105.87	106.95	106.45	98.39	93.76
输配电及控制设备制造	107.00	107.21	104.38	95.07	96.73	98.25
电线、电缆、光缆及电工器材制造	118.13	134.56	109.13	94.93	77.57	132.75
电池制造	108.24	126.45	107.59	87.01	95.21	102.06
照明器具制造	99.83	100.37	97.76	106.10	106.56	98.15
计算机、通信和其他电子设备制造业	93.62	89.83	95.41	97.09	94.79	98.04
计算机制造	93.82	89.25	96.05	96.59	94.08	97.70
通信设备制造	99.41	98.65	98.22	97.63	97.30	94.93
广播电视设备制造						
视听设备制造	96.99	90.03	95.56	101.50	102.79	101.32
电子器件制造	89.58	90.24	91.21	99.79	97.19	98.16
电子元件制造	100.00	100.33	100.87	101.95	98.51	100.44

11－10 续表9 （上年＝100）

项 目	2011年	2012年	2013年	2014年	2015年	2016年	2017年
泵、阀门、压缩机及类似机械的制造	103.06	102.44	99.51	99.93	100.15	100.19	102.55
轴承、齿轮和传动部件制造	112.23	104.23	101.09	100.02	100.00	100.30	100.59
烘炉、风机、衡器、包装等设备制造	100.73	99.90	101.45	99.38	99.72	101.54	101.28
金属铸、锻加工	109.60						
专用设备制造业	101.16	102.38	101.43	100.52	99.64	99.60	100.08
采矿、冶金、建筑专用设备制造	103.88	101.52	100.08	99.75	99.28	99.26	100.28
化工、木材、非金属加工专用设备制造	96.17	97.18	100.09	100.00	100.00	100.00	100.00
食品、饮料、烟草及饲料生产专用设备制造							
农、林、牧、渔专用机械制造							
医疗仪器设备及器械制造	99.76	97.18	100.00	100.00	100.00	98.67	98.83
环保、社会公共服务及其他专用设备制造	99.81	104.02	102.84	101.27	99.91		
汽车制造业	98.83	99.05	98.67	98.63	99.41	98.40	99.73
汽车整车制造	98.58	99.91	96.86	97.49	98.99	98.36	98.95
汽车零部件及配件制造		98.31	100.16	99.54	99.76	98.44	100.31
铁路、船舶、航空航天和其他运输设备制造业		104.76	100.68	100.00	99.92	100.51	100.07
船舶及相关装置制造	99.61	104.76	100.68	100.00	99.92	100.51	100.07
电气机械和器材制造业	105.91	99.14	97.39	98.98	97.95	98.86	101.51
电机制造	103.17	100.65	102.81	102.35	103.30	101.79	98.96
输配电及控制设备制造	99.32	98.00	100.75	99.50	99.38	99.28	99.31
电线、电缆、光缆及电工器材制造	119.92	99.40	97.67	93.92	90.09	89.11	112.07
电池制造	100.58	96.30	82.28	96.66	94.66	99.28	97.41
照明器具制造	101.97	100.71	100.33	101.02	100.62	101.82	103.06
计算机、通信和其他电子设备制造业	89.62	101.05	99.79	99.09	99.00	99.61	100.12
计算机制造	87.69	101.17	99.76	99.10	98.09	98.04	102.69
通信设备制造	100.02	99.86	100.29	99.83	99.86	100.63	100.52
广播电视设备制造	98.56	96.69	88.48	94.65	86.41	103.68	101.33
视听设备制造	144.89	103.33	101.61	100.00	100.00	97.13	114.57
电子器件制造	97.79	100.54	100.52	98.93	107.62	101.25	96.19
电子元件制造	98.35	99.76	98.83	98.58	99.31	100.74	99.59

11－10　续表 10　　（上年＝100）

项　　目	2005 年	2006 年	2007 年	2008 年	2009 年	2010 年
仪器仪表制造业	98.20	100.93	103.13	103.20	97.36	100.39
通用仪器仪表制造	101.03		101.42	112.75	99.61	100.61
专用仪器仪表制造	90.99	100.17	100.00	100.00	100.00	100.00
钟表与计时仪器制造	100.44	100.97	103.30	103.40	96.83	100.68
光学仪器及眼镜制造	97.70	101.54	106.62	98.00	99.52	99.26
电力、热力生产和供应业	101.91	100.52	100.94	100.43	102.29	100.39
电力生产	101.08	100.86	102.36	100.00	105.24	98.45
电力供应	103.18	100.35	100.25	100.64	100.76	101.48
燃气生产和供应业	110.28	113.49	112.83	105.57	85.33	142.47
水的生产和供应业	102.19	103.77	101.18	101.50	116.77	101.16
自来水的生产和供应	102.19	103.77	101.18	101.50	116.77	101.16
四、按工业部门分						
冶金工业	104.66	108.82	106.08	113.20	85.72	109.91
电力工业	101.91	100.52	100.94	100.43	102.29	100.39
煤炭及炼焦工业	100.00	112.62	117.68	99.82	94.02	136.83
石油工业	123.80	114.62	106.26	113.33	71.21	159.04
化学工业	105.07	100.01	103.05	104.44	95.60	107.49
机械工业	97.68	95.69	97.19	97.66	95.46	100.58
建筑材料工业	97.55	101.07	100.53	104.77	101.20	104.27
森林工业	102.96	102.95	106.20	104.03	100.26	100.03
食品工业	100.59	99.78	103.28	106.56	99.82	102.73
纺织工业	99.96	100.77	105.58	95.41	92.61	108.22
缝纫工业	100.04	101.59	101.06	102.67	101.47	100.07
皮革工业	102.39	102.75	102.06	98.31	101.66	102.01
造纸工业	100.80	100.03	100.44	103.34	97.44	105.69
文教艺术用品工业	101.59	100.18	100.43	107.20	98.42	100.52
其它工业	100.95	102.07	102.33	102.75	102.28	101.59

11－10　续表11　（上年＝100）

项　　目	2011年	2012年	2013年	2014年	2015年	2016年	2017年
仪器仪表制造业	100.15	99.58	100.00	100.60	99.71	100.63	101.03
通用仪器仪表制造	100.76	98.99	100.59	99.19	95.32	99.84	104.45
专用仪器仪表制造							
钟表与计时仪器制造	99.43	99.83	99.95	101.10	100.68	99.84	99.22
光学仪器及眼镜制造	97.44	98.65	99.17	99.44	100.85	104.99	102.24
电力、热力生产和供应业	99.67	103.64	100.24	99.45	98.08	98.02	98.87
电力生产	99.04	106.24	100.01	98.21	96.96	96.50	101.37
电力供应	99.95	102.50	100.35	100.00	98.57	98.58	97.95
燃气生产和供应业	147.48	107.49	97.62	98.84	85.00	92.67	93.22
水的生产和供应业	106.58	101.85	99.77	100.51	101.58	105.48	116.78
自来水的生产和供应	106.58	101.85	99.77	100.51	101.58	105.48	116.78
四、按工业部门分							
冶金工业	109.00	90.63	93.62	93.32	86.74	99.75	119.74
电力工业	99.67	103.64	100.24	99.45	98.08	98.02	98.87
煤炭及炼焦工业	107.90	89.11	87.80	83.28	79.72	102.09	120.77
石油工业	148.81	107.70	97.54	98.82	84.55	91.92	95.95
化学工业	113.11	96.18	97.82	97.04	93.25	93.40	107.49
机械工业	94.92	100.73	99.36	99.09	98.98	99.24	100.34
建筑材料工业	105.10	97.20	98.57	99.67	98.21	99.06	101.83
森林工业	103.17	104.75	102.93	101.21	100.13	101.01	100.62
食品工业	107.85	105.97	101.49	99.26	99.62	100.50	100.07
纺织工业	117.35	93.21	98.03	96.91	95.40	97.91	102.85
缝纫工业	100.81	96.23	99.51	99.51	99.38	99.06	101.10
皮革工业	100.94	101.05	104.61	109.96	98.91	102.92	102.49
造纸工业	101.31	97.01	96.24	99.09	100.07	98.03	104.84
文教艺术用品工业	101.58	99.74	99.81	99.68	99.98	99.89	102.42
其它工业	100.28	100.52	99.84	100.41	99.80	99.61	102.99

11－11 住宅销售价格指数

（上年＝100）

年份	新建住宅销售价格指数	#新建商品住宅	二手住宅销售价格指数
2005	105.2		103.3
2006	108.3		105.2
2007	108.1		104.0
2008	104.4		103.8
2009	99.5		100.9
2010	106.3		100.0
2011	103.7	103.8	99.2
2012	100.0	100.0	95.2
2013	109.4	109.5	106.2
2014	103.9	104.0	103.0
2015	95.4	95.4	97.3
2016	116.7	116.9	110.1
2017	111.1	111.2	113.1

主要统计指标解释

居民消费价格指数 是度量一组代表性消费商品及服务项目价格水平随着时间而变动的相对数,是反映居民家庭购买并用于消费的商品及服务项目价格水平变动趋势和变动幅度的统计指标。它是分析和制定货币政策、价格政策、居民消费政策、工资政策以及进行国民经济核算的重要依据,其按年度计算的变动率通常被用来作为反映通货膨胀(紧缩)程度的指标。

工业生产者出厂价格指数 反映一定时期内全部工业产品出厂价格总水平的变动趋势和程度的相对数,包括工业企业售给本企业以外所有单位的各种产品和直接售给居民用于生活消费的产品。该指数可以观察出厂价格变动对工业总产值及增加值的影响。

住宅销售价格指数 综合反映住宅商品价格水平总体变化趋势和变化幅度的相对数。全国住宅销售价格指数由70个大中城市的新建住宅销售价格指数和二手住宅销售价格指数组成。新建住宅含保障性住房;新建商品住宅不含保障性住房。

12 财政金融

12－1　主要年份财政收入及支出总额

单位:万元

年份	一般公共预算收入		一般公共预算支出	
	全市	市区	全市	市区
1952	2911	1900	1501	
1957	5654	3957	2823	
1962	9553	6071	2997	
1965	10039	6991	4233	
1970	13052	10544	6832	
1975	16454	13465	8834	
1978	24042	19395	12848	
1979	22754	18179	15139	
1980	26401	21191	14464	
1981	27007	21660	15996	
1982	27902	21258	19163	
1983	30441	21916	20214	
1984	33027	25211	23504	
1985	51403	42215	39153	
1986	59296	47000	47064	
1987	68027	52651	52766	
1988	83294	62608	67545	38900
1989	100509	73624	78579	46590
1990	109448	77937	82816	46874
1991	119982	83846	95044	53929
1992	140189	98883	116521	67717
1993	213876	154241	166165	100726
1994	209931	148598	218231	136688
1995	258210	177692	274524	173813
1996	301576	205303	351845	229028
1997	350492	240490	356722	232799
1998	425350	299683	422864	266142
1999	500927	342630	485320	298161
2000	553534	379777	540439	339490
2001	685594	486041	633398	398452
2002	704395	473016	684145	416347
2003	836582	553535	822748	486663
2004	1071070	734463	951458	563094
2005	1276777	871658	1189934	712767
2006	1525163	1036616	1423025	834788
2007	1465641	1020567	1430922	839360
2008	1688559	1132545	1781952	993916
2009	1952612	1264771	2050925	1067934
2010	2478206	1612563	2624208	1261659
2011	3200356	2023382	3633008	1664033
2012	3820151	2301127	4107344	1769500
2013	4539690	2689062	5338424	2525064
2014	5108707	2992262	5748081	2468387
2015	5604635	3378849	7259345	3260059
2016	5989113	3572049	8299274	3806942
2017	6341633	4080478	9388572	5039172

12－2 财政收入主要指标

单位:万元

项目	2010年	2011年	2012年	2013年	2014年	2015年	2016年	2017年
一般公共预算收入	**2478206**	**3200356**	**3820151**	**4539690**	**5108707**	**5604635**	**5989113**	**6341633**
增值税	251099	291191	347978	463077	570635	584399	1105992	1525483
营业税	736861	895716	1102551	1259860	1189725	1247305	565742	5044
企业所得税	313955	404238	507810	589336	740013	821341	905241	898991
个人所得税	154288	190076	191075	231932	260233	299815	353531	441560
资源税	2792	2496	2473	2300	8180	3213	2682	8882
城市维护建设税	94267	153560	183040	207478	218760	248228	271715	245486
房产税	81276	97719	97558	149351	150617	156979	182295	209708
印花税	45120	58747	59901	75513	78077	80880	89637	101420
城镇土地使用税	53605	55958	45605	83698	67844	65691	75329	97515
土地增值税	186659	323493	386526	549507	622072	508975	632291	933349
车船税	13766	16544	25129	30730	35171	39791	43215	46441
耕地占用税	24159	46949	59925	46409	70210	45159	25790	31638
契　税	194050	238768	138792	232269	262428	308341	255090	292524
其他税收收入								14
专项收入	46526	74418	85920	98573	100945	288954	464530	503726
行政事业性收费收入	102509	127125	151573	190788	212801	142317	154695	96079
罚没收入	47170	57369	72141	67609	85194	72130	125816	134351
国有资本经营收入	55549	69730	131625	71573	124402	278060	228250	190860
国有(资源)资产有偿使用收入	69791	82562	204899	167233	264992	366196	396953	452383
捐赠收入							4381	5702
政府住房基金收入							39970	24118
其他收入	4764	13697	25630	22454	46408	46861	65968	96359
政府性基金收入	**4195406**	**5314329**	**3113915**	**5095310**	**5252341**	**4020743**	**6151368**	**6740074**

12－3 财政支出主要指标

单位:万元

项目	2010年	2011年	2012年	2013年	2014年	2015年	2016年	2017年
一般公共预算支出	**2624208**	**3633008**	**4107344**	**5338424**	**5748081**	**7259345**	**8299274**	**9388572**
一般公共服务支出	304557	374367	453581	517438	463311	484233	575353	684847
外交支出						3500		
国防支出	6673	9416	13412	19647	12050	16385	17373	10901
公共安全支出	193636	252845	275611	324067	327400	382917	471047	511113
教育支出	559878	713825	957850	1081133	1206466	1351744	1530806	1557755
科学技术支出	41759	49275	64780	86258	93278	100554	112461	196765
文化体育与传媒支出	39185	59263	76458	100835	122186	146966	173803	187333
社会保障和就业支出	262489	362696	384223	439851	509560	651435	717424	796883
医疗卫生与计划生育支出	181654	276710	310077	379715	530736	580040	620287	755334
节能环保支出	42909	62266	65834	74732	133331	123638	197500	257897
城乡社区支出	245784	362925	458111	920065	807993	1328111	1860149	2102376
农林水支出	147086	291350	298982	379070	361467	602675	621048	914002
交通运输支出	65554	279739	216383	185829	302428	360100	233497	279713
资源勘探信息等支出	69998	97377	121486	229206	177695	192130	238274	294509
商业服务业等支出	66295	89169	87113	100611	111129	110367	120723	150631
金融支出	60	2542	719	3806	7080	12460	32594	78725
援助其他地区支出				2368	5421	4827	9641	16412
国土海洋气象等支出	26861	33870	30263	46971	137185	76055	91264	90839
住房保障支出	51628	92261	77993	104905	231316	156744	186989	131474
粮油物资储备支出	13291	13847	16533	24250	26093	36994	33252	26697
其他支出	297362	204426	177484	255947	147365	475942	339260	225738
债务付息支出				61720	34591	60395	115319	116738
债务发行费用支出						1133	1210	1890
政府性基金支出	**3183141**	**5579487**	**3476974**	**5149274**	**4949219**	**4546590**	**5010573**	**6924753**

12－4 按县(市)区分财政收入主要指标

(2017 年)

单位:万元

项目	福州市	市区	市本级	鼓楼区	台江区	仓山区	晋安区	马尾区	长乐区
一般公共预算总收入	**10057262**	**6440869**	**3656688**	**662871**	**228658**	**471125**	**420015**	**351192**	**650320**
一般公共预算收入	6341633	4080478	2257894	413965	138636	324859	281456	239417	424251
税收收入	4838055	3161526	1802407	291102	127438	273966	202623	178566	285424
增值税	1525483	913731	461041	89813	45549	73116	64933	56170	123109
营业税	5044	3511	2407	768	29	161	94	5	47
企业所得税	898991	611232	308909	105550	29629	48660	49021	35198	34265
个人所得税	441560	282292	246293					1678	34321
资源税	8882	374		251	6		17	64	36
城市维护建设税	245486	168887	95365	14181	6718	12305	14900	10002	15416
房产税	209708	149567	22229	36538	20788	21496	18857	12053	17606
印花税	101420	72709	18125	14831	5122	6906	8773	11738	7214
城镇土地使用税	97515	60410	9164	6720	3209	12458	12491	8384	7984
土地增值税	933349	678648	434080	22450	16388	98864	33537	43238	30091
车船税	46441	34879	32447					32	2400
耕地占用税	31638	5170	2519						2651
契税	292524	180102	169814					4	10284
其他税收收入	14	14	14						
非税收入	1503578	918952	455487	122863	11198	50893	78833	60851	138827
专项收入	503726	350659	245755	5396	2498	4860	8659	28297	55194
行政事业性收费收入	96079	61401	50802	1048	－505	1821	1606	1521	5108
罚没收入	134351	91194	72340	763	318	982	1421	7370	8000
国有资本经营收入	190860	165926	25000	80026	30	298	500	10	60062
国有资源(资产)有偿使用收入	452383	151014	39825	34704	7928	30710	5446	22784	9617
捐赠收入	5702	9					7	2	
政府住房基金收入	24118	20858	19847					426	585
其他收入	96359	77891	1918	926	929	12222	61194	441	261
上划中央收入	3715629	2360391	1398794	248906	90022	146266	138559	111775	226069
政府性基金收入	**6740074**	**4710999**	**3961273**					**423656**	**326070**

注:马尾区统计口径包含琅岐经济区及保税区,上划中央消费税包含成品油消费税。

12－4　续表　　　　　　　　（2017年）　　　　　　　　单位：万元

项　　目	福清市	闽侯县	连江县	罗源县	闽清县	永泰县	平潭县
一般公共预算总收入	**1003126**	**1121394**	**461311**	**207912**	**172622**	**138943**	**511085**
一般公共预算收入	623074	710941	315343	127210	96860	91019	296708
税收收入	469898	504596	229967	100055	83599	66255	222159
增值税	166999	183726	75045	56821	44314	25382	59465
营业税	384	822	19	176	85	－35	82
企业所得税	86927	88809	37251	11823	11929	12110	38910
个人所得税	54602	15801	8718	3938	8978	2929	64302
资源税	4141	302	2217	252	1365	195	36
城市维护建设税	25507	23938	5499	5791	4532	2452	8880
房产税	21851	20038	6977	5237	1888	1361	2789
印花税	9335	6695	4201	2154	992	883	4451
城镇土地使用税	10701	8144	10285	1131	1399	355	5090
土地增值税	54580	115508	48131	3778	3182	10891	18631
车船税	5555	1790	950	426	683	360	1798
耕地占用税	8768	4253	3105	1543	2329	6470	
契税	20548	34770	27569	6985	1923	2902	17725
其他税收收入							
非税收入	153176	206345	85376	27155	13261	24764	74549
专项收入	41041	47719	24989	12308	4882	5908	16220
行政事业性收费收入	6843	3561	5293	3641	1593	1754	11993
罚没收入	12049	6009	5144	2542	1997	1872	13544
国有资本经营收入	16737	2815	401	1077		3904	
国有资源（资产）有偿使用收入	64726	145983	47269	4902	3469	5426	29594
捐赠收入	2200	100		108	1061	2224	
政府住房基金收入	1247	158	70	1411	99	39	236
其他收入	8333		2210	1166	160	3637	2962
上划中央收入	380052	410453	145968	80702	75762	47924	214377
政府性基金收入	**661320**	**515088**	**355025**	**67964**	**45703**	**106262**	**277713**

12－5 按县(市)区分财政支出主要指标

(2017年)

单位:万元

项　　　目	福州市	市　区							
			市本级	鼓楼区	台江区	仓山区	晋安区	马尾区	长乐区
一般公共预算支出	**9388572**	**5039172**	**2657879**	**392872**	**189943**	**368621**	**343262**	**427875**	**658720**
一般公共服务支出	684847	359236	141344	42520	26486	35496	29122	41348	42920
外交支出									
国防支出	10901	5821	2052	600	426	736	442	450	1115
公共安全支出	511113	326422	231824	6170	8425	10808	10514	25971	32710
教育支出	1557755	827496	337669	100990	47843	88092	59076	72496	121330
科学技术支出	196765	102938	43319	10975	3673	23820	3302	11528	6321
文化体育与传媒支出	187333	140020	82258	7175	3067	5570	4457	21404	16089
社会保障和就业支出	796883	414876	219706	45723	21284	34148	20984	18267	54764
医疗卫生与计划生育支出	755334	350204	117688	28075	18604	37869	52801	23065	72102
节能环保支出	257897	141165	90897	4628	2666	3814	12700	3249	23211
城乡社区支出	2102376	1165036	692515	105568	29845	92153	88337	60061	96557
农林水支出	914002	411689	297549	7026	24	6974	13550	26871	59695
交通运输支出	279713	171884	147861	118	13	46	10151	4326	9369
资源勘探信息等支出	294509	145127	42628	14745	1259	9802	11638	32166	32889
商业服务业等支出	150631	113590	24964	10314	2565	3240	5089	20451	46967
金融支出	78725	77827	71816	5500	31			400	80
援助其他地区支出	16412	11905	7398					4263	244
国土海洋气象等支出	90839	31510	14321	398	3	216	1085	7794	7693
住房保障支出	131474	69238	49512	311	756	6881	8263	224	3291
粮油物资储备支出	26697	15726	12495					1471	1760
其他支出(类)	225738	121979	4336	1271	22728	8030	11263	47902	26449
债务付息支出	116738	34252	24829	714	245	848	456	4093	3067
债务发行费用支出	1890	1231	898	51		78	32	75	97
政府性基金支出	**6924753**	**5015198**	**3981270**	**140607**	**2839**	**70198**	**28365**	**471117**	**320802**

注:马尾区统计口径包含琅岐经济区及保税区。

12－5 续表 (2017年) 单位:万元

项目	福清市	闽侯县	连江县	罗源县	闽清县	永泰县	平潭县
一般公共预算支出	**880935**	**945671**	**653191**	**317661**	**351524**	**314271**	**886147**
一般公共服务支出	84791	60969	50110	27414	21271	24690	56366
外交支出							
国防支出	1208	1123	844	354	602	288	661
公共安全支出	46602	33210	28475	13286	12079	10606	40433
教育支出	207434	126257	150805	39608	55504	56096	94555
科学技术支出	13631	20535	4258	837	889	8864	44813
文化体育与传媒支出	10397	9709	7890	3385	2795	3339	9798
社会保障和就业支出	77379	73092	45444	32771	64269	39955	49097
医疗卫生与计划生育支出	112711	73036	64832	31042	29383	34718	59408
节能环保支出	7903	12539	24212	10940	9699	4914	46525
城乡社区支出	92364	409964	88946	29361	38662	35412	242631
农林水支出	80005	65044	101286	72353	58197	60494	64934
交通运输支出	16787	7285	28326	12760	23321	3396	15954
资源勘探信息等支出	28184	11637	15983	28988	2140	852	61598
商业服务业等支出	7364	5327	3587	1814	4564	3304	11081
金融支出				110	141		647
援助其他地区支出	254		4253				
国土海洋气象等支出	11750	5241	13193	5876	5068	9156	9045
住房保障支出	13295	9020	9000	3325	1147	9574	16875
粮油物资储备支出	2461	1551	1911	928	855	759	2506
其他支出(类)	49268	16415	3850	823	18368	4721	10314
债务付息支出	16996	3643	5871	1654	2458	3063	48801
债务发行费用支出	151	74	115	32	112	70	105
政府性基金支出	**705803**	**480947**	**321537**	**59236**	**53127**	**93334**	**195571**

12－6　主要年份金融机构存贷款与现金收支

（1978－2017年）

单位:万元

年　份	存款余额	#居民储蓄	贷款余额	现金收入	现金支出	现金投放(＋)回笼(－)
1978	77601	18146	91467			
1979	87455	21716	110420			
1980	151201	29903	138097			
1981	192536	41758	162162			
1982	235293	54044	187095			
1983	265148	70007	204568			
1984	440563	92956	291742	144450	137737	－6713
1985	289820	123555	302934	383319	375659	－7660
1986	378241	166508	366741	462191	456342	－5849
1987	452925	215917	418577	646827	633915	－12912
1988	484704	235407	469953	978225	971666	－6559
1989	618937	350188	559900	1247421	1159087	－88334
1990	854105	518540	677153	1465438	1334921	－130517
1991	1133491	688703	788927	1800124	1684068	－116056
1992	1568301	906030	995055	2605957	2493969	－111988
1993	1817095	1055894	1346071	4282713	4232547	－50166
1994	2566545	1593746	1562959	6604709	6357429	－247280
1995	3971395	2319383	2360780	9698914	9474265	－224649
1996	5184852	3195935	2956459	14524717	14421509	－103208
1997	6078105	3783654	3777974	26480153	26556120	75967
1998	6875763	4355716	4196271	32797002	33003793	206791
1999	9906340	5030220	7970215	37992443	38200333	207890
2000	10338457	4844713	8830450	48839192	48872901	33709
2001	12510171	5590916	11571483	65356687	65345969	－10718
2002	13905993	7106162	11577911	52134542	52131880	－2662
2003	16964051	8762245	13672072	56542003	56509394	－32609
2004	20188730	9962729	15559772	67938302	67730873	－207428
2005	23757542	11550362	17727789	64996351	64815137	－181213
2006	28962492	13113823	21795935	70321239	70074039	－247199
2007	32901090	13753667	26404521	76664702	76248330	－416372
2008	38587590	17098954	30782212	63226947	62801264	－425683
2009	47405776	20475958	40543634	59722733	59318140	－404594
2010	59094203	23269619	49539105	62866429	62558717	－307712
2011	67069357	25422699	58354307			－406530
2012	76357112	29299210	66445336			－233064
2013	87202642	32123554	77387392			61399
2014	94132422	33910117	92877646			－18621
2015	108314943	35200244	105837116			132162
2016	120243795	38699364	120637956			321895
2017	130558969	40639581	132527287			130218

注:1.本表为中资金融机构的人民币数据,下同。2.2011年起取消现金收支情况表。

12－7　金融机构信贷资金来源与资金运用

单位:万元

项　　目	2015 年	2016 年	2017 年
资金来源总计	**126255365**	**140187965**	**149680481**
一、各项存款	108314943	120243795	130558969
境内存款	107099650	118924430	129136796
住户存款	36832649	40850393	43828108
非金融企业存款	40310099	45673794	46839972
广义政府存款	20876460	23700509	27226921
非银行业金融机构存款	9080442	8699735	11241795
境外存款	1215293	1319365	1422174
二、金融债券	540738	440549	461155
三、卖出回购资产	80000	49130	20000
四、借款及非银行业金融机构拆入	5749		2004
五、联行往来(净)	10645818	7718880	8581113
六、应付及暂收款	2471486	2287838	2260829
七、各项准备	2675884	3123257	3527434
八、所有者权益	1945779	2424481	3512659
#实收资本	1389807	1474541	1931888
九、其　他	－425032	3900037	756318

注:本表机构包括中国人民银行、银行业存款类金融机构、银行业非存款类金融机构。

12－7 续表 单位:万元

项目	2015年	2016年	2017年
资金运用总计	**126255365**	**140187965**	**149680481**
一、各项贷款	105837116	120637956	132527287
境内贷款	105698304	120464413	132188626
住户贷款	37772883	43962293	49402117
非金融企业及机关团体贷款	67823498	76499635	82780497
非银行业金融机构贷款	101923	2485	6012
境外贷款	138811	173543	338661
二、债券投资	7503645	6775036	5737314
三、股权及其他投资	9700377	10317986	8690179
四、买入返售资产	826117	163594	134496
五、存放非银行业金融机构款项	50330	1790	1141
六、联行往来(净)			
七、金银占款			
八、外汇买卖	62496		
九、应收及预付款	1196036	1133458	1420595
十、投资性房地产			1240
十一、固定资产	1079249	1158144	1168230

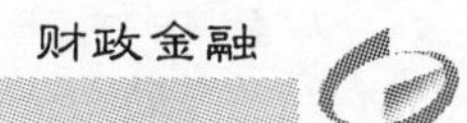

12－8　按县(市)区分金融机构信贷资金主要指标

(2017年)　　单位:万元

项　　目	福州市	市　区	福清市	闽侯县	连江县
金融机构各项存款余额	**130558969**	**102921162**	**10410039**	**5013204**	**3907033**
境内存款	129136796	101889531	10197136	4981606	3789996
住户存款	43828108	28239160	6744891	2630240	2402136
非金融企业存款	46839972	40748169	2029970	806508	549427
广义政府存款	27226921	21815118	1277655	1544846	838431
非银行业金融机构存款	11241795	11087084	144620	13	2
境外存款	1422174	1031630	212903	31597	117037
金融机构各项贷款余额	**132527287**	**110608488**	**8286699**	**3163364**	**3814315**
境内贷款	132188626	110301232	8266813	3161873	3809237
住户贷款	49402117	34751298	4399913	2269200	2792721
非金融企业及机关团体贷款	82780497	75543923	3866900	892673	1016516
非银行业金融机构贷款	6012	6012			
境外贷款	338661	307256	19887	1490	5079

注:2017年起市区含长乐。

12－8　续表　　（2017 年）　　单位：万元

项　　目	罗源县	闽清县	永泰县	平潭县
金融机构各项存款余额	**1190909**	**1429264**	**1439815**	**4247545**
境内存款	1188655	1424157	1438292	4227421
住户存款	654065	993825	810805	1352985
非金融企业存款	218564	164869	190728	2131737
广义政府存款	316026	265463	436760	732623
非银行业金融机构存款				10076
境外存款	2253	5107	1522	20124
金融机构各项贷款余额	**1597668**	**767371**	**1019278**	**3270104**
境内贷款	1597455	766463	1019247	3266306
住户贷款	1275233	652446	860887	2400420
非金融企业及机关团体贷款	322222	114017	158360	865886
非银行业金融机构贷款				
境外贷款	212	908	32	3798

主要统计指标解释

一般公共预算收入 属于地方财政的收入包括营业税，地方企业所得税，个人所得税，城镇土地使用税，固定资产投资方向调节税，城镇维护建设税，房产税，车船使用税，印花税，屠宰税，牧业税，耕地占用税，契税，增值税 25% 部分，证券交易税（印花税）50% 部分和除海洋石油资源税以外的其他资源税。

一般公共预算支出 包括地方行政管理和各项事业费，地方统筹的基本建设、技术改造支出，支援农村生产支出，城市维护和建设经费，价格补贴支出等。

存款 指机构和个人在保留资金或货币所有权条件下，以不可流通的存款凭证为依据，暂时让渡或接受资金使用权所形成的债权或债务。

贷款 指机构或个人在保留资金或或货币所有权的条件，以不可流通的贷款凭证或类似凭证为依据，暂时让渡或接受资金使用权所形成的债权或债务。

13 人民生活

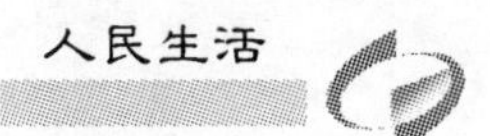

13－1 人民生活基本情况

项　　目	单位	2005年	2010年	2011年	2012年	2013年	2014年	2015年	2016年	2017年
就　业										
城镇居民家庭每户平均人口	人	3.11	3.08	3.11	3.15	2.90	2.97	3.07	3.18	3.16
城镇居民家庭每户平均就业人口	人	1.58	1.69	1.62	1.69	1.45	1.45	1.47	1.50	1.47
城镇居民家庭每户平均就业面	%	50.80	54.87	52.09	53.65	50.00	48.82	47.88	47.17	46.5
城镇居民家庭每一就业者平均负担人数	人	1.97	1.82	1.92	1.86	2.00	2.05	2.09	2.12	2.15
农村居民家庭每户平均常住人口	人	3.80	3.80	3.80	3.80	3.70	2.96	2.99	3.23	3.23
农村居民家庭每户整半劳动力	人	2.61	2.71	2.67	2.64	2.39	1.00	2.17	2.32	2.33
农村居民家庭每一劳动力平均负担人数	人	1.92	1.40	1.43	1.44	1.55	1.47	1.38	1.39	1.39
城镇登记失业率	%	3.35	3.14	2.36	2.37	2.42	2.42	2.44	2.43	2.40
收入与支出										
城镇居民人均可支配收入	元	12661	22723	26050	29399	32265	32451	34982	37833	40973
城镇居民人均消费支出	元	8382	15778	17847	20040	21695	23330	24825	26392	27427
农村居民人均可支配(纯)收入	元	5197	8543	10107	11492	12910	14012	15203	16346	17865
农村居民人均消费支出	元	3503	6071	7353	8336	9311	12166	13152	14033	15283
生活质量										
居住条件										
城镇居民人均现住房建筑面积	平方米	25.74	31.22	33.18	32.36	37.03	41.36	42.54	41.68	42.28
农村居民人均现住房建筑面积	平方米	41.52	45.41	47.89	48.40	49.58	65.56	67.30	65.73	66.51
城市公用设施										
人均公园绿地面积	平方米	9.60	11.15	11.20	11.30	12.80	12.90	13.50	14.10	14.74

注：根据国家统计局制定的城乡住户调查一体化改革方案，福州市从2014年起发布住户收支与生活状况调查新口径数据。此调查方案，在调查范围、指标口径、指标名称上与原城乡住户调查制度有所不同。其中，农民收入2013年及以前为纯收入，2014年起为可支配收入，后同。

13-2 城乡居民家庭人均收入

（1978-2017年）

年　份	城镇居民人均可支配收入		农村居民人均可支配(纯)收入	
	数　值 (元)	比上年增长 (%)	数　值 (元)	比上年增长 (%)
1978	295	3.15	129	21.70
1979	304	3.05	131	1.55
1980	314	3.29	135	3.05
1981	346	10.19	187	38.52
1982	415	19.94	221	18.18
1983	450	8.43	287	29.86
1984	506	12.44	349	21.60
1985	678	33.99	423	21.20
1986	829	22.27	463	9.46
1987	888	7.12	535	15.55
1988	1079	21.51	689	28.79
1989	1332	23.45	795	15.38
1990	1537	15.39	864	8.68
1991	1639	6.64	969	12.15
1992	2273	38.67	1109	14.45
1993	2769	21.85	1387	25.07
1994	4108	48.34	1801	29.85
1995	4896	19.18	2303	27.87
1996	5545	13.25	2847	23.62
1997	6417	15.73	3223	13.21
1998	6857	6.85	3490	8.28
1999	7098	3.52	3677	5.36
2000	7944	11.92	3860	4.98
2001	8675	9.20	4020	4.15
2002	9147	5.44	4192	4.28
2003	10123	10.66	4402	5.01
2004	11436	12.98	4815	9.38
2005	12661	10.71	5197	7.93
2006	14206	12.21	5592	7.60
2007	16642	17.14	6286	12.41
2008	19009	16.00	7142	13.62
2009	20289	9.10	7669	7.38
2010	22723	11.99	8543	11.40
2011	26050	14.64	10107	18.30
2012	29399	12.85	11492	13.70
2013	32265	9.75	12910	12.34
2014	32451	9.41	14012	11.20
2015	34982	7.80	15203	8.50
2016	37833	8.20	16346	7.50
2017	40973	8.30	17865	9.30

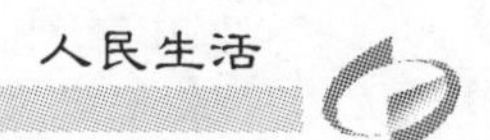

13－3　主要年份城镇居民家庭基本情况

年　份	户　均 家庭人口 （人）	户　均 就业人数 （人）	户　均 就业面 （%）	平均每一就业 者负担人数 （人）	人　均 可支配收入 （元）	人　均 消费支出 （元）	人均现住房 建筑面积 （平方米）
1952	5.62	1.87	33.3	3.01	104	98	5.7
1957	5.37	2.22	41.3	2.42	152	141	6.1
1959	5.29	2.22	42.0	2.38	177	164	6.5
1962	4.94	2.26	45.7	2.19	168	158	6.8
1963	4.94	2.27	46.0	2.18	199	155	6.8
1964	4.93	2.28	46.2	2.16	177	167	6.9
1965	4.91	2.29	46.6	2.14	197	185	7.0
1966	4.89	2.29	46.8	2.14	203	191	7.2
1975	4.01	2.02	50.4	1.99	268	260	8.0
1978	3.90	2.02	51.8	1.93	295	288	8.2
1980	3.81	2.00	52.5	1.91	314	308	8.5
1981	3.75	2.00	53.3	1.88	346	316	8.6
1982	3.72	2.01	54.0	1.85	415	379	8.7
1983	3.68	2.00	54.3	1.84	450	402	8.7
1984	3.65	2.01	55.1	1.82	506	453	8.8
1985	3.62	2.00	55.2	1.81	678	638	8.8
1986	3.60	2.00	55.6	1.80	829	771	8.9
1987	3.56	2.02	56.7	1.76	888	845	9.0
1988	3.52	2.02	57.4	1.74	1079	1023	9.0
1989	3.50	2.01	57.4	1.74	1332	1242	9.2
1990	3.44	2.02	58.7	1.70	1537	1381	9.3
1991	3.47	2.00	57.6	1.74	1639	1522	9.3
1992	3.45	2.02	58.6	1.71	2273	1820	9.4
1993	3.39	2.00	59.0	1.70	2769	2281	11.6
1994	3.19	1.90	59.6	1.68	4108	3338	11.6
1995	3.17	1.84	58.0	1.72	4896	4021	11.6
1996	3.21	1.88	58.6	1.71	5545	4307	12.1
1997	3.21	1.88	58.6	1.71	6417	5150	12.4
1998	3.19	1.88	58.9	1.70	6857	5459	12.4
1999	3.23	1.86	57.6	1.74	7098	5364	12.5
2000	3.20	1.80	56.3	1.78	7944	6009	12.6
2001	3.23	1.82	56.3	1.77	8675	6213	14.9
2002	3.11	1.66	53.4	1.87	9147	6635	23.1
2003	3.12	1.69	54.2	1.85	10123	7347	24.8
2004	3.11	1.55	49.8	2.01	11436	8042	25.5
2005	3.11	1.58	50.8	1.97	12661	8382	25.7
2006	3.14	1.68	53.5	1.87	14206	9595	25.9
2007	3.10	1.68	54.2	1.85	16642	11790	26.8
2008	3.10	1.63	52.6	1.90	19009	13541	28.1
2009	3.14	1.66	52.9	1.89	20289	14105	30.4
2010	3.08	1.69	54.9	1.82	22723	15778	31.2
2011	3.11	1.62	52.1	1.92	26050	17847	33.2
2012	3.15	1.69	53.7	1.86	29399	20040	32.4
2013	2.90	1.45	50.0	2.00	32265	21695	37.0
2014	2.97	1.45	48.8	2.05	32451	23330	41.4
2015	3.07	1.47	47.9	2.09	34982	24825	42.5
2016	3.18	1.50	47.2	2.12	37833	26392	41.7
2017	3.16	1.47	46.5	2.15	40973	27427	42.3

13-4 城镇居民人均收支情况

单位:元

项　目	2006 年	2007 年	2008 年	2009 年	2010 年	2011 年	2012 年	2013 年	2014 年	2015 年	2016 年	2017 年
一、可支配收入	**14206**	**16642**	**19009**	**20289**	**22723**	**26050**	**29399**	**32265**	**32451**	**34982**	**37833**	**40973**
工资性收入	9909	11580	13477	14846	16646	18848	21334	22479	20516	21956	23619	25356
经营净收入	1113	1214	1497	1175	1290	1925	2273	2533	2861	3128	3408	3654
财产净收入	365	851	662	940	1134	1395	1532	1727	4015	4355	4738	5468
转移净收入	3997	4416	5205	5470	6037	6434	7146	8086	5059	5543	6067	6495
二、消费支出	**9595**	**11790**	**13541**	**14105**	**15778**	**17847**	**20040**	**21695**	**23330**	**24825**	**26392**	**27427**
食品烟酒	4040	4670	5769	5675	6145	6722	7755	8016	7595	8081	8704	9017
衣　着	683	836	1209	1320	1468	1875	2054	2107	1791	1812	1474	1430
居　住	1258	1328	1252	1230	1536	1591	1410	1686	5944	6320	7360	8031
生活用品及服务	478	658	798	907	1034	1420	1516	1700	1504	1647	1363	1333
交通与通信	1006	1722	1702	2014	2308	2509	3056	3435	2699	2891	3022	3264
教育文化娱乐	1141	1482	1546	1606	2077	2034	2448	2748	2403	2570	2866	2806
医疗保健	677	737	646	678	646	838	853	974	848	936	1084	962
其他用品及服务	311	357	618	675	565	859	947	1028	545	568	518	584

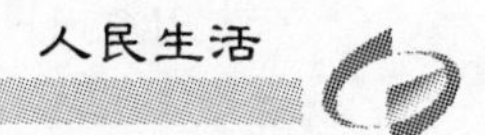

13－5 按县(市)区分城镇居民人均收支情况

(2017年)

县(市)区	人均可支配收入(元)	比上年增长(%)	人均消费支出(元)	比上年增长(%)
福州市	**40973**	**8.3**	**27427**	**3.9**
鼓楼区	48091	8.4	32680	3.8
台江区	44381	7.9	29862	2.4
仓山区	37797	8.8	25746	4.9
晋安区	41357	7.5	27706	2.3
马尾区	45152	9.0	30712	4.3
长乐区	42304	7.8	27401	3.7
福清市	41585	9.2	28109	6.1
闽侯县	38445	8.2	24421	5.8
连江县	33593	8.6	21719	5.9
罗源县	30295	7.7	19530	1.5
闽清县	28955	8.1	19104	2.2
永泰县	28562	9.3	18595	4.1
平潭县	35738	7.3	23543	2.1

13－6 农村居民家庭基本情况

（1989－2017年）

年　份	户　均 常住人口 （人）	户　均 整半劳动力 （人）	平均每个劳 力负担人口 （人）	人均可支配 （纯）收入 （元）	人　均 消费支出 （元）	人均现住房 建筑面积 （平方米）
1989	5.26	2.65	1.99	795	699	
1990	5.13	2.54	2.02	864	765	
1991	5.10	2.53	2.01	969	808	
1992	5.04	2.57	1.96	1109	891	
1993	4.88	2.98	1.63	1387	1141	
1994	4.83	3.02	1.59	1801	1434	21.3
1995	4.77	2.97	1.60	2303	1818	23.2
1996	4.72	3.01	1.57	2847	2063	24.6
1997	4.57	2.99	1.53	3223	2329	25.5
1998	4.51	3.02	1.49	3490	2247	26.3
1999	4.46	2.94	1.52	3677	2420	28.3
2000	4.01	2.70	1.48	3860	2921	34.3
2001	3.98	2.42	1.65	4020	2746	34.3
2002	3.90	2.61	1.49	4192	2811	38.0
2003	3.90	2.60	1.95	4402	2968	40.4
2004	3.90	2.60	1.90	4815	3217	41.8
2005	3.80	2.61	1.92	5197	3503	41.5
2006	3.81	2.67	1.53	5592	3904	45.5
2007	3.79	2.67	1.42	6286	4388	46.1
2008	3.78	2.66	1.42	7142	5080	46.9
2009	3.80	2.66	1.43	7669	5502	47.0
2010	3.80	2.71	1.40	8543	6071	45.4
2011	3.80	2.67	1.43	10107	7353	47.9
2012	3.80	2.64	1.44	11492	8336	48.4
2013	3.70	2.39	1.55	12910	9311	49.6
2014	2.96	2.02	1.47	14012	12166	65.6
2015	2.99	2.17	1.38	15203	13152	67.3
2016	3.23	2.32	1.39	16346	14033	65.7
2017	3.23	2.33	1.39	17865	15283	66.5

13－7　农村居民人均收支情况

项　　目	2016 年		2017 年	
	数　值（元）	比上年增长（%）	数　值（元）	比上年增长（%）
可支配收入	**16346**	**7.5**	**17865**	**9.3**
工资性收入	8663	8.8	9555	10.3
经营净收入	4328	4.1	4656	7.6
财产净收入	779	8.8	855	9.8
转移净收入	2577	8.9	2799	8.6
消费支出	**14033**	**6.7**	**15283**	**8.9**
食品烟酒	5343	8.1	5755	7.7
衣　着	858	10.5	951	10.9
居　住	3618	16.0	3764	4.1
生活用品及服务	808	－11.3	1022	26.4
交通通信	1328	8.8	1345	1.3
教育文化娱乐	1163	13.2	1118	－3.8
医疗保健	644	－23.4	814	26.3
其他用品及服务	272	－13.2	514	88.7

注：比上年增长使用同口径对比。

13－8 按县(市)区分农村居民人均收支情况

(2017年)

县(市)	人均可支配收入(元)	比上年增长(%)	人均消费支出(元)	比上年增长(%)
福州市	**17865**	**9.3**	**15283**	**8.9**
晋安区	18054	8.1	12740	8.3
马尾区	23153	9.0	20166	8.9
长乐区	20304	7.8	17298	7.2
福清市	21095	9.7	17541	9.6
闽侯县	16976	8.5	14899	8.0
连江县	16374	9.4	14222	9.0
罗源县	13736	7.4	12044	7.5
闽清县	13482	10.8	11979	10.7
永泰县	13205	12.0	11256	10.1
平潭县	14643	7.6	12899	7.7

主要统计指标解释

可支配收入　指调查户在调查期内获得的、可用于最终消费支出和储蓄的总和，即调查户可以用来自由支配的收入。可支配收入既包括现金收入，也包括实物收入。按照收入的来源，可支配收入包含四项，分别为：工资性收入、经营净收入、财产净收入和转移净收入。

工资性收入　指就业人员通过各种途径得到的全部劳动报酬和各种福利，包括受雇于单位或个人、从事各种自由职业、兼职和零星劳动得到的全部劳动报酬和福利。

经营净收入　指住户或住户成员从事生产经营活动所获得的净收入，是全部经营收入中扣除经营费用、生产性固定资产折旧和生产税之后得到的净收入。计算方法：

经营净收入＝经营收入－经营费用－生产性固定资产折旧－生产税

财产净收入　指住户或住户成员将其所拥有的金融资产、住房等非金融资产和自然资源交由其他机构单位、住户或个人支配而获得的回报并扣除相关的费用之后得到的净收入。财产净收入包括利息净收入、红利收入、储蓄性保险净收益、转让承包土地经营权租金净收入、出租房屋净收入、出租其他资产净收入和自有住房折算净租金等。计算方法：

财产净收入＝财产性收入－财产性支出

转移净收入计算方法：

转移净收入＝转移性收入－转移性支出

转移性收入　指国家、单位、社会团体对住户的各种经常性转移支付和住户之间的经常性收入转移。包括政府、非行政事业单位、社会团体对居民转移的养老金或退休金、社会救济和补助、惠农补贴、政策性生活补贴、救灾款、经常性捐赠和赔偿以及报销医疗费等；住户之间的赡养收入、经常性捐赠和赔偿以及农村地区（村委会）在外（含国外）工作的本住户非常住成员寄回带回的收入等。

转移性支出　指调查户对国家、单位、住户或个人的经常性或义务性转移支付。包括缴纳的税款、各项社会保障支出、赡养支出、经常性捐赠和赔偿支出以及其他经常转移支出等。

消费支出　指住户用于满足家庭日常生活消费需要的全部支出，既包括现金消费支出，也包括实物消费支出（含自产自用、来自单位、来自政府和其他社会组织）。根据用途不同，消费支出可划分为食品烟酒、衣着、居住、生活用品及服务、交通通信、教育文化娱乐、医疗保健、其他用品及服务八大类。

恩格尔系数　指食物支出占生活消费总支出的比重。计算公式为：恩格尔系数＝食物支出/生活消费总支出×100%。恩格尔系数越大，表示生活越贫困；反之，表示生活越富裕。根据国际经验，恩格尔系数60%以上为贫困，50%－60%为温饱，40%－50%为小康，30%－40%为富裕，30%以下为最富裕。

14 科技、教育与文化

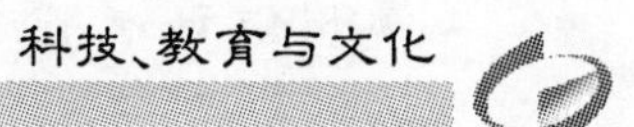

14-1 地方国有企事业单位专业技术人员

(1988-2017年)

单位:人

年 份	合 计	#工程技术人员	农业技术人员	卫生技术人员	科学研究人员	教学人员
1988	69257	13649	1935	6336	189	33106
1989	74889	14112	1799	6597	186	37403
1990	76161	13057	1760	6788	182	40065
1991	74915	11725	1536	7185	180	41862
1992	78382	12433	1496	7349	176	42855
1993	75214	11905	1376	7108	175	43574
1994	73403	11941	1241	6740	176	43046
1995	75137	12215	1377	6712	202	44256
1996	81731	12322	1682	8899	220	47899
1997	82992	12378	1987	9664	225	48041
1998	82802	11720	1504	8691	192	50619
1999	86069	11227	1624	9373	198	53388
2000	86722	10401	1560	8533	177	54970
2001	85130	10289	1821	8538	189	55040
2002	84521	9194	1645	9048	217	55646
2003	81703	8052	1588	8765	203	55440
2004	85046	8292	1890	10577	157	56632
2005	83275	7207	1854	10402	272	56481
2006	81323	6069	2010	9622	163	57264
2007	81378	6168	1743	8881	169	56276
2008	79901	5387	1656	11102	179	55714
2009	80755	5912	1515	11068	196	56593
2010	73827	5107	1406	10558	106	51872
2011	76688	5304	1312	11354	157	53229
2012	78406	5143	1327	12161	429	53475
2013	80297	5266	1359	12452	439	54758
2014	82884	6145	1503	13911	468	55508
2015	79409	6548	1483	14546	505	56327
2016	79979	6883	1459	14740	507	56390
2017	80835	7172	1509	14904	525	56725

注:本表为不含省属的市属国有企事业单位专业技术人员数;2010年起数据不含平潭县。

14－2 按行业分地方国有企事业单位各行业技术人员

行业	单位	2004年	2005年	2006年	2007年	2008年	2009年	2010年
合计	人	**85046**	**83275**	**81323**	**81378**	**79901**	**80755**	**73827**
农、林、牧、渔业	人	3007	2809	2650	2427	2114	2062	1911
采矿业	人	3	3	18	12	10		
制造业	人	1515	1017	584	490	303	402	294
电力、煤气及水的生产和供应业	人	1044	1030	553	617	580	518	497
建筑业	人	3552	3102	2590	2239	893	1219	1038
交通运输、仓储及邮政业	人	905	811	786	788	780	841	788
信息传输、计算机服务和软件业	人	54	39	86	57	69	41	29
批发和零售业	人	957	717	658	590	390	444	482
住宿和餐饮业	人	133	89	81	82	69	60	66
金融业	人	71	123	349	409	195	245	217
房地产业	人	622	630	544	602	214	173	200
租赁和商务服务业	人	201	272	279	232	113	110	127
科学研究、技术服务和地质勘查业	人	727	639	598	599	688	654	599
水利、环境和公共设施管理业	人	1054	1095	1125	1287	1225	1325	1135
居民服务和其他服务业	人	257	240	213	221	197	158	90
教育	人	57021	57200	57785	56970	56456	56911	52385
卫生、社会保障和社会福利业	人	10620	10539	9914	11037	11515	11748	10920
文化、体育和娱乐业	人	1788	1528	1289	1365	1403	1483	1254
公共管理和社会组织	人	1515	1392	1221	1354	2687	2361	1795

注：本表2010年起数据不含平潭县。

14－2 续表

行　　业	单 位	2011 年	2012 年	2013 年	2014 年	2015 年	2016 年	2017 年
合　计	人	**76688**	**78406**	**80297**	**82884**	**90075**	**91827**	**93724**
农、林、牧、渔业	人	1707	1557	1594	1936	1942	1978	1865
采矿业	人							
制造业	人	229	189	193	171	160	107	86
电力、煤气及水的生产和供应业	人	595	624	638	703	689	712	871
建筑业	人	1830	1787	1829	1806	1939	1786	1861
交通运输、仓储及邮政业	人	624	681	697	921	989	1177	1270
信息传输、计算机服务和软件业	人	21	79	81	55	48	59	70
批发和零售业	人	422	423	433	378	346	341	276
住宿和餐饮业	人	59	96	98	77	88	69	74
金融业	人	445	472	483	500	480	475	472
房地产业	人	421	472	483	501	586	619	656
租赁和商务服务业	人	82	122	125	159	158	138	93
科学研究、技术服务和地质勘查业	人	619	944	967	1003	1298	1331	1128
水利、环境和公共设施管理业	人	1105	1151	1178	1444	1250	1433	1651
居民服务和其他服务业	人	166	108	110	50	69	99	104
教　育	人	53907	54010	55306	56132	57506	58004	59107
卫生、社会保障和社会福利业	人	11823	12334	12630	16322	18674	19612	20362
文化、体育和娱乐业	人	1311	2027	2075	1423	1802	1797	1654
公共管理和社会组织	人	1322	1330	1362	1734	2051	2090	2124

14－3 各类型专利申请公告情况

（1985－2017年）

单位：项

年份	专利申请公告量	发明	实用新型	外观设计
1985	76	39	37	
1986	76	32	43	1
1987	121	30	83	8
1988	131	31	99	1
1989	150	32	100	18
1990	142	38	94	10
1991	180	36	101	43
1992	243	35	182	26
1993	211	56	125	30
1994	300	76	175	49
1995	379	61	163	155
1996	423	66	174	183
1997	451	65	177	199
1998	682	78	271	333
1999	737	59	308	370
2000	823	95	331	397
2001	791	96	315	380
2002	946	102	423	421
2003	1294	203	464	627
2004	1241	205	464	572
2005	1354	365	432	557
2006	2468	560	857	1051
2007	3255	994	973	1288
2008	3794	1138	1291	1365
2009	4708	1530	1954	1224
2010	6134	2216	2781	1137
2011	7402	2673	3576	1153
2012	8998	3091	4097	1810
2013	9262	3258	4227	1777
2014	10844	4021	4849	1974
2015	15443	5433	7850	2160
2016	23455	9335	11453	2667
2017	25580	10038	13034	2508

注:2007年前的数字为专利申请公告量,2009年以后的数字为专利申请量。

14－4　主要年份技术市场基本情况

（1991－2017年）

年　份	合同数（项）	合同金额（万元）	年　份	合同数（项）	合同金额（万元）
1991	1212	2034.24	2005	3725	43932.42
1992	4124	5448.40	2006	2790	67424.95
1993	2851	9171.42	2007	3457	96082.04
1994	1936	12387.89	2008	3303	84513.00
1995	2021	15106.43	2009	2511	111411.36
1996	1782	18184.87	2010	2267	105183.66
1997	1976	23788.15	2011	1967	143780.77
1998	2310	28656.56	2012	2123	126516.02
1999	2625	31550.87	2013	2522	153378.62
2000	2859	39528.03	2014	1876	189881.19
2001	3159	43240.92	2015	1483	185266.79
2002	3229	37707.33	2016	1354	127198.95
2003	3158	47075.32	2017	1465	267140.79
2004	3892	40905.92			

14－5　技术市场基本情况

项　　目	2013年		2014年		2015年	
	合同数（项）	合同金额（万元）	合同数（项）	合同金额（万元）	合同数（项）	合同金额（万元）
合　　计	**2522**	**153378.82**	**1876**	**189881.19**	**1483**	**185266.79**
按合同类别分						
技术开发合同	992	89627.66	875	93257.06	836	100458.50
技术转让合同	115	33415.47	136	75078.85	167	72291.21
技术咨询合同	1122	10784.83	692	8142.25	318	2431.13
技术服务合同	293	19550.64	173	13403.03	162	10085.94
按服务目标分						
环境保护、生态建设及污染防治	303	4668.82	251	4261.46	245	12638.09
能源生产、分配和合理利用	34	2444.13	15	1635.74	14	3844.88
卫生事业发展	91	1597.71	83	2230.72	60	2819.77
教育事业发展	17	1126.51	29	1080.98	23	575.86
基础设施以及城市和农村规划	198	4832.57	166	6849.13	106	4174.67
社会发展和社会服务	1212	89896.59	781	75597.33	491	56764.75
地球和大气层的探索与利用	1	35.30	2	78.68	3	16.30
民用空间探测及开发	6	52.68				
农林牧渔业发展	344	7849.24	212	4542.89	110	5610.34
工商业发展	104	25125.79	202	47352.85	359	91817.23
非定向研究	1	12.00	7	82.16		
其他民用目标	209	15555.27	124	45921.25	72	7004.91
国　防	2	182.00	4	248.00		

14－5　续表

项　　目	2016 年		2017 年	
	合同数（项）	合同金额（万元）	合同数（项）	合同金额（万元）
合　　计	**1354**	**127198.25**	**1465**	**267140.79**
按合同类别分				
技术开发合同	806	91608.72	999	161810.81
技术转让合同	178	32408.01	182	92312.37
技术咨询合同	275	2154.22	173	1580.04
技术服务合同	95	1028.00	111	11437.57
按服务目标分				
环境保护、生态建设及污染防治	204	6344.56	97	9515.99
能源生产、分配和合理利用	13	2876.95	36	7480.45
卫生事业发展	71	2341.02	44	5814.01
教育事业发展	24	1057.40	43	2616.26
基础设施以及城市和农村规划	133	5064.84	98	4704.96
社会发展和社会服务	453	60684.21	576	80697.99
地球和大气层的探索与利用	3	177.60	1	29.60
民用空间探测及开发				
农林牧渔业发展	97	3502.84	107	5510.88
工商业发展	189	32689.95	212	50709.83
非定向研究	38	415.40	55	3883.23
其他民用目标	124	11829.28	191	82847.59
国　防	5	196.90	5	3330.00

14－6 各单位技术买卖情况

项目	2013年			2014年			2015年		
	登记合同数（份）	合同成交总金额（万元）	#技术交易额（万元）	登记合同数（份）	合同成交总金额（万元）	#技术交易额（万元）	登记合同数（份）	合同成交总金额（万元）	#技术交易额（万元）
合计	**2522**	**153378.62**	**144075.85**	**1876**	**189881.19**	**186980.95**	**1483**	**185266.79**	**177356.72**
按社会经济目标分									
环境保护、生态建设及污染防治	303	4668.82	4602.20	251	4261.46	4188.63	245	12638.09	9683.97
能源生产、分配和合理利用	34	2444.13	2410.70	15	1635.74	1635.74	14	3844.88	3844.88
卫生事业发展	91	1597.71	1458.70	83	2230.72	2220.72	60	2819.77	2819.77
教育事业发展	17	1126.51	1126.50	29	1080.98	1080.98	23	575.86	575.86
基础设施以及城市和农村规划	198	4832.57	4437.80	166	6849.13	6314.96	106	4174.67	4145.67
社会发展和社会服务	1212	89896.59	88139.00	781	75597.33	73361.43	491	56764.75	54520.64
地球和大气层的探索与利用	1	35.30	35.30	2	78.68	78.68	3	16.30	16.30
民用空间探测及开发	6	52.68	51.97						
农林牧渔业发展	344	7849.24	7831.30	212	4542.89	4505.85	110	5610.34	5514.96
工商业发展	104	25125.79	18448.00	202	47352.85	47345.55	359	91817.23	89283.78
非定向研究	1	12.00	12.00	7	82.16	82.16			
其他民用目标	209	15555.27	15340.00	124	45921.25	45918.25	72	7004.91	89283.78
国防	2	182.00	182.00	4	248.00	248.00			
按卖方类别分									
机关法人				249	16266.36	14319.48	211	18412.91	14807.73
事业法人	727	15642.25	15362.35	396	8755.96	8248.16	269	8396.93	8225.21
社团法人				4	162.10	161.40	6	333.00	276.60
企业法人	1021	129960.82	120986.48	1194	164302.83	163868.31	971	157199.05	153122.28
自然人	771	7695.54	7647.02	4	13.00	13.00	12	262.50	262.50
其他组织	3	80.00	80.00	29	380.94	370.60	14	662.40	662.40

14－6　续表

项　　目	2016年			2017年		
	登　记 合同数 （份）	合同成交 总 金 额 （万元）	#技术 交易额 （万元）	登　记 合同数 （份）	合同成交 总 金 额 （万元）	#技术 交易额 （万元）
合　　计	**1354**	**127198.95**	**116466.18**	**1465**	**267140.79**	**252541.92**
按社会经济目标分						
环境保护、生态建设及污染防治	204	6344.56	5612.78	97	9515.99	7836.76
能源生产、分配和合理利用	13	2876.95	1738.59	36	7480.45	7306.02
卫生事业发展	71	2341.02	2332.71	44	5814.01	5648.34
教育事业发展	24	1057.40	1009.40	43	2616.26	2522.76
基础设施以及城市和农村规划	133	5064.84	5060.44	98	4704.96	3614.59
社会发展和社会服务	453	60684.21	54234.66	576	80697.99	72889.30
地球和大气层的探索与利用	3	177.60	177.60	1	29.60	29.60
民用空间探测及开发						
农林牧渔业发展	97	3520.84	3512.11	107	5510.88	5122.78
工商业发展	189	32689.95	30581.03	212	50709.83	50404.06
非定向研究	38	415.40	412.80	55	3883.23	3872.43
其他民用目标	124	11829.28	11598.71	191	82847.59	81391.07
国　防	5	196.90	186.35	5	3330.00	1904.21
按卖方类别分						
机关法人						
事业法人	156	5859.84	5841.72	262	13777.79	13489.28
社团法人	1	13.00	13.00	1	36.00	36.00
企业法人	893	118618.28	107903.63	1049	242056.31	227745.95
自然人	304	2707.83	2707.83	153	1270.69	1270.69
其他组织						

14－7 主要年份各类学校数

单位:所

年份	普通高等学校	中等专业学校	职业中学	普通中学	#高中	小学	幼儿园
1952	3	11		30	13	1468	80
1957	3	8		49	26	2044	513
1962	7	11	25	101	37	2597	634
1965	5	7	104	120	40	3600	700
1970	2			111	31	3265	148
1975	2	17	2	156	115	3977	523
1980	5	22	2	178	122	3441	746
1985	8	29	42	199	81	3323	695
1990	12	42	75	247	81	3280	1521
1995	12	44	68	327	82	3047	2503
2000	13	45	53	364	97	2455	2294
2001	14	46	77	374	109	2272	1809
2002	13	41	74	375	103	2250	1753
2003	31	115		377	102	2081	1681
2004	29	104		273	109	1982	1612
2005	36	95		467	124	1842	1765
2006	37	113		374	132	1729	1737
2007	35	91		377	125	1633	1694
2008	34	84		373	124	1497	1719
2009	34	71		367	124	1350	1649
2010	31	69		326	105	1173	1015
2011	31	61		316	104	1013	1136
2012	32	61		317	102	927	1183
2013	32	56		322	104	905	1204
2014	32	53		321	104	905	1203
2015	32	53		322	103	893	1196
2016	32	52		319	101	900	1186
2017	35	49		315	101	897	1206

注:2003年起"普通高等学校"统计口径包括各类学院;"中等专业学校"改为"中等职业学校",统计口径包括各类职业中学;2010年起教育部门数据不含平潭县,下同。

14－8　主要年份各类学校专任教师数

单位：人

年　份	普通高等学校	中等专业学校	职业中学	普通中学	#高　中	小　学	幼儿园
1952	307	529		1002		4888	139
1957	767	347		1772		7410	876
1962	1987	527	97	3322		11794	1242
1965	1672	355	401	4008		14258	1362
1970	320			2216		15513	360
1975	1288	295	12	6265		23239	940
1980	2537	928	15	9906		23166	2115
1985	3890	1432	589	10787		23456	3563
1990	4329	2303	1301	13140	2430	22702	26829
1995	4047	2610	1862	16461	2328	26483	6370
2000	4754	2572	2114	20305	3946	29189	7047
2001	5267	2379	2186	21204	4780	28540	28540
2002	7031	2130	2081	22181	6678	29062	5719
2003	9027	5492		23228	6373	28244	5774
2004	9979	5588		24011	6909	27635	6629
2005	12698	5045		25158	7798	27031	2350
2006	12793	5271		26226	8645	27094	8078
2007	13924	4793		26638	9106	26742	8508
2008	14786	4648		26574	9197	26524	9373
2009	15763	4641		26406	9124	26093	10008
2010	17209	4603		24390	8431	24541	9356
2011	17910	4817		23897	8384	24474	10809
2012	18470	4967		23932	8408	24553	11980
2013	19248	4697		24276	8378	25394	12866
2014	19639	4690		24177	8095	26303	13260
2015	19982	4703		24091	8027	27251	13831
2016	19822	4573		24243	8016	26421	14214
2017	20191	4343		24466	8099	27990	14787

14－9 主要年份各类学校在校生数

单位:人

年 份	普通高等学校	中等专业学校	职业中学	普通中学	#高 中	小 学	幼儿园
1952	2135	6158		22825	3525	200313	6612
1957	5058	3472		44051	11038	294147	31306
1962	12158	2728	1782	125392	15341	372757	39004
1965	8256	3509	8769	79803	17142	507762	40912
1970	245			52444	7209	457894	10541
1975	4276	1925	364	159131	45872	609622	29207
1978	8157	4694	614	210678	74057	572849	41704
1979	11418	6951	382	182015	66906	602954	63736
1980	14410	7368	502	193919	44796	617674	75114
1985	22018	9360	10033	190026	37529	675345	105909
1990	28188	21551	18144	213767	27269	605452	141959
1995	34162	36973	36532	285031	30045	650417	163579
2000	65737	53916	40179	378207	60473	602680	136026
2001	88714	55579	41304	380100	74894	587371	133418
2002	97140	53717	37860	383009	85572	572809	122580
2003	129942	120403		399185	95719	538609	122889
2004	148217	122280		412417	106711	514274	123917
2005	194073	122728		417772	119653	488897	159548
2006	216288	129629		412757	130235	493134	170465
2007	233133	127565		404841	131725	480127	183520
2008	250281	129107		396730	130044	462635	200488
2009	265682	148631		379903	124938	446285	213075
2010	281680	136177		327105	111881	417019	216173
2011	292678	170184		308200	109504	432486	230612
2012	305386	195095		301951	108488	451238	246667
2013	318343	166265		298123	105037	469174	253933
2014	320844	122777		298133	101435	499302	256812
2015	320965	101619		300024	100157	522914	262638
2016	317477	92392		307509	101237	537312	269879
2017	313857	84331		321763	102304	547999	276605

14－10 主要年份各类学校招生数

单位:人

年 份	普通高等学校	中等专业学校	职业中学	普通中学	#高 中	小 学	幼儿园
1952				11958	1974	85024	80
1957				15574	3833	74435	272
1962	1037	97	1053	24051	5721	90163	232
1965	1847	1337	4289	29527	5961	116443	320
1970	245			31214	4402	116488	2446
1975	1251	1015	259	93793	23723	125394	15739
1978	3359	2332	341	93333	34344	126165	28087
1979	3612	2816	158	83450	31463	134173	41892
1980	3027	2937	147	52753	2050	118921	44667
1985	7365	4350	6091	69845	12606	113646	82804
1990	7903	6811	7313	82682	10033	105420	101440
1995	10232	13001	14568	113713	11140	108007	102065
2000	26070	15272	15206	131173	25713	85902	74072
2001	31800	13499	15303	129122	99045	85763	74637
2002	26052	16825	13121	130734	30984	85922	64644
2003	51137	43637		150026	35116	77138	63786
2004	58978	41789		141191	41197	72233	63363
2005	67095	42997		137202	44455	67978	79407
2006	69305	52167		135094	45390	76430	81277
2007	75247	46881		135487	44371	78082	87272
2008	82954	46842		134206	44058	76384	90968
2009	83444	69300		119601	39897	77747	94499
2010	87328	46045		103683	37969	76917	98420
2011	89735	90810		99076	37178	81294	95458
2012	92999	92080		100277	35515	84486	103226
2013	96502	39886		99247	33428	88700	104504
2014	90196	38029		98709	33409	95993	103152
2015	87396	37960		103275	34652	96586	119211
2016	85829	33943		107945	34509	92589	109957
2017	87175	28879		113173	34348	95048	110509

14－11　主要年份各类学校毕业生数

单位:人

年　份	普通高等学校	中等专业学校	职业中学	普通中学	#高　中	小　学	幼儿园
1952	580	1022		4698	803	15422	
1957	442	804		10694	2933	32248	172
1962	2421	1464	103	14798	4196	41178	289
1965	3325	247	288	17572	4417	50536	330
1970				16520	3780	62902	1373
1975	1033	283	54	49474	19460	80697	16121
1978	1652	103	127	86993	23935	75245	21025
1979	186	1018	191	100215	37143	68249	27621
1980	2027	2510	46	25020	21381	72388	23917
1985	3714	3224	1276	43577	9905	86842	81668
1990	8420	5342	5401	49717	10046	100434	88357
1995	9542	8984	9116	73218	10434	110461	94609
2000	10251	12849	12005	115002	13345	108329	71663
2001	14051	10911	12014	114127	14319	101556	71630
2002	15362	14788	10114	113176	18894	112876	71291
2003	26200	36328		124464	25571	111327	59769
2004	28878	35584		119166	28163	101769	63363
2005	32886	33786		121847	29575	95042	63246
2006	46596	37965		138806	33323	92877	67097
2007	55672	32156		133883	38943	92705	71514
2008	62966	31287		130122	41469	92142	72230
2009	64307	38157		121895	41439	82921	75507
2010	66861	38594		109210	37140	68594	70428
2011	75360	41317		111256	37081	63855	75253
2012	76365	50038		102303	33935	66855	83049
2013	78972	36729		100822	35837	68110	87783
2014	82108	36402		95829	35661	66673	92949
2015	81694	33909		96733	33964	70194	93012
2016	83321	39359		95994	31719	75062	93244
2017	84912	33402		94657	31652	80135	91477

14－12 每万人口拥有在校学生数

年份	每万人口拥有在校生(人)				初中毕业生升学率(%)	小学毕业生升学率(%)	学龄儿童入学率(%)
	普通高等学校	中等专业学校	普通中学	小学			
1952	10.11	33.11	96.44	838.92			
1957	16.69	19.54	162.80	1087.64			
1962	39.79	15.29	206.47	1219.85			
1965	27.46	14.05	245.30	1629.80			
1970	0.68	1.30	284.76	1352.97			
1975	10.46	5.86	386.28	1548.30			
1978	18.65	12.77	481.79	1353.35			
1980	25.49	18.25	431.91	1400.96			
1985	44.42	20.42	390.94	1381.47			
1990	52.66	40.26	399.34	1131.05		99.51	99.21
1995	60.76	65.76	506.93	1138.96	61.63	93.00	99.88
2000	111.56	91.50	641.87	988.61	55.20	97.41	99.97
2001	149.31	93.54	639.75	988.61	55.20	97.63	99.63
2002	162.57	89.90	640.98	958.61	60.70	97.01	99.83
2003	214.83	199.06	659.96	890.47	69.00	99.01	99.84
2004	243.22	200.65	676.77	843.92	76.00	100.50	99.85
2005	318.47	201.40	685.56	802.28	82.10	107.61	99.67
2006	347.32	208.16	662.82	791.89	83.85	98.74	91.23
2007	369.87	202.38	642.29	761.73	84.64	98.29	91.53
2008	393.55	203.01	623.84	727.47	88.75	97.84	92.28
2009	417.77	233.71	597.38	701.76	92.50	96.12	92.74
2010	470.01	227.23	545.81	695.84	92.15	95.80	92.12
2011	433.11	251.84	456.08	640.00	95.08	96.94	93.70
2012	443.88	283.57	438.89	655.87	96.10	96.87	97.37
2013	458.71	239.57	429.57	676.04	97.80	97.09	98.08
2014	457.69	175.15	425.30	712.27	97.9	97.94	98.35
2015	453.98	143.73	424.36	739.62	98.1	97.80	98.43
2016	445.27	129.58	431.29	753.59	98.1	97.83	98.53
2017	409.73	110.09	420.06	715.40	98.1	98.36	98.56

14－13　平均每一专任教师负担学生数

单位:人

年　份	普通高等学校	中等专业学校	职业中学	普通中学	#高　中	小　学	幼儿园
1952	7.59	11.98		22.40		40.98	47.57
1957	6.59	12.07		25.23		40.32	35.74
1962	5.76	7.36	18.37	17.89		30.63	31.40
1965	5.34	10.46	21.87	20.29		34.64	30.04
1970	0.77	4.71		19.91		27.89	29.28
1975	3.48	5.08	30.33	13.74		28.26	31.07
1978	4.12	9.65		20.00		25.23	19.72
1980	4.93	8.07	33.47	19.33		27.56	35.51
1985	5.58	6.97	17.03	17.18		28.03	29.72
1990	6.07	9.36	13.92	16.27	11.22	26.57	13.25
1995	8.44	14.17	15.69	17.31	12.91	24.56	39.64
2000	13.83	20.96	19.04	18.63	15.33	20.65	19.30
2001	16.84	23.36	18.89	17.93	15.67	20.56	25.36
2002	13.82	25.22	18.19	17.27	12.81	17.71	21.43
2003	14.39	21.92		17.19	15.04	19.07	21.28
2004	14.85	21.88		17.17	15.45	18.61	18.69
2005	15.28	24.33		16.61	15.34	18.09	21.71
2006	16.91	24.59		15.74	15.06	18.20	21.10
2007	16.74	26.61		15.20	14.47	17.95	21.57
2008	16.93	27.78		14.93	14.14	17.44	21.39
2009	16.85	32.03		14.39	13.69	17.10	21.29
2010	16.37	29.58		13.41	13.27	16.99	23.11
2011	16.34	35.33		12.90	13.06	17.67	21.34
2012	16.53	39.28		12.62	12.90	18.38	20.59
2013	16.53	35.40		12.28	12.50	18.48	19.74
2014	16.34	26.18		12.33	12.53	18.98	19.37
2015	16.06	21.60		12.45	12.48	19.19	19.00
2016	16.02	20.20		12.68	12.63	20.34	18.99
2017	15.54	19.42		13.15	12.63	19.58	18.71

14－14　各类文化事业机构数

（1987－2017年）　　单位：个

年份	艺术事业		公共图书馆	博物馆	群众文化事业		
	表演团体	表演场所			艺术馆	文化馆	文化站
1987	12	7	13	1	1	13	11
1988	18	16	15	4	2	13	11
1989	18	9	15	6	2	13	11
1990	18	16	15	6	2	13	11
1991	12	7	15	6	1	13	11
1992	12	7	15	6	1	13	26
1993	12	7	15	6	1	13	7
1994	12	7	15	6	1	13	26
1995	12	7	15	6	1	13	37
1996	12	7	15	11	1	13	173
1997	12	6	14	16	1	13	188
1998	13	6	14	16	1	13	167
1999	14	6	14	17	1	13	165
2000	12	5	14	17	1	13	153
2001	12	7	15	14	1	12	181
2002	12	6	14	14	1	12	167
2003	13	6	14	14	1	12	194
2004	13	6	14	14	1	12	194
2005	13	3	14	15	1	13	191
2006	13	2	14	15	1	13	191
2007	13	2	14	15	1	13	188
2008	13	2	14	15	1	13	188
2009	13	2	14	15	1	13	188
2010	12	2	13	15	1	12	173
2011	12	2	13	15	1	12	173
2012	12	2	13	15	1	12	173
2013	12	2	13	15	1	12	173
2014	12	2	13	15	1	12	173
2015	9	1	13	16	1	12	173
2016	9	1	13	16	1	12	173
2017	10	1	13	16	1	12	173

注：表中2010年起数据不含平潭县。

主要统计指标解释

科技活动 指在自然科学、农业科学、医药科学、工程与技术科学、人文与社会科学领域(简称科学技术领域)中,与科学知识的产生、发展、传播和应用密切相关的有组织的活动。可分为研究与试验发展(R&D)、研究与试验发展成果应用及相关的科技服务三类活动。

专业技术人员 指从事专业技术工作和专业技术管理工作的人员,即企事业单位中已经聘任专业技术职务从事专业技术工作和专业技术管理工作的人员,以及未聘任专业技术职务,现在专业技术岗位上工作的人员。包括工程技术人员,农业技术人员,卫生技术人员,科学研究人员,教学人员,经济人员,会计人员,统计人员,翻译人员,图书资料、档案、文博人员,新闻出版人员,律师、公证人员,广播电视播音人员,工艺美术人员,体育人员,艺术人员及企业政治思想工作人员,共十七个专业技术职务类别,用来反映科技人力资源情况。

科学家与工程师 指科技活动人员中具有高、中级技术职称(职务)的人员和不具有高、中级技术职称(职务)的大学本科以上学历人员。

发明(专利) 指对产品、方法或其改进所提出的新的技术方案。是国际通行的的反映拥有自主知识产权技术的核心指标。

实用新型(专利) 指对产品的形状、构造或者其结合所提出的适于实用的新的技术方案。反映具有一定技术含量的技术成果情况。

外观设计(专利) 指对产品的形状、图案、色彩或者其结合所作出的富有美感并适于工业上应用的新设计。反映拥有自主知识产权的外观设计成果情况。

普通高等学校 指按照国家规定的设置标准和审批程序批准举办,通过全国普通高等院校统一招生考试,招收高中毕业生为主要培养对象,实施高等教育的全日制大学、独立设置的学院和高等专科学校、高等职业学校和其他机构。

成人高等学校 指按照国家规定的设置标准和审批程序举办的,通过全国成人高等学校统一招生考试,招收具有高中毕业或同等学历的在职从业人员为主要培养对象,利用函授、业余、脱产等多种形式对其实施高等学历教育的学校。包括广播电视大学、职工高等学校、农民高等学校、管理干部学院、教育学院、独立函授学校、其他机构等。

小学学龄儿童入学率 指调查范围内已入小学学习的学龄儿童占校内外学龄儿童总数(包括弱智儿童,不包括盲聋儿童)的比重。

小学学龄儿童入学率 = 已入小学学习的学龄儿童数/校内外学龄儿童总数 * 100%

文化事业机构 指从事专业文化工作和为专业文化工作服务的独立建制的单位,不包括这些单位另外举办独立核算的其他机构和各部门的业余文化组织。

艺术表演团体 指从事戏曲、音乐、舞蹈、杂技等专业艺术表演,有独立帐户的单位,不包括半工半艺、半农半艺和民间职业剧团。

15 卫生、体育与其他